故城故事

王璞

▲左文襄祠的閣樓房子上，前為我和母親，後為妹妹。

◀紫東園時代的我，胸前校徽是：北正街小學。

▼一九六八年文革中初中畢業。

▲一九七二年在不如意的如意街。

▼在新開鋪小學教音樂。

▲華東師大大草地。

◀終於擠進了大學校門，要去上海上大學啦！

▼一九八七年年終之夜和室友在寢室歡迎元旦。

IV
/ V

▲在美孚新村嶺南之風。

▼「在紐西蘭的海邊，我站在一片沙灘上。」

▲「我終於下定決心，要把生命所剩無幾的最後時光留給自己。」（天水圍的月亮）

▲二〇〇五年辭職回家讀書寫作。

▼「我最終買到的是一套只帶一個內陽台的房子」（美孚新村買樓記）

▲「那時我剛進入學界不久」（土瓜灣街市）

推薦語

王璞以生動的文字、鮮活的描寫，把我們帶到了記憶深處的場景，還原歷史的真實，見證時代的多變，命運的不測，整部作品充滿非一般的感染力。

——**周蜜蜜**／作家

故園即心園，是寫作者的泉源。然而移動往往是為了讓自我更完整，開闢湧流的渠道。讀王璞《故城故事》，她在港中兩岸多地移動居住，「城」之所以有「事」可追認，「事」之所以依傍著「城」而發生，是因為人情交織其間，無數小記憶縫緊了空間與生命。

——**楊佳嫻**／國立清華大學中文系副教授

推薦序一

由真相到真實：序王璞的《故城故事》

鍾玲／作家

王璞的《故城故事》是一本回憶錄，因為有很多沒有填補的時空，故非傳記體。它表面上看來是寫三座城市。本書分為三部：長沙往事、上海往事和香港往事。連每一部裡的章節，都是寫該城裡某些地點，像是我比較熟悉的香港，她寫北角的紅橋、香港仔、美孚新村、土瓜灣街市等。長沙部分寫的是她少女時期住過或去過的地方。上海主要是寫她讀碩士時的華東師範大學。香港寫她任編輯和在嶺南大學任教時，租賃的和購買的住處。但是三座城市這些地方只是下錨的定點，或者說，是這部作品的架構，王璞要寫的是別的東西。她跟我說過《故城故事》這本書到底講什麼：「所講述出來的一切都只是真相的點滴，只有跟其它許多點滴互相補充，才能拼接出比較接近真實的真相。」

那麼王璞探求和呈現的「接近真實的真相」是什麼？那些真相的點點滴滴應該就是她對該地景物的感受，她跟那裡的人發展的關係和在那裡經歷的事。所謂「真實」應該就是她透視這些感受、關係、經歷所得到的知見。這些真實、知見又是什麼呢？我粗略的看法，「真實」是指：在她少女時期，文革的殘暴和群體的卑俗，帶給她的創傷和恐懼；在她受難期間一些人帶給她的溫暖和她的感激之情；還有，生活艱困時期味蕾帶給她的幸福感以及味覺的發展和盛放。

那些創傷和恐懼是她當時拼命逃離的。長沙左文襄祠的九個院門都是「實心大門」，門上有「厚實沉重的黃銅門環」，文革期間夜晚門環一響，作者的母親會驚恐萬狀地低語：「抄家的來了！」作者多年後還會「從噩夢中驚醒，顫抖不已」。一直到三十多年後作者在香港搬進中產階級的嘉湖山莊，望著窗外一彎明月，想的卻是文革期間的處境：「身為介於革命和被革命之間的『可教育好的反革命子女』，忐忑、愁苦、驚懼、就連月亮看在眼裡也只覺得炫目而恐怖。」可見文革帶給她的恐懼感和創傷穿越歲月如鬼影附隨，這就是本作品的「真實」。

對純真的作者，人心的卑俗和惡意帶來極大的壓力。長沙城門口街市「肥頭大耳」的豬肉佬，對十四歲的作者猥瑣地說黃色笑話，她「頭腦轟地一聲炸了，轉身就跑」。作者透視這件事對自己深遠的影響：「物質世界是如此的鄙俗不堪，我盡量避開它，去精神世界尋找另一塊天地。有時間我就去閱覽室、圖書館」。對純真的作者，封建的偏見也帶來極大的壓力。像她這種追求精神世界的、感性的孤獨心靈，必然渴求一位可以傾吐心聲的知己，她任職代課老師時，竟然遇到了。伊凡是該校的音樂老師，因受過政治逼害，改教數學。他們兩人只要一見面就「狂聊」，「東扯西拉，時不時打斷對方」，有說不完的話。問題出在他是男老師，還有家小。他們除了談話，沒有做別的事，但已經被警告了。他們轉為下班後到街上一邊走，一邊聊，後來被同事看見。最後校長告訴作者學校不續聘她。當時社會嚴厲的男女之防，容不下這種難能可貴的知己之交。在群體有色眼鏡的壓力下，純真的心靈必然受創，這也是作品要呈現的「真實」。

作者承受政治壓力期間，有伸出援手的人，有給予溫暖的人。長沙〈六堆子〉一章描寫好友星星在作者心情極其低落時，拉她到家裡吃飯，星星的媽媽做她愛吃的酸菜炒辣椒和紅菜苔，一家子「嘻嘻哈哈談天說地」，作者感受到「畢竟，這個世界還有點甚麼值得我們活下去的。」星星的媽甚至幫她找到工作。作者透過寫這本書向失散的他們表示感激。書中還出現一位智者，在多次政治運動中逃過劫難，他就是作者的二舅，家族的掌門人，他把銀行事業打理得蒸蒸日上。解放後他卻把家族產業全捐給政府，他的明智和遠見，在於他堅持不出來擔任任何工作，不公開出聲；在於他堅持兒女「都學理工，遠離文字」。他還洞燭政府的宣傳煙幕，知悉歷史的真相，而且文化涵養深。我真的很高興還有這樣的智者安然度過驚滔駭浪。在冷酷殘暴之中，這丁點溫暖和清明的存在也是「真實」。

本作品不時強調的真相是，作者的味蕾自幼發達。長沙〈家住左文襄祠〉一章就描寫她心目中天下無雙的和記米粉。她甚至進入廚房去觀察米粉「香噴噴」的製作：「老師傅把醬油、香醋、麻油、細鹽、蔥花、香菜末、酸菜末、剁辣椒這些配料一一甩到我們擺放到案板上的大小鍋盆裡，再放上一大勺骨頭湯把這些調料沖開……光是看著那種紅是紅綠是綠白是白的顏色就要流口水了」。可以想見這位少女的細心觀察必然發展為精湛廚藝，果然她和先生住在九龍美孚新村期間，常以「四涼菜八熱菜，一湯一甜品」宴客！和王璞交往的這十多年來我嚐過她的手藝多次，兩次是在她位於深圳高爾夫球場旁別墅式的平房，幾次是在她新界傍海的大廈中，每次她都以迅雷的速度烹飪出多盤美味，同時一邊悠然地跟我聊天，至今還記得她書中提過的紅白蘿蔔絲、馬蘭頭炒豆干之美味。

二〇二三年七月王璞由香港來高雄探訪我。本想開車帶她到壽山上看高雄全景，她卻說想去看街市；帶她吃過兩家餐廳，問她晚上要吃什麼？她回說六合夜市，令我滿頭霧水，看了《故城故事》才了解緣由，上海〈食堂情意結〉一章就是談她的吃食經歷。她童年、少年過糧食匱乏的日子，也經歷大饑荒，所以只要有得吃，不論食材貴賤，料理得美味就值得回味。前文說的酸菜炒辣椒就是例子，她說「一輩子吃不厭」！而且進餐的場所不重要，重要的是好不好吃和吃客們的心情。童年大興安嶺的林業局食堂、長沙巷子裡的食堂、華東師範大學食堂，都是她的「懸念」。

作者的「大牌檔情意結」始於她在香港任報社編輯的第一年，九龍灣牛頭角橋下的大牌檔就是她的樂園，因為她在其中享受到幸福，由分秒必爭的寫稿和編報解放出來，輕鬆自在地在攤位前逛；她也感受到人群的幸福：「每個人臉上似乎都有一種自得其樂的喜悅，每個人都好像一名巡遊在自己領地上的君王……那些攤主也個個像佔山為王的寨主」。我想食堂、大牌檔的感受是作者呈現的「真相」，而眾樂我樂的幸福感就是她要表達的「真實」。那她在九龍灣大牌檔吃什麼？咖哩魚蛋串、香酥雞腿。哎呀！我知道為什麼今年七月王璞在六合夜市拉著我去鹽酥雞的攤位了！鹽酥雞是香酥雞腿的變奏。早知道我就不說夜市用的炸油可能有問題，不攔她追求幸福了！

寫作技巧方面，必要時王璞會精雕細琢。長沙〈新開鋪〉一章描寫她與知己伊凡最後一次見面的情形。作者被迫離開那間小學後，找到另外一間代課，一次她帶學生去青少年宮表演，在觀眾席中看到他。散場後他們在外面小樹林像以前一樣狂聊起來，他一看錶已經該回家了，他們在人群中走向車站，擁擠的人潮分開他們，雖然隔著人還繼續談話。她上了車，他們分別的一刻應該是刻骨銘心的，所以王璞在文字上下了功夫：「這時我已經擠進了車門，後面立時有好些胳膊、腿、身體擠壓上來，把我壓入車上那堆擠成一團的人眾中。我使勁扭頭往車下看，但這時車已經開動。影影綽綽，我彷彿看見一條手臂在人叢中朝我揮動。漸去漸遠……」密集的肢體意象，人群身體的不斷擠壓，不言自喻地傳達其象徵意義：蒙昧的，形而下的群體，阻隔並壓碎了深刻真摯的友誼。

《故城故事》是一部另闢蹊徑的回憶錄，讀者會有深刻的感受。王璞撰寫三個城市的生活故事，透過引人入勝的情節、時而幽默的筆觸，傳達背後的心理真實和深層知見：一方面是文革和卑俗群體帶來的創傷和恐懼的夢魘，另一方面是溫暖的人心和作者稟賦高絕的味蕾，在嚴酷的現實裡兩者都為她帶來一陣陣幸福感。

二〇二三年七月三十一日

推薦序二

母親的記憶之城

張曉宇／香港中文大學歷史系副教授

當母親詢問我能否給她的新書寫序時，我一時愣住了。在我有限的記憶中，母親寫了這麼多書，很少請人寫序，更不要說叫她的兒子寫序了。我是研究歷史的人，寫歷史論文勉強有些經驗。但是給一位作家寫序，而且是我的母親，實在心存力有不逮的疑慮。套用一句之前的流行語：「一開始我是拒絕的」。

但是這一疑慮，隨著細細閱讀母親的文字，逐漸消散了。

這是一部關於記憶的書。長沙、上海、香港，三個城市的故事，在不疾不徐的敍述語調中流淌而出。隨著敍述，我們彷彿見到了六〇年代長沙省城裡住著的那些鄰舍，以及他們承續和接觸的那些顯赫之名，左宗棠、宋教仁、黃興、葉德輝……一個個地娓娓道來，都化作了讀者的身邊人。我們也彷彿回到了八〇年代上海的大學，看見作者和她的朋友，努力捉住青春的尾巴。我們更看見了自己，走在九〇年代和新世紀的香港，見證著經濟的起落和社會的變遷。這是母親的私人回憶，也是幾十年以來她成長的這塊土地的故事。大歷史和小歷史，融合在文字中，密不可分。

飲食是母親書寫中永不厭倦的重點。左文襄祠（群力里）的和記米粉，紫東園的豆豉辣椒，二舅帶著吃的烤鴨，〈六堆子〉裡頭朋友母親做的酸菜子、上海的蘇打餅乾和素雞、大學宿舍裡的大食會、牛頭角的街邊美食，還有九龍灣寓舍的家宴……這些吃食引發的情感，是最好的故事觸媒。

歲月流轉，母親小時候成長的過程中，吃食漸漸讓位給了那些年代特有的恐怖氣息。「長沙往事」後來的幾篇散文，既是私人的情感記錄，也是一部特殊年代的成長史。〈新開鋪〉和〈如意街〉，實錄和故事，共冶一爐。反用《紅樓夢》裡的說法：「真作假時假亦真」。

在這幾篇故事中，只有閱讀，才是那個黑暗世界的微光。記得我很小的時候，母親就特別強調閱讀的重要性。這些年，她經常嘮叨的幾句話，就是現在的年輕人不再讀書。經歷過特殊年代的人，體會過那種甚麼書都沒有、甚麼書都不讓讀的困境，才會如此珍惜書本。在閱讀風氣日益消亡的今天，這些關於特殊年代讀書困境的點滴記錄，既是提醒，也是警示。歷史告訴我們，自由最大的敵人，不是野心家們竊弄權柄，而是群盲的無知。閱讀，正是對抗無知的不二法門。

母親的上海時代，於我而言是陌生的。但是從一個個故事中，還是依稀能看出熟悉的身影。我更熟悉的是母親的香港時代。唐樓鄰居之間的友愛，鐘點工的忠厚老實，還有美孚新邨難以忘懷的那間房子，隨著閱讀母親的文字，都在眼前慢慢重現了。記憶是永不靜止的河流，經過了緩灘，也經過了漩渦。每個人的記憶不盡相同。在母親的記憶裡，我也找回了自己失去的一部分。

從長沙到香港。這是母親的故城，也是我們每個人的故城。

第一部 大街小巷——長沙往事

第二部　島與河——上海往事

第三部　歸人——香港往事

第一部：大街小巷——長沙往事

山上的烏鴉帶了些東西給我
我發現那是一個紅色小信封
信裡說山被燒傷了
在月色下我感到很悲痛
當我想回信時，我便醒了，
我手中拿著的是一片紅色的楓葉。

——民歌

一　家住左文襄祠

左文襄祠這個地名，如今你在長沙市地圖上是找不到了，知道它的老班子[1]人也都走得七七八八。可一百多年前它在長沙卻是一處名勝，清代名將左宗棠的祠堂乃爾。一九三八年的長沙文夕大火將它夷為平地，抗戰勝利後得以重建。它的後半部分是後來的長沙市工人文化宮，前半部分則變成一條小巷，名之曰左文襄祠。一九六〇年我家搬進這條小巷時，它的名字已被改為「群力里」。可那個時候你跟人問路，說群力里好多人都會搖頭說不知道，說左文襄祠反而有人恍然大悟地點頭：「哦，北門正街上的那條巷子囉。」

左文襄祠看上去頗寬大，其實是條死巷。一共只有九個門院。巷子盡頭是工人文化宮的高牆。據說那地方原是祠堂的後花園。不止一次，有那不知就裡的賊人，被人追趕時倉皇逃進我們巷子，結果只好在那堵高牆下束手就擒。

不過左文襄祠即使改了時髦的名字叫作群力里，變成了一條此路不通的小巷，名將祠堂的威儀也還猶存。巷子裡那九個院門，個個都有堂皇的實木大門。大門上的油漆雖已剝落，厚實沉重的黃銅門環尚在。夜裡，遲歸的人叩動門環叫門，「哐哐哐——哐哐哐——」那銅木碰撞的聲音，悠長而深遠，靜夜裡聽來驚心動魄。有一陣子，我們巷子裡一聽見這聲音就發抖的居民大有人在：

「抄家的來了！」

黑暗中我媽這句驚恐萬狀的低語，好多年以後還常讓我從噩夢中驚醒，顫抖不已。曾幾何時，我們每次聽到那一聲緊似一聲的打門聲，都覺得是衝著我家來的。一家人立即翻身起坐，面面相覷：

「來了？來了！」

「不是打我們院子的門，好像是五號。」

「不，是二號。」

我們壓低聲音交換著這樣的資訊，窺測風向，評估形勢，互相安撫。等到終於證實那片喊打喊殺聲是在別的院子裡響，大家才鬆了口氣，回到床上。

這一心理固然有失忠厚，但當時我們一點也不為之抱愧。恐懼原是要不得的心理，使人變得自私。

話雖如此說，我總覺得我家在文革中逃過了抄家這一劫，是跟我們住在這麼一條不

1 「老班子」指老一輩。

同尋常的巷子有關。若我們仍住在湘春路上那座位於貧民窟邊上的紅磚房，一定首當其衝，被那班早就對紅磚房虎視眈眈的鄰居們打砸搶抄了。進駐我們街道的工宣隊長是名只有小學文化程度的大媽，我猜她連左宗棠是誰都不知道，可了解了巷子居民的階級成份之後，她便一針見血地斷言：「叫麼子群力里，叫牛鬼蛇神巷還差不多。」

原來他們作過了統計，巷子裡的無產階級只有五家，其餘的人家多少都跟地富反壞右[2]沾了邊。便是那五家無產階級，後來也查出有一家的男主人作過工賊，另一家的女主人作過妓女。

舊社會的殘渣餘孽好像都沉澱到我們這個小巷了：八號左老師是左宗棠孫女，二號宋娭毑[3]是宋教仁媳婦，七號黃老師是黃興[4]侄兒，住我家對門、跟我們共用一個堂屋的劉姑，是國民黨名將劉興的長女。她那一臉慈祥的老媽，我們稱之為婆婆的，是劉興的髮妻。而劉姑的公爹，也曾官至國民黨湖北省主席。有鄰若此，我們家自然便小巫見大巫了。

劉興一九四九年跟著他的老長官唐生智和平起義，被安排到湖南省文史館作了一名館員，並得以保留他的一處小院。他與他的姨太太（我們叫她姨奶奶）及多名兒女住在那裡。每月一次，他由他那位風韻猶存的姨太太攙扶著來看他的髮妻，並送來家用錢。他們三人相會的情景，跟我在小說和電影看到的這一類場景完全不同。只見那位菩薩面孔的劉家婆婆與那低眉斂氣的劉家爺爺一團和氣地對坐在一張小方桌邊，相敬如賓，一邊品嘗劉姑煮的紅棗蓮子羹一邊閒話家常；姨奶奶則站在堂屋的煤爐邊，抱著劉姑的小孫孫看這位正房大小姐煮食，交流著菜市場南貨鋪的商品信息。

劉姑沒我媽這麼害怕抄家，當我們一家瑟縮在屋子裡窺測窗外階級鬥爭新動向時，她大大咧咧站到堂屋門口看熱鬧，並不時將最新情況向躺在屋裡的她老媽報導：

「他們進了八號……在喊口號……在打門……喔喲，有個人上了屋頂……」

我也想出門去看看熱鬧，但被我媽死死拉住。

「怕甚麼，」我掙扎著仍要出去，「連劉姑都不怕。」

「劉姑她當然不怕了，」我媽道，「官要作得大，事要犯得惡，最倒霉的總是我們這種小百姓。」

巷子裡後來發生的事，證明我媽這話有幾分道理。左家宋家黃家都還沒被抄家，先就被抄得驚天動地還出了人命的，反而是六號門院那名風燭殘年的瘋子胡奶奶。我們驚

---

2 編註：黑五類是中國共產黨掌權者在文化大革命時期，對地主、富農、反革命分子、壞分子、右派分子等五類人的統稱，合稱地富反壞右。在一九四九年至一九七九年間，被認定為黑五類者，地位有如政治賤民，在公民權益、政治待遇、就學就業等各方面，都備受歧視，甚至喪命。

3 「娭毑」為湖南話，意指祖母或對年長女性的尊稱。

4 黃興（一八七四—一九一六），原名黃軫，著名革命人士。辛亥革命時期，與孫中山被時人並稱為「孫黃」。

悉：這個一年四季彎腰駝背撿垃圾的孤寡婆婆，竟然是個暗藏的國民黨特務。她兒子跟蔣介石逃去了台灣。她每天撿破爛其實是在收集情報。在她家霉爛的地板下面，還真的挖出了一根金條！而胡奶奶也因為對抗革命小將而被毆打致死。

一夜階級鬥爭的腥風苦雨過後，我們戰戰兢兢去六號打探虛實。屍體已然不見，只見胡奶奶那間小房間裡被挖了一個大洞，地板上，院子裡，到處是暗黑的血漬。

不過劉姑家終於也在劫難逃。來抄家的不是劉爺爺所在的省文史館，也不是街道上的革命造反組織，是她大兒子（我們叫聾子哥哥的）所在的區辦工廠造反派。那是我所見過的最為和平的一次抄家。一群戴紅袖章的男女與接待他們的聾子哥哥坐在堂屋裡，在親切友好的氣氛裡商討著抄家事宜。

這回連我媽都敢走出房門看熱鬧了。聾子哥哥笑容可掬，跟平時一樣，不管別人說甚麼他都含笑點頭，他幼時得過腦膜炎，落下了耳聾的殘疾；領頭的那名臂佩紅袖章身挎忠字袋的中年女子也面帶笑容，對劉姑解釋般地道：

「我們也是沒得辦法，有人檢舉阿劉他爺爺是個反動大軍官，家裡連碗筷都是金的。我們只好來看下子囉。伯母您老人家放心，阿劉人好是大家都知道的。我們看一看就走。」

他們是如此的文明，而劉姑又是如此的禮讓。先是要請他們吃芝麻豆子茶，他們不肯，劉姑就喊聾子哥哥去城門口的和記米粉店端粉。她一邊將一口大鍋和一張五塊錢大票子塞給兒子，一邊誠懇地遊說那幫抄家者：

「和記的米粉全長沙第一你們是曉得的。真的好吃咧！連光頭粉都是噴香的！」

「莫客氣莫客氣！」

女領隊邊推托邊拉住聾子哥哥，向她那班人馬一聲呼喝，急急撤了，這才沒有把一場抄家事件演變成一次友誼會餐。

不過劉姑的話倒一點也不誇張，我後來浪跡天涯，到過世界上很多地方，卻再沒吃過和記米粉店那麼好吃的米粉了。越南河粉、香港河粉，好是好吃，可跟我們街上的和記米粉哪能比呀！即使蓋澆是上好的牛腩，加上生菜，放了日清麻油，也吃不出和記米粉那噴香的味道。

其實我最享受的還不是米粉本身，而是站在和記粉店廚房裡觀看米粉製作的過程。買外賣者都被允許進入廚房，圍在那個大案板旁現場直觀。只見那位「神氣碌蕩」（我媽給他下的評語）的老師傅把醬油、香醋、麻油、細鹽、蔥花、香菜末、酸菜末、剁辣椒這些配料一一甩到我們擺放到案板上的大小鍋盆裡，再放上一大勺骨頭湯把這些調料沖開，最後才把米粉從大鍋裡撈放到裡面。光是看著那紅是紅綠是綠白是白的顏色就要流口水了，更別說還可以加放他家的自製辣椒。

辣椒有三種：油辣椒、白辣椒和剁辣椒，它們在案板上擺成一溜，隨你放。

我總是每種都加上一點，然後趕緊蓋上鍋蓋，端起來就往家裡飛奔，要最大程度地保住鍋裡的濃濃香味呀！

寒冷的冬夜，一家人圍在火爐旁，一人一小碗米粉，埋頭在香噴噴的熱氣裡，外面那個正在發瘋的世界似乎也不那麼恐怖了。

二　紫東園

不止一次，我在夢中迷失在一條小巷，那巷子細小曲折，兩邊的房子皆是東倒西歪的棚戶，我在其中左衝右突，眼看就要走出去了，一抬頭，卻又是一溜棚屋擋在眼前。終於，我絕望了，正待大叫出聲，有個人飄然出現，幽幽問道：「去哪裡？」

「紫東園。」我衝口而出。

這時我便醒了，煥然起坐，口中喃喃：「真怪！」

是呀，為甚麼不是我家所在的群力里而是紫東園呢？

我家附近的那些巷子，無論從名氣上看，還是從長短大小來看，紫東園都排不上號：西園、西園北里、紅牆巷、湘春巷、長春巷……每條巷子都有文化有歷史，可為何令我夢魂牽繞的卻是名不見經傳的紫東園呢？

近日，無意中看到一篇談飢餓年代大興食堂的文章，才似有所悟，是的哦，我剛到長沙的那一年，我們的食堂就在紫東園。而我等凡夫俗子最難忘的記憶，不是大都與吃有關嗎？

那是在一九六〇年，大躍進正在風頭上，吃食堂之風刮遍全國，別說農村了，長沙城裡也號召家家戶戶吃食堂。說是號召，其實跟所有的運動一樣，容不得個人意願，皆以行政手段強制推行。大街小巷都成立了食堂，想不加入也不行，因為糧本上的定量基本都要上交食堂，人們都集中到食堂吃飯，自以為提早進入共產主義了。

我們巷子不知是因為太小，還是因為找不到作炊事員的合格人選，便與巷子斜對面的紫東園合辦一個食堂，地點設在紫東園。

記得那是一個陰暗潮濕的宅院。有個大堂屋。大概因常年不見陽光，髒兮兮的泥地上總是滑溜溜的。裡面放了兩三張方桌，卻沒有凳子。這地方顯然容不下二十多個院子數百號人吃飯。所以大多由各家派人來打了飯菜回家吃，長沙話叫作「端飯」。如此，每逢快到吃飯時間，巷子裡就會響起「端飯去喔！」的呼叫，於是各家的端飯使者——大都是孩子——便從各個院門呼嘯而出。在那飢餓的年代，這真是一天裡最歡欣鼓舞的時刻，大家端著、捧著、提著各式打飯菜工具，朝著紫東園奔騰雀躍而去。

我是那支端飯大軍裡的常任隊員。紫東園食堂時期，我們還剛來長沙，寄居在三舅家，兩家人加在一起有七個人吃飯，派出的端飯使者總得二人以上。可是不管幾人總有我的份。這一來是因為我愛跑腿，二來我有食堂情意結。這大概與小時候在北京父親機關裡的食堂體驗有關。那是在一九五六至五七年，我們住在機關外面的宿舍，平時都在家裡吃飯，只有到機關看電影的晚上，父親才會帶我們去吃食堂。

隔了這麼久的歲月，我仍然記得吃食堂那天的歡天喜地情景，吃的是甚麼早已忘記了，回想起來，其實我最享受的不是吃食，而是站在那塊大飯菜牌前目不暇給的興奮。「想吃甚麼？」平時高高在上的父親這時變得不恥下問了，念及我不識字，還體貼地唸出那些飯食菜餚名：花卷、肉包、菜包、糖三角、烙餅、蔥油餅、韮菜盒子……印象中我這輩子吃過的所有美食那時都曾被父親唸出，單是這份親情已讓我受寵若驚，更別說這麼多美食都可讓我自由選擇。

紫東園食堂的飯菜牌自然不能與之相比。事實上，它只是一塊長寬不過兩尺的小黑板，不用看，我們也大抵知道上面寫的是甚麼。飯食總不外乎稀飯乾飯，搞不好還只有紅薯。份量也沒得選，每人都按定量吃。菜則一湯兩菜，大多是清湯寡水的酸菜湯，有點蛋花漂在裡面的日子便是節日。菜呢，都是素菜。難得有肉菜時，不僅比素菜貴得多，且要收肉票，一個月才能吃一兩次。

可即使如此，也有可供猜測的餘地。比如單是蘿蔔就有多種可能，是炒蘿蔔還是炖蘿蔔呢？切絲還是切片？放了豆豉還是沒放豆豉？凡此種種，都是小夥伴們一路熱議的話題。而到了食堂當謎底揭曉，少不了又是一番口舌。若是出乎意料之外，竟是清水煮蘿蔔，裡面一粒油星子也看不到。大家就各種牢騷咒罵，當然都是針對廚師，因為掌握了集體財產的人會多吃多佔已成大家心中固定觀念。

「多吃多佔」，這是我們那套話語體系的俗語，是我們那種公有制與生俱來的癌腫，由於人人都覺得自己被「公家」虧待，便都抓住任何機會佔「公家」便宜。後來我在香港，每逢聽見香港朋友不齒於大陸人的種種缺公德行為，便不由得要為之辯護：「不是我們大陸人特別惡劣，任何人在那種制度下都會變成那樣。」

不過紫東園食堂的掌門人還是有點良心的，清水蘿蔔之外，有時竟會亮出一鍋骨頭蘿蔔湯，大家見到，就別提有多麼喜出望外了，儘管不是人人買得起，但能夠聞到肉香味也是好的呀！

許多年之後，當我讀到一些記錄那個飢餓年代的文字，比如《墓碑》、《夾邊溝紀事》、《一滴淚》等等，才知道我們真是幸運的一群。雖然總是處於飢腸轆轆狀態，總歸每餐都能吃到糧食。

我們一家人則屬幸運中之幸運。這都歸功於我媽的高瞻遠矚。她好像預見到了後來會發生大饑荒，跟別人家的媽不同，從小她就一再告誡我們「君子嘗食味，小人脹死不知足」、「不要吃得太多，把胃脹大了就縮不回來。」她的原意也許是防止我們太好吃，認為好吃與懶作是聯在一起的，是最要不得的品性。誰知歪打正著，造就了我們都食量偏小。在那飢餓年代，這簡直成了人人羡慕的特異功能。別人家每月定量都不夠吃，我家則每月定量都綽綽有餘，還能去支援別人。這讓我媽成了巷子裡人緣最好的人之一。

所以我對紫東園食堂的飯食沒甚麼意見，讓我受不了的是那些清湯寡水的菜，「豬飼料！」我曾氣憤地一言以蔽之。

回想起來，紫東園食堂只有一樣菜令我念念難忘，那就是豆豉辣椒。我想，我無辣不歡的飲食習慣，大概就是起自於此吧？

我們在大興安嶺時，家中原只有父親一人是吃辣的，我媽炒菜常給他另外裝出加了辣的一小碟，我試過之後發現比無辣的好吃得多，就算爛凍白菜加了辣也變得可以下咽了，便加入父親的陣營，讓家中吃辣與不吃辣的人員對比成了二比三。於是父親的特供也有我的份。可是到了長沙後，沒了父親，這人員對比變成一比三，我成了絕對少數派。且我媽認為吃辣沒營養又上火，是一種有害無益的飲食嗜好。家中炒菜便再無加辣的特供。吃食堂也照顧大多數，盡量撿不辣的菜買。

然而豆豉辣椒卻是例外。份量小且便宜，一份只要一分錢。而我只要有了這一小碟豆豉辣椒，就再不用吃別的菜，二兩飯風捲殘雲便下了肚。所以我可以自作主張買一份，並成為我獨享的一道美食。

直到現在我還時不時自製這道小菜。它的原材料既少，作法也簡單，只須豆豉、紅辣椒末、油和鹽即可。作法是放油少許，把豆豉加辣椒末放鍋裡炒得出香辣味後起鍋，再起油鍋燒到出煙，放鹽，將這油鹽澆到炒好的豆豉辣椒裡去。一陣吱吱聲之中，香氣四溢。久久不散，就別說吃到嘴裡那個香辣了。

可是紫東園食堂時期除了辣椒末以外，油、豆豉、鹽皆屬計劃物質，要憑票供應。尤其是油，每人每月最多二兩。所以紫東園食堂的豆豉辣椒往往是紅鍋的，一粒油星也看不到。可即使這樣的豆豉辣椒也不常有，有也「數量有限，先到先得」。不幸湖南人嗜辣者十之八九，食堂裡與我有此同好者佔絕大多數，豆豉辣椒總是供不應求。記得那時一群端飯的小夥伴走到紫東園巷子口總要吸吸鼻子，一聞到有豆豉辣椒的香味，便拍起手來同聲一呼：「有豆豉辣椒，衝呀！」，遂爭先恐後朝食堂奔去。我體育課成績門門不及格，只有短跑成績總在前十名，大概便得益於當年的紫東園歷練。

長沙的大街小巷在我的記憶中大都是灰黯陰沉的，唯紫東園閃灼著一點光亮，因為豆豉辣椒。

這究竟說明我的少年時代跟紫東園食堂的菜單一樣乏善足陳呢，還是說明人的需求一旦降低到動物的水平有多麼可悲？我不知道。

三　西園

「八月蝴蝶黃，雙飛西園草。」每讀李白〈長干行〉的這一句，就會想起我家旁邊的那條巷子，西園。是不是西園當初的命名與李白這句詩有關呢？不得而知。總之我記憶中的西園是全無詩情畫意的，偶爾夜半夢迴，出現在夢境中的西園要不就陰雨綿綿要不就熱浪滾滾，空空的巷道裡只有我急急的足音，我走呀走呀，卻似乎總在原地踏步，無論如何也走不出那條深淵似的巷道。

我家附近的巷子中，西園是最長的一條。確切地說，它是由兩條巷子組成，在西園中間支出了一條別巷，叫作西園北里。其門牌號數比西園少，但如今卻比主巷西園有名。大概是因為旅遊商業的需要吧，據說很是發掘出了一些名人故居。

我說「發掘」，是因為一九六八年至一九七五年，我常在那裡奔走時的西園，這些名人都聞所未聞，也許是因為那年頭新舊名人都變成了牛鬼蛇神吧？

而當時，身為待業青年，對我來說最大的名人就是我們的居委會主任。那位團團大臉五短身材的大媽住在西園北里一號，每逢她召見我或是我去拜見她，心裡的那份誠惶誠恐，是空前的，也是絕後的，因為此前和此後，我都從未像當時一樣，痛感自己的前途命運操控在一個人的手裡。

九〇年代我曾在一篇小說裡寫到我和母親烈日下去主任家請求工作的往事。那篇小說的題目是〈恐怖故事〉，恐怖，確乃我憶及當時情景的第一感覺。後來我看了許多回憶大陸歷次運動的文章和書籍，才愧感自己孤陋寡聞、承受力太低。比起書中那些蒙難者，我的西園往事遠未達到恐怖級別，甚至可以說是幸運的。不管怎麼說，我還沒被打被關被殺，沒餓著沒凍著，甚而至於可以在大街小巷走來走去。難怪八〇年代我去中央統戰部上訪，那位接待者聽我把我家回國三十多年所遭受的迫害一一道來，竟淡然一笑道：

「你們家算走運的了，都活著嘛。」

見我一臉驚異，他便給我講了個其他上訪者的故事，那家人死的死瘋的瘋，碩果僅存的一位也給整成了殘疾人。

「人家可是北京和平解放的功臣喔。」這位看上去頗為憨厚的接待幹部最後補充道。所以後來我寫作〈灰房子〉那篇回憶時，「思想覺悟」就有所提高，不僅能夠從自己的角度去思量往事，也能從主任大媽的角度思量了。畢竟，她只是那台嚴酷的專制機器上的一顆小小螺絲釘。

可諒解是一回事，接受是一回事，西園在我的記憶中仍然光明不起來。畢竟，我一生中最好的年華就蹉跎在那些為了圖表現找到一份工作，沒日沒夜地挖防空洞、作磚、寫大批判稿、承包宣傳欄的愚行中了。

別說境外人士了，就是七〇年代之後出生的大陸人，對上述行徑都不明所以，且聽我一一加以解說。

挖防空洞：六〇年代末中蘇在珍寶島打了一仗之後，毛澤東發出全民備戰（當時叫戰備，以示我們是給蘇修[5]侵略的一方）的指示，其中有「深挖洞」之詞。全國頓時興起挖防空洞熱潮。別的地方是由誰出錢出力來挖我不清楚，我們街道是由各居委會組織居民義務勞動。我們待業青年自然首當其衝，成為挖洞之主要勞動力。

作磚：由挖洞衍生而來。造防空洞人力物力既是全由老百姓承擔，所用磚頭自然亦跟大躍進之土法煉鋼一樣，土法作磚。長沙話叫扮磚。各家各戶都派有交磚定額。有那實在無力完成指標的老弱病殘人家，主任就把其定額指派給待業青年完成。

寫大批判稿：這一行徑比較好解釋，它與如今網絡上的「五毛」寫手的行徑類似，為「捍衛毛主席無產階級革命路線」舞文弄墨搖旗吶喊矣。只是當時我們都是「自乾五」[6]。我不知道其他「自乾五」的動機為何，我自己是因前途命運被人綁架了不得已而為之。這當然不能成為我為自己行為開脫的理由，但我是遭到了報應的。後來我以寫作為生時，花了很大功夫才擺脫掉那種革命大批判文風。

宣傳欄：這大概不用解釋。因為不久前我去中國大陸，仍可在機關、學校、工廠等處所見到這種宣傳黨的方針政策的壁報。

如此這般，一九七五年我終於在一位好友幫助下找到一份工，之後就再也不去西園了，就像我再也不去硯瓦池、新開鋪和如意街等等我曾在那裡掙扎求存的長沙街巷。唉，一生中最難忘的地方是長沙，不堪回首的記憶最多的地方，也是長沙。

前年回長沙，幾位老友不約而同對我道：「你應當去西園看看，修得好漂亮了呢！」

3　蘇聯修正主義，又稱「社會帝國主義」。

6　「自帶乾糧的五毛」，即自願發表支持中共政府之言論和立場的人。

經不住她們的遊說，就去了。果不其然，西園面目全非啦。原先的彎曲巷道被拉直，原先參差不齊的院牆也修成一樣高，刷上一樣的顏色，大大小小式樣不一的宅門全部整成了一種樣式。西園北里更是喧賓奪主，變成公館一條巷，每個宅院都儼如舊時大戶人家，一律青磚灰瓦白牆油漆木門，門口還張掛著大紅燈籠。我看了不由得笑道：「張藝謀的徒弟遍天下喔！」

真的，像這種所謂民國老巷式景點我在大陸至少看過了五處。

同來的朋友有那沒有幽默感的，或說得好聽點，特別認真嚴肅的，聽我如此說，便覺得應盡一點導遊之責，解說道：「跟《大紅燈籠高高掛》那個院子還是有不同的，我們這裡的大院好多都是文化名人故居咧！」

髮小[7]建平也在場，她是我最要好的朋友，當年跟我一道在西園作過待業青年的，擁有一些與我相近的共同記憶。她指指不遠處一面牆壁道：「那就是我們那年搞宣傳欄的地方。記得啵，搞得還蠻轟動呢。辦事處幹部都來參觀了，聽說連李老師都被他們叫來看了，還點頭說字寫得還可以。」又指指前面一個宅院道，「那就是李老師故居，如至今他老人家也成了大名人咧！」

她說的李老師便是書法家和篆刻家李立，被他點評的是我們宣傳欄的美術字。嘻嘻，那都是在下我的手筆哦。記得當時我還問了一句：「他講還可以的是哪種字體？隸書還是魏碑？」口氣中不無得色。真是初生牛犢不怕虎。但那時哪裡知道他是大書法家，只知他在中學教美術，字寫得蠻好。

我問建平：「那唐主任家那個院子呢？也變了名人故居？」

「那倒沒有，」建平道，指指拐角處，「吶，就是那個院子。莫看外面裝修得那樣漂亮，裡面倒沒怎麼變。要不要進去看看？」

我忙搖頭又擺手：「不要不要！」

腳下早不由分說徑自向那巷外的馬路一溜煙逃去，好像生怕走慢了一步就會被人抓回頭，回到那個拼命走也走不出去的恐怖時空。

7　「髮小」為北京話，指從小玩到大的好朋友。

四　城門口

「到城門口去喔！」在我們那個缺油少鹽絕情寡欲的年代，這一聲吆喝意味著吃喝玩樂，情緒的釋放，欲望的張揚。我在小說〈漲水那一年〉裡讓男主角吆喝「到河邊看大水去啵！」其實是把「河邊」與「城門口」作了詞語替換。

城門口古時候是長沙的北城門。從辛亥革命時的都督府在其旁邊來看，它肯定還是長沙諸城門中最重要的一個。都督府的遺跡，因第一任都督陳作新的銅像猶在可證，城門的遺跡則只能從此地嘈雜不堪的環境去捉摸了。

我十歲來長沙，三十五歲離開長沙，一直住在城門口附近。之間除了生病臥床不起，幾乎天天都去城門口。城門口那些被路人腳步磨得溜光的麻石路面，定然有我的一份貢獻。

我如今年事已高，經常忘東忘西，可城門口的大小店鋪卻一直都在心裡，歷歷在目：東邊角上是肉鋪，西邊角上是南貨鋪，北邊角上是醬園，南邊角上的鋪子則可圈可點，隨上面政策的變幻而變幻。因為其他店都是國營店，唯有這個角是一處私人民居，讓那些「投機倒把分子」有機可乘。政策緊時關起門「潛伏爪牙等候」，政策鬆時把門一開搞「投機倒把」。有時賣雜貨有時賣食品。而各種小攤小販也依傍著這塊「資本主義溫床」蔓延開來：炸蔥油粑粑的，炸糖油粑粑的，賣剁餅的、賣烤紅薯的……這邊風車滴溜溜地轉，那邊叫珠子嗚嗚地吹。到了城門口我們才知道，就連吹肥皂泡泡，人家小販也吹出專業水平，跟我們業餘水平不可同日而語。

城門口也是巷子裡娭毑大媽們的最愛，她們去了一趟城門口回來，總有幾條新聞可以報告：

「今天一兩肉票可以買二兩網油咧！」

「糧店裡明天沒得油打了。糧摺子上還有油沒打的快些去。」

「又有鄉裡人擔菜在那裡賣了。幾多新鮮的小白菜哦！」

我媽對這些新聞非常重視，往往聽了風就是雨，立即落實於行動。我們還小的時候，她會親自出馬，抄起菜籃子就往城門口跑。漸漸就派我們去作先鋒，她跟著再來。再後來乾脆權力下放，派我作特命全權大使，因為我在精打細算方面繼承了她的衣缽，而且跑得快。

我家往城門口去的路程不出五百米，我總是風馳電掣飛快跑到。必須分秒必爭呀！好東西很快就會搶光，再說城管隨時有可能出現。沒錯，那時候就有這號人了，而且比現在更凶更惡，一現身就五喝六吆地喊著「抓投機倒把」，把菜擔子掃蕩一空。誰還敢跟他們爭吶，買的賣的都趕緊四散奔逃。

在這種情況下，我的速度和毅力就顯出了優勢。我會鍥而不捨地跟著菜擔子跑，往往真的在哪條旁門左徑與那「投機倒把分子」會合，雙雙喘息著完成交易。

我媽對我的辦事能力總是予以肯定，誇我效率高，責任心強。可是也有她對我強烈不滿的時候。至今我仍耿耿於懷的是那次換肉事件。她叫我買半精肥的肉，我卻買回了一塊全精肉。「這肉煎不出一點油呀，」她打量著那塊肉氣惱地道，「而且顏色不對，氣味也不對，唉呀臭了簡直不能吃。」

平時她唸叨一下也就算了，那日大概心情特別不好，竟拉著我跑去肉鋪要求換一塊：

「師傅哦，都曉得你人最好最好講話的，」她討好地對那豬肉佬道，「幫我們換塊肥點的肉好不好？」

那豬肉佬是個肥頭大耳粗聲粗氣的中年漢子，卻是我們巷子大媽們的偶像，到他面前刁婦惡婆都秒變溫柔小女子，對他極盡阿諛奉承之能事。恭維他為人豪爽，吹捧他講話有味，當然都是希望他刀下有情。不消說她們大多達不到目的，達不到目的轉身就對他咬牙切齒，極至詛咒謾罵之能事。可是一頓咒罵之後，卻說只盼自己的仔將來可以作個豬肉佬，那就可以像那傢伙一樣「騎在人民頭上作威作福」，想吃哪塊肉就吃哪塊肉。

我媽平時是鄙薄這種大媽見識的，還叮囑我不要跟那豬肉佬多話，因為他「橫眉邪眼流裡流氣」，但那天換肉心切，竟也以這種阿諛口氣央求他。

豬肉佬不說肯換也不說不肯換，反問道：「我何解要換把你？」口氣中那種尋開心的味道連我都聽出來了，可我還沒來得及把我媽拉走，她卻已低聲下氣地接應對方了：「細伢子嚜[8]，不懂事⋯⋯」

她一句話未了，那豬肉佬早已頭一斜嘴一撇，矇豬眼朝我一乜斜，好像聽見一個天大的笑話似地反問道：

「細伢子？」

「是的呀，才十四歲。」

豬肉佬頓時得了寶似地張開血盆大口，哈哈笑道：「十四歲還小！劉大姐十四歲都曉得去找劉海哥了。林妹妹十三歲都騷得想嫁把給寶哥哥了。」

我腦袋轟地一聲炸了，轉身就跑。

痞子！流氓！我在心裡一疊聲地罵道。我恨死豬肉佬了，這就是那種能把任何陽春白雪都唱成下里巴人的壞傢伙；我也恨死我媽了。煎不出油來會死嗎！少吃一塊肉又如何！竟然放下自己的尊嚴去跟這號人囉嗦。

8　「細伢子」為中國南方一帶方言，指小孩子。「嚜」在此為語尾助詞，表示想拉近關係的語氣。

我忘了這事最後是怎麼收場的。我媽換到了肉沒有？沒換到肉回家來繼續跟我發脾氣？還是相反，我跟她發了一頓脾氣說她不該去自取其辱？我都記不清了。清楚記得的是我從此不在城門口買肉了，寧肯捨近求遠去二馬路，去通泰街。我甚至再沒見到過那名豬肉佬，因為我走過那間肉鋪就會趕緊加快腳步，轉過頭。

可世事就有這般奇怪，有些人，你明明把他們看得連腳下的塵埃都不如，對他們的行為言語不屑一哂，卻沒法把他們從心裡抹去。奔走於城門口的二十五年之中，我從一個孩子長成為少年、青年、乃至於中年人，結了婚，生了子。之間經歷了多少酸甜苦辣喜怒哀樂，可現在當我回憶起城門口，湧上心頭的竟然是這麼一件小事，這麼一個渾人，為甚麼？

難道因為那是我第一次發現我媽的無奈與屈辱？在那之前，她在我心裡一直那麼沉著堅忍，無所不能。大事小事有她為我們應付，暴風驟雨有她在前面抵擋，可那天竟然會為了一塊肉讓我被一個痞子羞辱。「細伢子嚀！」那個「嚀」字裡套近乎的口氣，刺痛了我。

難道因為那是我第一次遭遇「長沙流子」的正面攻擊？之前我的北正街小學同學中雖不乏流痞之徒，但他們大概看在我一口北京話的份上，對我還是比較客氣的，甚至網開一面，稱呼我時沒在名字後面加個髒字，像他們自己之間互稱時那樣。可現在那豬肉佬直截了當，一句話就把我踢入成年人的鄙俗世界。

城門口，我一度把它當成幸福的樂園，那裡有世上最好吃的刮涼粉、最香脆的蔥油粑粑，在那裡，就連肥皂泡泡也比家裡的大些漂亮些，五彩繽紛，一直飄上天際。城門口能滿足我們所有的日常生活需要，說聲沒醬油了，一分鐘就可以跑去打回來。說聲菜擔子都被掃蕩掉了，還可以鑽進旁邊的菜場撿些菜葉子，回家來擇好洗乾淨，作成酸菜炒出來，便成飯桌上的一盤美味。可是豬肉佬的話轟然一下直插我心，讓我瞠目結舌，在圍觀者們肆無忌憚的笑聲中，直面那張油膩肥臉，爛菜葉和臭豬肉的氣味鋪天蓋地而來，樂園頓時崩塌，灰飛煙滅之間，我看見了裡面的污泥濁水。

十四歲真的不是孩子了。我不再有時間就往城門口跑，物質世界是如此的鄙俗不堪，我盡量避開它，去精神世界尋找另一塊天地。有時間我就去閱覽室、圖書館，躲進書海建構的虛幻世界中，在那裡當然也有污泥有濁水，可是距離感讓它們看上去沒那麼惡形惡相了。

前兩年，聽說城門口將要成為歷史，我又回了一次長沙。在城市改造規劃中，北正街和湘春街從南到北一段接一段地消失，城門口是最後消失的一段。我去的時候那裡已然一片廢墟，機器轟鳴，灰塵滾滾，我遠遠地站在一處高地，習慣性地舉起手機，想要拍下眼前的影像。可是轉念一想，還是放棄了。拍下來之後我把照片發給誰呢？我甚至不會把它收藏到相簿裡？這張建築工地圖跟中國任何地方的建築工地圖沒甚麼兩樣，從中既找不到城門口的蛛絲馬跡，也喚不起有關城門口的任何想像了。

那麼，不如在這裡記下這些記憶的碎片吧，也許，多年之後，還會有人偶爾看到這篇文字，也許他會點點頭，心裡想：噢，曾經有過那麼一個地方、那麼一種生活、那麼一個女孩。

五　蘇家巷

我從來沒有到過蘇家巷，但它卻是我最早的長沙印象，至今仍在我的記憶深處盤旋。兒時住在北京遂安伯胡同，夏天炎熱的晚上，母親會一邊搖著蒲扇，一邊講述她的童年往事：

「那時我們家住在長沙的蘇家巷，那個院子多大！三進三出，光只最裡邊的院子就比我們現在這個院子大一倍，裡面有花有樹，還有一棵銀杏，好大好大的，兩個細伢子都抱不住。夏天裡樹蔭把太陽光都擋住了，最熱的時候屋裡都蔭蔭浸浸。還有一口古井，井水浸涼浸涼，打桶井水上來把西瓜浸到裡面，吃起來涼得——那真是涼到心裡去了。」

她說的是一口長沙話，那個「得」字拖得長長的，尾音往高處拉，把我的心也拉得高高的。

所以沒來長沙之前，我一直以為長沙那地方特別寬敞特別清淨，氣候宜人，環境優美。十歲那年，母親領著我們來到長沙，投奔的是住在城北的三舅。三舅住在一個大雜院裡，裡面大都是些泥木結構的板壁房。十多戶人家緊巴巴地擠在裡面，每家最多住兩間房。三舅家在樓上，一前一後兩間板壁房，加起來怕也只有十七八平米。前面那間對著個長滿青苔的小天井，一棵半枯的老樹歪歪倒倒地從那兒朝天空伸出頭去，那副顫斤斤探頭探腦的樣子，老是讓我擔心它會不會給哪陣風雨一巴掌打掉腦袋。

不過這時我已上小學四年級，「受黨教育」多年了，依稀感覺母親口述的長沙印象很成問題。她家是長沙大資本家，長沙第一間銀行就是她家開的。她回憶中那個三進大院想必就是「資產階級失去的天堂」了，不能信不可信，最主要的是，不應該信。

母親這時也不再提蘇家巷大院了，大概她的思想覺悟也有所提高，即使跟三舅一起也不提，反而表現出對眼下的居住環境心滿意足的樣子，尤其是到二舅家和二姨家去過了之後。

二舅從前是家族掌門人，外公三〇年代初去世後便由他接手家族銀行，才二十出頭的他，卻也將生意作得蒸蒸日上，分行開到了上海和香港。公私合營時，他將全部身家上交國家，顯然也包括蘇家巷大院。因為他現在住在一個比三舅家更小更暗的閣樓上，連竹靠背椅子也只放得下兩張。我們去了都只好坐在床上。至於樹，唉，別說樹了，連院子也沒有。

二姨家更別提了，我們第一次去她家是給表姐們背去的，正當漲水時節，她家那間位於北善台低地的房子遭水淹了，表姐們把褲腳挽到大腿上，還直叫我們「勾起腳勾起腳」。二姨穿雙套鞋站在曬台上迎接我們，這是她們院子唯一露出地面的地方。

二姨雖沒受過高等教育，但也知書識禮，寫得一手好字，打得一手好算盤，那時給街道食堂延攬去當會計。這讓母親很是羡慕，因為她連食堂洗菜工也因丈夫是右派作不成，她口氣有點酸溜溜地道：

「當初還真被姆媽講中了，女子無才便是德，我跑出去讀了大學又如何？顛簸流離大半世，結果還是當家庭婦女。不如跟你一樣老老實實留在蘇家巷，反而參加了工作。」

到長沙後這是我第一次聽說蘇家巷，連忙尖起耳朵聽，莫非世界上真有這個天堂寶地？誰知二姨卻道：「蘇家巷，快莫提蘇家巷了，提起來我就有氣。」

她姊妹二人相對而視，然後不約而同朝我們孩子瞟了一眼，欲說還休地搖頭。我便知道，她們下面的話要轉為私密了，兒童不宜。

漸漸地我知道長沙是真的有一條蘇家巷，它位於南門口附近，是一條與坡子街平行、與織機街隔黃興路相望的名巷。比我們左文襄祠更有名，而且是一條活巷子，四通八達。只是母親從來不帶我們去。她倒是帶我們去了一次坡子街，專程去火宮殿吃油炸臭豆腐。結果排了四五個鐘頭的隊，每人只吃到一個糖油粑粑。

至於織機街，那是二舅家的所在地，初來長沙那幾年，逢年過節母親便會帶我們去。他家住房條件雖然惡劣，但卻是我們特別嚮往之地，因為每次去二舅都會領我們下館子，到德園吃包子，到李合盛吃牛肉麵，有一次還去街對面的齊長新吃北京烤鴨。那年頭吃烤鴨是個甚麼概念？買一毛錢炒蠶豆吃，對我們來說都是一件壯舉，需要策劃多日，大家湊份子才得以實施。吃烤鴨，那就跟騰雲駕霧成了仙一樣，以至於到現在我還認為烤鴨是至味，誰要請我吃飯問我想吃甚麼，我第一時間就嚷著：「烤鴨烤鴨！」就憑這一點，我也認定了二舅是一位忠厚長者，豪爽大方，識見過人。

所以六三年在江西勞改的四舅出獄後來到長沙，以我家為據點跟二舅討要他的一份股息，我是同情二舅的。儘管四舅也豪爽大方，要到了錢立時給我們買了一斤牛肉乾和一斤蜜杏乾。還教我們吹口琴，還給我們講濟公故事。可這也頂多讓我在他們的兄弟之爭中保持中立。那時候我大抵已經明白為何二姨和我媽一提起蘇家巷就有氣，蘇家巷大院也是他們家族財產的一部分，可是五〇年代初，當她倆都幾遭滅頂之災時，二舅把包括那院子的全部財產都上交給了國家，卻未對她們伸出援手。

半夜，我聽見母親低聲勸四舅：「算噠噻，都是剝削來的財產。二哥也不容易，自己四個仔女，還幫你帶大了一個，都教得那麼好。我都不怪他了。那個時候他自己也正在遭難，自顧不暇。」

四舅不以為然：「那是你的看法。而且我也不是無理取鬧。我遭的難更大，九死一生呀！現在一家人都快餓死了才來討口飯吃。哼，還罵我是化生子[9]，他才是化生子。蠢得死！人家往外面跑他往裡面跑，不說把生意搬到香港去，反而把那裡的號子撤回來。還把全部家產都交得精光。」

我媽雖說最喜歡這個弟弟，同情他的遭遇，冒著得罪哥哥的危險收留他住在家裡，聽他這麼說也不高興了，因為她自己也屬於「蠢得死」的一類，五一年從香港回了北京。便氣惱道：

「這倒不能怪二哥。那時候哪個長了後眼睛，曉得共產黨會是這樣子的。再說公司合營又不講自動自願，他們要你交你哪裡敢不交。」

四舅反駁：「自己住的房子總可以留一點。倪家裡不是留了一個院子，饒家裡也留了。只有老二膽小怕事，只顧保住自己一屋人。」

四舅這話倒不完全是胡說八道。我有個同學也是資本家出身，她家就保留下一處房產，是個獨門獨戶的小院，清靜寬敞，她一家三代都住在裡面。

不過我想二舅交出蘇家巷院子一定有他的理由，他並非一個膽小鬼，也不是一個盲目隨大流的人，對甚麼事都有自己的一套看法。事實上，我那時已經對學校和報刊文件灌輸給我的一些東西產生懷疑，雖說還不到質疑〈半夜雞叫〉故事真確性的程度，對某些宣傳口號是半信半疑的。之所以如此，跟我喜歡讀書當然有關，但我能不完全迷信書裡所講，卻與母親和二舅的「反動言論」不無關係。

二舅雖然斷送了祖業，在母親眼裡仍然是個成功者。別的不說，他堅持不肯出來參加工作就被證明是有遠見的，那麼危險的身份，那麼頑固的思想，還安然逃過了歷次運動。還堅持讓四個孩子都學理工，遠離文字。這就比大家有智慧。所以她特別重視二舅的意見，每逢二舅來我家，她總是趕緊叫我們關窗，因為她要就時事政策聽取二舅的意見。而二舅那些言論都與報紙廣播的口徑背道而馳。比如：

「廣闊天地大有作為？你信他的！這麼好的事怎麼都把階級敵人的仔女推去，他們

9 「化生子」於長沙話中為責難親近之人的詞彙，意思同於敗家子。

自己的仔女就進大學，參軍，進工廠。」
「社會主義教育運動？這下挑菜來賣的鄉裡人又有難了，我們又莫想吃新鮮菜了。」
「要古巴不要美國佬？哦，難怪白糖都變了黑漆巴烏的古巴糖。好囉，等日本鬼子再打進來，看是古巴來救還是美國佬來救。」
二舅不但對時事都有自己的意見，對官方宣講的歷史也有另類解說。有次他來我們正唱流行電影插曲：「紅軍呀已北上，為的是打日本，保家鄉。」他就說：「一堆南方人跑到北方去保麼子家鄉？延安那裡又沒得日本人，他（指指上面）老家湖南才是主戰場。光只長沙就打了三次會戰，光只將軍就死了上十個，軍隊死了幾十萬，都是國民黨。」
我們驚問：「國民黨不是只曉得摘桃子嗎？」
「你信他的！主戰場都是國民黨在打。」
有一次二舅來我正在看《紅旗飄飄》。那是一套不定期出版的革命回憶錄。我看的那一期有篇文章講到一九二七年紅軍攻下長沙，槍決了土豪劣紳葉德輝。二舅拿過書去掃了幾眼，道：
「土豪劣紳？葉德輝是一代大儒！人家放了大官不作回來作學問。多有格有品的一個讀書人。」

讀書人在二舅的詞典是最高級的褒義詞。好多大學畢業甚至出洋留過學的人，在他眼裡都算不得讀書人。我聽了忙問：

「您曉得這個人？」

「豈止曉得。是認得。跟我們住一條巷子。那鋪人來捉他走的時候我就在隔壁。當時他正在洗腳，見到那鋪人殺氣騰騰衝進來，他還是繼續洗他的腳，只講了一句話：『等我把腳擦乾。』這就叫作君子坦蕩蕩，士可殺不可辱。其實先就有人來同他通風報信，要他快些走，他不走，捨不得一屋的書。觀古堂，湖南最大的藏書樓。結果還是沒保得住。王國維就是聽到他被打死了才投了湖。」

「王國維是哪個？」

「也是一代大儒。你應當去看看他的書，莫盡看些亂七八糟的書。《人間詞話》，那才是真學問。」

有一次他來我在看郭沫若的《洪波曲》，正看到郭到長沙碰到了文夕大火那一段，我便問二舅：「那場大火是不是真的燒得那麼駭人？你碰到了嗎？」

他道：「當然是真的。全長沙變成了一片火海，天都燒得通紅通紅的。我們蘇家巷大屋就是那次大火燒掉的，巷子裡所有的院子都燒得一把焦。都是張治中作的好事。就算你要焦土抗戰你也應當先把老百姓疏散掉，那畜生不僅不疏散老百姓，連個信都不把。深更半夜突然放起火來。其實日本鬼子過了一年才來，張治中沒燒到他們一根汗毛，燒死的都是老百姓。還好我先就把你外婆她們送去了桂林，不然肯定跑不脫。我搭幫半晚起來上廁所，連忙飛快地跑才逃得一條命。」

我現在還能清晰地想起二舅說出這一番話時的姿勢、面容、和口氣聲調。雖然激奮，但依然沉穩，他坐在一張矮腳竹椅上，身著一件對襟衫，腳踏一雙和尚鞋，滄桑的神色，紮實的身形，歷史彷彿從他那身古樸裝束的條條褶皺中流瀉出來。

我便問他：「蘇家巷，那院子真的很大嗎？」

二舅茫然地看著我，彷彿迷失在歷史的霧霾裡了，答非所問地道：「倒是我們坡子街的號子沒燒光。石頭砌的屋到底紮實些，只是把門窗燒掉了，屋基還在那裡。唉，我們號子從此元氣大傷，再也沒有恢復，跟蘇家巷老屋一樣……」

我想問他：「蘇家巷老屋沒有修復得了嗎？院子裡的樹也燒光了嗎？後來交給政府的房子是不是真的有三進三出？為甚麼不留一進自己住呢？是因為壓力太大，還是有其他的原因……」

一肚子的問題。但看著二舅恍惚的神色，都沒有問出口。

以後也沒有找到機會問。再以後，他就老了，再以後，他就去世了。再以後，母親也去世了。

後來，有好幾次我路過蘇家巷，心想是不是進去看看呢？但都因為這樣那樣的原因沒有進去。進去幹甚麼呢？沒有銀杏樹了，也沒有古井了。說不定連那個院子也沒有了。而或許明年，或許明天，也沒有我了。

六　北正街

我們小巷所在的那條街叫作湘春街，它位於長沙城北。是一條麻石老街。街面都以凹凸不平的花崗石鋪就。兩邊的屋子雖然都是磚木結構，看上去也跟那街面一樣古老破敗，怎麼看怎麼像革命電影裡風雨飄搖的舊社會。以至我走在街上時，老是不由自主想起那年頭大家耳熟能詳的一句朗誦詞：「苦難深重的中國人民……」。

聽老班子人說，從前這一整條長街，南起中山路，北至城門口，貫穿整個城北地帶，都叫作北門正街。四九年之後大概為了便於管理，才把這條長街的北段劃出來成為另一條街，給了它這個頗具新時代氣息的名字——湘春街。

在老班子人的回憶裡，相對於充滿商業氣息的南門正街——黃興路，北門正街曾經是城中政治文化氣息較濃的一條街。辛亥革命之後湖南的第一個都督府設在這裡，第一任都督陳作新就戰死在都督府。後來都督府變成了一所小學。校園裡還立有陳作新銅像。直到文革才被紅衛兵砸掉。長沙城最早的兩所女子中學周南女中和福湘女中都在這條街上。城中最大的天主教堂和基督教堂三一堂也都在這條街，三一堂創辦的那座小學——三一小學，就在三一堂旁邊。

三一小學是長沙最早開設西式課程的學堂，一度是城中名校。城中較為新潮的殷實人家紛紛把子弟送入這所小學讀書。「君美就是三一小學出身的」提到這所小學時，母親總會這樣說，「所以她英文特別好，膽子特別大。」

君美是母親大學時代最好的朋友，後來去了美國留學，拿到碩士學位以後就留在那裡了。她在我們心目中是個傳奇人物，因為每逢母親感嘆自己好不容易讀了大學最終卻淪為家庭婦女時，就會拿她來對比：「我在復旦跟君美睡上下鋪，讀書成績也不相上下，都是班上的前幾名。可她如今大概博士都拿到了，我呢變成家庭婦女一事無成。」

之後總是以一聲長嘆作結：「唉——」

大約有這一層遺憾在，我們逃離大興安嶺來到長沙，戶口還沒有報上，母親就在跟三舅媽策劃，要設法把我們轉學到北正街小學。

北正街小學就是當年的三一小學。它位於北正街南端，不屬我們所在的學區，所以要找關係才進得去。

我開始寫這篇回憶時，曾經到網上查找北正街小學。可是在百度網打出「長沙北正街小學」的字樣搜尋，卻只看到有一所「常德北正街小學」出現。打出「長沙三一堂」搜尋，也只有幾張哥特風格教堂的圖片出現。但我一眼就認出來，那正是我在裡面讀過書的北正街小學的大禮堂。

這就是說，從四年級下學期到六年級小學畢業，我有兩年半的時間在那座教堂出沒。不過在我的記憶裡，那座教堂一點也不似照片裡那麼美麗，那雕花精美的鑄鐵大門，那直衝雲天的教堂尖頂，怎麼在我記憶裡影子都不見呢？依稀回想得起來的，只有那一面冷硬的麻石外牆，突兀地呈現在北正街灰黯破敗的磚瓦板壁房子之間。

再看照片下面的說明文字，也隻字未提北正街小學，只說教堂曾叫作中華聖公會三一堂，始建於一九〇五年，「解放後曾先後作為長沙市百貨公司火柴倉庫、湘財公司慶典中心」云云。

讓我相信圖片上的教堂的確是北正街小學的，不是去北正街實地踏訪，而是無意中讀到的一篇家族回憶錄。作者童年時代住在潮宗街，那是北正街小學斜對面的一條小街。他說他五〇年代初曾在北正街小學上學。

「印象中學校的門是在左局街，我們一般都從那個小木門出進。教堂大門反而變成了後門。」他在回憶錄中這樣寫道，「有時候我們作值日生作晚了，前門關了，就會去央求傳達室大爺開那道後門讓我們抄近路回家。」

他這麼一說我也想起來了。沒錯，有幾次我們排練節目或是開會甚麼的回家晚了，老師就領我們從教堂旁邊出去。但也不是大門，而是旁邊的一道木製小門。大概一九六〇年我轉學去時所看到的教堂，比他五〇年代初看到的教堂又衰落了幾分，大鐵門根本不開了。

不過，有一點是確切無誤的，那就是雖然繼承了如此高大上的校舍，北正街小學卻再不復當年三一小學的風光，它不再是名校，便是在北區小學裡也排不到前十名。我想，這跟北正街也不再是北門正街有關吧？

那時的北正街已然一條窮街，街上別說沒甚麼豪門大院了，就連小門小戶也鮮見。一條坑坑窪窪的麻石小街，兩邊差不多都是商鋪，最堂皇的店鋪也只有兩層樓，分別是北協盛藥鋪、百花村南貨鋪和同利長南貨鋪，其他就都是門面小小的飲食店雜貨鋪甚麼的了。最小的鋪子門面寬不過一米，是賣酸刀豆和黃草紙的小攤。

街兩邊不時伸張出一條小巷，狹窄，骯髒，充斥著一些陰暗潮濕的棚屋。居民大多是所謂的低端人口：賣燒餅的，賣油條的，修鞋的，剃頭的，拉板車的，推板車的，大多是零工散工，手停口停之輩。在講究階級成分的新社會裡，他們得到了個冠冕堂皇的名稱——遊民無產者。這名稱出自那篇名之曰〈湖南農民運動考察報告〉的「最高指示」，此文對這一階層的人士十分抬舉，說他們「如引導得法」，可以跟工農兵一起，「變成一種革命力量」。所以也算在無產階級之列。

我們班五十多號人，至少有百分之八十是此等階層子弟。王朔名句「我是流氓我怕誰」用以形容我這些同學的作派十分到位。雖說我們班男生的流氓氣與王朔小說中大院子弟的流氓氣差別顯著，但那只是等級上的差別，材質其實相同。兩者行為之粗痞蠻橫無法無天如出一轍，前途命運卻不可同日而語。上了位的遊民無產者跟在野的遊民無產者不在一個等級上。京城大院的小流氓長大後揚名立萬，外省北正街的小流氓能有個正當職業就算不錯了。我的男同學們後來不乏作奸犯法人士。有個同學還在某次嚴打運動中因偷扒搶劫被判了死刑。

我們的班風可想而知。班上同學無論男女，個個出口成「髒」。「我」這一人稱代詞在我們班的字典裡是沒有的。男孩女孩皆自稱老子。互稱則必在對方的姓名後加個「X」字。置身於北正街小學「X」聲不絕於耳的教室，我那大興安嶺林區小學的慘淡回憶，相形之下竟有了幾分浪漫色彩。

這讓我的北正街小學生涯成為噩夢，成天生活在被班上男惡霸女惡霸欺凌的威脅中，報考中學時便想遠走高飛。對男生的厭惡讓我嚮往女校。不幸長沙最好的女校四中也在這條長街上，只是往北邊移了六七百米，位於北正街的延伸部分湘春街上。這種糾結的心理讓我填寫的志願很荒誕，第一志願四中，第二志願一中。你想想，考得好的話四中必收我入其囊中，考得不好四中不收，一中就更不會收了。結果可想而知，我進了四中。還是沒出北正街。

無論我就讀時的長沙四中，還是如今名字改回其原始名字的周南中學，都如三一小學般不復民國時代風光了。它依然算名校，但在長沙市的中學排名裡只能屈居第五或第六。校園倒還保留了一座當年的老建築，但在那些輕佻張揚的高樓大廈中，那座典雅古樸的小樓就像一名紳士陷身於一群現代嬉皮士之間，斯人獨憔悴。

不知道如今的周南中學招生範圍如何，當年的長沙四中是面向全城招生的，而即使在大力貫徹階級路線的六〇年代中期，中學基本上還是憑入學考試成績取錄學生，所以我的中學同學大都是來自全城各校的優等生，且都是女孩。三年初中生涯，我終於得以耳根清淨。

然而好景不常，一九六六年八月，文革風暴乍起，這些好女孩跑去北京串聯，到天安門廣場參加了紅司令第二次大接見。又到「要武」之風最烈的幾間中學圍觀了紅衛兵打殺老師同學之暴行，其中一些「根正苗紅」者，回來就搖身一變，從好女孩變成了母夜叉。她們連衣著打扮也模仿北京那幫革命小將，身著黃軍裝，臂帶紅袖章，手中拎條皮帶，動輒朝空中甚或老師同學身上揮舞。竟比北正街小學男性街頭霸王更恐怖了十分。

我們學校自此得長沙城打砸搶抄風氣之先，校園裡媽媽聲不絕於耳，教室變牛棚，操場變刑場，不止一間教室門口昇起了騰騰火光，不止一位老師在學生的毒打凌辱下死於非命。驚看我這些一夜變臉的野蠻同學，北正街小學同學的粗言穢語，竟又是小巫見大巫了。

七　五星花園

二〇〇七年，初中畢業三十九年之後，我第一次回到母校，這次回來是因為卻不過香港周南校友會會長、好大姐劉愛珍醫生的多次邀約，來參加周南一百〇三年校慶。其實我之所以破例舊地重遊，還有一個沒說出來的理由：去看看五星花園。

那時我剛寫了篇小說〈捉迷藏〉，小說裡寫到的那個故事，人物和情節純屬虛構，但想像起飛的跳板，卻是四十年前周南中學五星花園裡的一次真實經歷。

四十多年來，很多事情都在記憶的長河裡破碎，流逝，但那晚的歡樂至今歷歷在目。那是我中學時代最快樂的一夜。雖然後來發生的事情讓那歡樂旋律荒腔走板，變成愁苦悲愴，那群小夥伴天真友愛的笑臉卻仍然常在我心底裡閃回，在靜夜裡，在冥想中。

五星花園從前叫甚麼名字我不知道，它現在叫甚麼名字我也不知道。我記住的名字永遠是五星花園。後來讀到博爾赫斯（Jorge Luis Borges）〈交叉小徑的花園〉（El Jardín De Senderos Que Se Bifurcan），我就驀然想起了五星花園，因為那是我記憶裡最深刻的一個花園，跟博爾赫斯筆下的那一中國式園林差可相似：小橋、流水、假山……尤其是那些曲裡拐彎的園中小徑，回想起來確有一種足以致命的詭異，可當時看在我們天真的眼睛裡，只覺又浪漫又神秘，簡直就是專為玩捉迷藏而設計的。

那是一個週末的夜晚，放學時，芳悄悄告訴我：「你今晚可以到學校來找我玩。我媽出門了，我這星期不回家。」

芳是寄宿生中跟我最要好的女孩，我不止一次向她表示對寄宿生活的嚮往：「你們真幸福！放學了還可以一起吃一起玩，我能到你們宿舍住一天都好呀！」誰知她真的記在心裡了。芳是個心地特別善良的女孩。

我們班寄宿生挺多，住滿整個一間十六人大寢室。她們一般到了周末就回家，可那天不知為何，不回家的女孩竟有五六個。是因為芳人緣特好，她們都留下來陪她，還是碰巧她們的父母也都出門了呢？我不記得了。只記得大家都十分開心，包括身體有點殘疾，平時比較含蓄內向的杉，我們起先在寢室裡瘋玩，漸漸天黑了，大家玩得沒了力氣，躺到床上休整小息。這時不知誰提議：「我們去五星花園捉迷藏好啵？」

立即得到一片熱烈響應：「好！」「好！」「好！」

平時我們沒甚麼機會上五星花園瘋玩，校方明令不許學生到花園裡亂跑，說是為了保護園裡的花草樹木。有時我們會坐在裡面寫功課，背課文甚麼的，但誰要是趁機到處亂跑高聲喧嘩就死定了，花王老爹會天兵天將般即時出現在你面前把你轟出去。還有那無所不在的總務老師王玉仙，有一次我在園子裡撿樹葉，撿得高興了就開始呼朋喚友，一抬頭，卻看見王老師鐵板一塊的面孔，嚇得我！轉身就逃。

可那天晚上我們把五星花園跑了個遍，每一條小徑，每一個樹叢，每一塊草地，就連半截埋在水裡的假山下面也沒有放過。王老師大概也回家休息了吧，我們在那裡奔跑笑鬧了兩三個小時，竟然沒有見到一個外人。

沒多久我們就發現，絲是我們中間的捉迷藏高手，遊戲規則是誰被找到誰就當尋人者。我們大家都當過不止一次尋人者了，只有絲一直保持著未被人尋到的不敗紀錄。

絲在我們班上算得上個神秘人物了。她從不提起她父母，也從不回家，只在放寒暑假時才離校。難道她是孤兒？可有人看見她家庭出身一欄上填著的是「革幹」。從她的各種表現來看也跟這一出身掛得上鉤，比如說家庭經濟條件比較優越，衣著齊整好看。印象中她總是獨來獨往，清高孤傲，她也的確有孤傲的本錢，身材輕盈，長相甜美，田徑、唱歌、跳舞、排球、籃球、乒乓球樣樣行，還寫得一手漂亮的毛筆字……簡直是個全才。讓我們只有羨慕妒嫉的份。

可是那天晚上，眼看著她一次次得意洋洋施施然出現在東藏西找汗巴流水的我們中間，羨慕嫉妒漸漸昇級成了恨。我第一個不幹了，嚷嚷著道：「絲你天天在學校肯定把這地方摸熟了。不公平不公平！」

「對，不公平不公平！」大家也七嘴八舌響應。

絲笑道：「那我一個人藏，你們都來找我。這總公平了吧！」

接下來的場面就是我們一幫人在五星花園裡上竄下跳，奔走呼叫：「找到了嗎？」「這鬼東西藏到哪裡去啦？」「出來吧出來吧！」

最後大家乾脆站到一起，衝著花園裡最黑的一個大草叢齊聲喊著絲的名字：「出來出來快出來！算你贏了好不好？」

回答我們的卻是一片神秘的寂靜。

不知是誰，大概是芳吧，她是我們中間最浪漫的，突然仰面朝天，大呼小叫道：「看，滿天都是星星呀！啊，銀河！銀河！」

「真的呀！」

「真的是銀河呀！」

大家都驚嘆著，往後一倒，攤手攤腳躺到了草地上，面朝天穹，星光綻放。頓時，身邊的世界消失了，只有這繁星燦然的蒼空。

「唉呀我們好像在天上一樣的啦！」杉在我身邊嘆道，「星星會不會掉到我們身上來呀！」

「不會的。」跟我頭頂著頭的冬很肯定地道，「只有流星才會掉下來。但流星要一百年才出現一回？」

「對。」我說，「不過杉她這是一種詩意的想像。」

「甚麼叫詩意呀？」冬一臉天真地問，看她此刻這副汗津津的笑臉，我絕對不會想到，兩年之後她會有那樣一副猙獰面目，在焚書的熊熊火光中向跪在火邊的女教師撲去。女教師啜泣著，而冬手持一把大剪刀，狂呼「老特務不投降就叫她滅亡！」，刷地一下就把她的一頭濃髮剪去一大把，女教師一躲閃，剪刀一偏，啊，血！血！

沒有誰會想到後來那一幕，在那個五星花園捉迷藏的夜晚，我不會想到，杉不會想到，芳不會想到，就連冬自己也是不會想到的吧？跟她並肩躺著的那個叫平的女孩，自然也不會想到了。她是個愛熱鬧的女孩，喜歡搞點小惡作劇。「王老師來了！」她突然翻身起坐，發出警報。

「啊！」我們不約而同驚叫，呼地一下都跳了起來，正待狂奔作鳥獸散，卻看見星光下平那張惡作劇的笑臉：

「把你們嚇壞了吧？哈哈哈！」她得意地拍手大笑，但她一眼看見腿腳不利落正掙扎著也要爬起來的杉，立即不笑了，奔過去拉她一把。

她跟杉是好朋友。在寢室睡上下床。看著她們此刻相攜相助的身影，誰會想得到，兩年之後，正是這個樂於助人的平，身著一身黃軍裝，手拿一條不知從哪裡弄來的銅頭皮帶，兇神惡煞般一屁股坐到講台上，管那幾名跟她一塊剛從北京串聯回來的同學要路費：

「黑七類狗崽子！免費火車不是給你們狗崽子坐的！你們沒權利參加革命串聯？交路費交路費，哪個不交就叫她嘗嘗我們無產階級專政的鐵拳！」

她一邊說一邊將皮帶衝桌邊刷刷抽打，雖然沒抽在我身上，卻比抽在我身上還要疼痛，因為每抽一下我的心就哆嗦一下，必須運全身之力才能讓臉上保持鎮定，以免被她們看出我是個暗藏的黑七類子女。坐她面前那幾名家庭出身一欄明白無誤顯示是「黑七類」的同學，就更別說了，個個驚恐萬狀面無人色。
杉也在她們中間。杉家庭出身其實並不太壞，她爸爸解放前是小職員，可不知誰揭發說她家鑾有錢，她媽戴過金戒指，她爸有張相片穿西裝打領帶，這幫瘋子就把她也打成黑七類狗崽子了。
別看杉這人平時不言不語，脾氣特別犟，發起牛勁來誰也沒轍，眼下她的對抗法就是沉默。任那幫人說甚麼都像石頭一樣沒反應，其他那幾名被勒索者都在驚恐之下答應回家要錢了，只有她低頭一言不發。於是鬥爭的矛頭集中到了她身上。平，她現在已經改了名叫敢闖，還有她們的小頭目以前叫玉蘭現在叫紅兵的一個女孩，一向說話輕細言細語的，一夜之間也變成了個母夜叉，橫眉豎目，兩手叉腰，跟平一道衝著杉怒吼：
「頑抗到底是不是？」
「凡是反動的東西，你不打，他就不倒！」
絲大概就是這時出現的，在這千鈞一髮，紅兵敢闖的皮帶眼看就要抽打到杉頭上的一剎那，絲出現在了教室門口，就像那個捉迷藏的晚上她突然出現在那條小徑上一樣。我們已經放棄尋找，坐在草地上看星空了，她悄沒聲響地不知從哪裡飄了出來：
「你們倒很開心呀。」她幽幽地道。
星光下她那張俏麗的面孔蒼白，兩條齊肩的小辮子散了一條，頭髮蓬亂著，衣衫皺巴著，一雙細長的眼睛乜斜著我們。讓我們遍尋不獲的她，以這樣的方式突現眼前，頓讓我們猛省：天吶，我們只顧看星星，把她忘了！

「唉呀你藏到哪裡去了呀！」芳第一個清醒過來，跳起來抓住絲的胳膊，「你都快把我們急死了。」

「你們這像是急死了嗎，」絲氣惱道，「十萬八千里外都聽見你們笑。」

我們面面相覷，有點尷尬。

「對不起啦！」芳說，「我們剛才只顧看星星了。你千萬別生氣呀！你最聰明了，你最厲害了，你贏了我們大家。」

被她這麼一說，絲就又高興起來。那天晚上我們是皆大歡喜地離開五星花園的，儼然冠軍般走在最前面的女孩子就是絲，笑嘻嘻地，興沖沖地。

平坐在講台上衝著杉揮舞皮帶的那個上午，絲也是那麼興沖沖闖進教室來的。她一手拿乒乓球拍一手拿球，衝了進來一看眼前這場面，頓時愣在了門口。

一九六六年文革初期的革命風暴中，我們班紅五類出身的同學有十來位，好像只有絲沒參加紅衛兵，停課鬧革命一開始她就不見了蹤影。有人說她乘機回遠在郴洲的家了，又有人說她跟外班同學出去串聯了。現在她站在門口愣了會兒，衝過來朝那愁眉苦臉坐在杉旁邊的芳叫道：

「芳你這是怎麼了！不是說好了一起去打乒乓球的嗎？走走走！」

芳也慘變黑七類子弟了。我們一向只知道她媽媽是老師。我見過她媽媽，何等端莊美麗的一個女子！雍容高貴的風度，溫柔敦厚的神態，令我肅然起敬。沒想到她爸爸竟然是個國民黨將領，解放初期死在了鎮反運動中。芳這會兒也垂頭喪氣坐在「黑七類狗崽子」中間，被那幫革命小將喝罵。她那一團和氣的娃娃臉，現在也愁雲慘霧，大抵只能用「欲哭無淚」、「呆若木雞」這類詞兒來形容。絲這麼一叫，芳便抬起頭來朝她看了一眼，但隨即瞟了瞟講台上那幾個瘋子，默默無言又低下了頭。

多年之後我跟芳說起那一天教室裡發生的事，芳要麼顧左右而言他，要麼淡淡地說：「別說這些了，我都忘記了。」可是我看著她那驟然黯淡下去的目光，我知道她其實沒有忘記。每逢我提起當年那些痛苦往事，她總是勸我寬容：「畢竟我們現在都還活著。」她說。

我想對她說：可是有那麼多人慘遭迫害，被毒打被虐殺，斯文從此掃地，道德從此坍塌，他們不是教導我們「忘記過去意味著背叛」嗎？我不是不寬容，我只是希望我兒子和兒子的兒子、子子孫孫不要忘記這片土地上曾經發生過了甚麼，不想他們有重蹈那場迷狂的危險。不想他們活在一個隨時置人民於水火的極權社會中。但對著芳的沉默，我也只好沉默。

今天我獨自在這裡回憶著五星花園，回想著那群快樂的女孩，那群今生不會再相聚的女孩。我遠走香港，杉跟大家失了聯，絲則不知所蹤。但我從來不曾忘記她，不曾忘記那張面對教室那場鬧劇愕然失驚的面容。那一刻我覺得她像天使一樣美麗，以至於記憶到此便中斷，她的形象定格在了那一剎那。後來的情節我便記不清了：杉就此逃過了那一劫嗎？絲把芳拉出教室去打乒乓球了嗎？我們因而都得以脫身了嗎？我也不記得了。

我但願那真的只是一場噩夢，我的生命中只有五星花園，那個滿天繁星的美麗夜晚。

八　通泰街

前幾天，老友杏子在微信上給我發來一條信息：「英子不肯見任何人了，她說她不想我們看到她現在的形象。」

這時，我心中驀地閃回一條麻石溜溜的長街，灰淡，悠長，街道兩邊的房子雲裡霧裡，唯其麻石路面清晰明確，不過路面永遠髒兮兮濕漉漉，走在上面不管怎麼小心翼翼，不到半條街也會搞得泥一身水一身。街口上釘有一塊牌子，上有三個字，通泰街。卻是清清爽爽，乾乾淨淨的。

除了城門口，離我家最近的買菜重地就是通泰街。說得確切點，是通泰街與湘春街、學宮街以及北正街的十字路口、叫作頭卡子的那塊地方。古時候人們進了北城門之後，此地大概是頭一個關卡。這也可以見得長沙自古就是一座軍事要塞，十步一崗，半里一關，這約莫便是從城門口到頭卡子的距離。

文革停課鬧革命在家待分配的那兩年，我三天兩頭要到通泰街走一遭。因為當時我有兩位好友住在這條街上。就是杏子和英子。

我們是同班同學。在一間教室同讀了三年書。讀書時我們之間倒沒甚麼來往。英子一進校就是班長，第二年貫徹階級路線了，我們這些出身非紅五類的班幹部都下了台，唯有英子留任。因為她人緣太好了，一張白淨的圓臉上永遠笑咪咪。大家送了她一個綽號「大腦殼」，不僅因為她腦袋大，還有認她是我們永遠首腦的意思。同學擁護，老師喜歡，據說班上團員培養對象第一就是她。我這號落後分子只好敬而遠之。

杏子呢雖然跟我一樣屬於開會不發言背後講怪話的一群，但我們性格愛好都不同，她比較開朗我比較封閉，她長於理科我長於文科，玩不到一起。

文革一來，我們才發現了我們仨之間共同之處頗多：出身相近，與世無爭。都是逍遙派，都同情弱者，都努力在亂世夾縫裡活得自尊自重，又住得這麼近，就成了密友。

如今回想起來，那真是難得的患難之交。日子過得太不開心，在那風聲鶴唳的年代，人人家裡都有一本難念的經。英子的父親早已去世了，生前是工程師，那便是臭老九的代稱。杏子的媽倒是工人階級，爸爸在一間國營單位當幹部，看去安全無事，卻也在運動初期讓她受了場驚嚇。班上的紅五類同學說她父親參加過一貫道，要把她打成黑七類狗崽子，還好她奮力抗爭，找她父親單位的領導幫她寫了一紙證明，才逃過那一劫。

至於我就更別提了，父親的右派問題讓我日夜心驚，害怕被人抄家受辱。最後我乾脆帶上裝了家中細軟的一個手絹包住到學校人去樓空的宿舍樓。誰知無產階級專政的天羅地網恢恢，宿舍樓裡也安有高音喇叭，隨時隨地都會響起驚天動地的革命口號和歌聲。有天半夜，狼真的來了。一大幫自稱貧下中農革命軍的兇神惡煞衝進大樓，說是發現這裡有敵特發報機，挨門挨室搜查。好一場驚嚇！要不是同室的好友掩護，讓我藏過了手絹包，今天也許都沒有我了。

只有到了通泰街，坐到英子和杏子位於小巷深處的家裡，我那顆老是咚咚跳著的心，才漸漸安穩。

前幾年，我聽說通泰街即將消失在城市改造的堆土機聲中，曾跟告知這一消息的老友說了我以上的通泰街印象，老友當即反駁：「清爽？乾淨？通泰街最髒亂差了。」

到過通泰街的人們大抵會同意她的看法，我想，那是因為他們沒有我的通泰街往事。通常的情況都是這樣的：心情不好時我便從家裡或是學校出發去通泰街，這兩個地方都要通過湘春街，都要走到頭卡子右轉彎，才進入通泰街。我會先去杏子家，她家所在的小巷離頭卡子較近。我會一邊叫著杏子的名字一邊往一道窄窄的樓梯上爬，這時樓梯上方便會出現一張歡迎的笑臉了。有時是她，有時是她弟弟或妹妹，間或也會是她媽媽。無論是誰，都高高興興把我往屋裡讓。招呼著「坐」「吃杯茶」。我一般只在她家站一會兒，她家太窄小了，另外我也怕打擾她媽媽的休息。我知道她白天在家一定是上夜班。我邀上杏子就往外走。她的家人就把我們送到房門口，而那一聲聲「下次再來呀」的叮嚀，會一直跟隨著我直到門口。

然後我倆就說著話往斜對面那條小巷走去。這巷子比杏子家那條小巷寬得多也深得多，我們街道的中心糧店就在巷子裡，英子家所在的院子在糧店隔壁，小巷最深處。我唸起唐詩那一名句「庭院深深深幾許」時，總是不由得想起那個院子。其實那只是一個大雜院，上十間房子住了上十家人，大家公用一間廚房。也許因為英子家在院子最裡面，才讓我留下那種印象吧？

其實她家的環境離安靜深幽的唐詩意境甚遠。那時她媽媽因生活困難，以幫人帶孩子為生。家裡總是寄養了兩三個小孩，地上、床上、搖籃裡都是孩子。奇怪的是一向怕小孩吵的我，卻能在那種嘈雜環境安坐下來，一坐就是半天。

是因為她家的芝麻豆子茶嗎？是因為她和她媽媽風雨不改的笑臉嗎？是因為屋子中間的那盆爐火嗎？冬天，她媽媽總是見我們一進門就讓我們在火邊坐下，叫我們把手伸到架在火上的烘罩裡，手很快就烤熱了，心也便暖了。我們三個人圍坐在火邊不停地吱吱喳喳，總是有說不完的話。

杏子，你知道嗎？你那尖嘴利牙不露聲色的幽默曾帶給我多少快樂，不管甚麼事被你一說就那麼「有味」，讓我哈哈哈地「笑得直滾」，簡直像是一個無憂無慮的開心人了。你也許不會想到吧，你從家裡即將賣給廢品店的書中搶救出那本《普希金文集》跑來送給我，讓那原本悲傷的一天（我剛得知父親被關押的消息）成為我畢生難忘的節日。後來，那本書一直是我藏書裡的種子選手，給我帶來了多少喜悅，我用它換看了多少本禁書吶。

英子，你知道嗎？你是最好的傾聽者，我現在明白你的人緣為甚麼那麼好了。我的口才遠不及杏子，急起來更是語無倫次，但不管我說甚麼，你都耐心傾聽，眼睛還目不轉睛地看著我，頻頻點頭，讓我覺得你是關心我、在意我的。於是我的敍述也漸漸變得輕鬆流暢，幾乎以為自己也是一名受歡迎的講故事人了。來往得多了，我知道你其實並非總是作古正經的大腦殼，你也有頑童的一面。有一天，我來找你時你正在廚房炒飯，見我來了，抄起旁邊的豬油罐就挖一大勺，一邊加到飯裡，一邊向我眨眨眼道：「作死地放。」我驚叫：「放這麼多油你媽要罵你啦！」你又眨眨眼：「等下你一起吃，她就不會罵了。」

我知道你們現在都不住通泰街了，我們曾來往的通泰街已有一半從長沙地圖上消失，可你們知道嗎？我真想哪一天我們能夠重聚，又圍坐一起，又將手都放在暖洋洋的烘罩裡，談談我們的通泰街。

九　六堆子

長沙有很多地名與其環境名實完全不符，六堆子便是其中之一。聽去如此不堪的名字，當年卻是一個十分幽靜的所在。它西接左局街，東接教育東街，那兩條街都是所謂的後街，隱身於喧嘩熱鬧的蔡鍔北路和北正街之後。好多年以前，我在六堆子出沒的年月裡，因這兩條後街上大都是小院、學校和文化機關，被人看作是文化街。

六堆子則是一條短巷，靜悄悄地躲在兩條後街的背影裡，頗有點「縱芭蕉不語也颼颼」的況味。階級鬥爭的狂風暴雨刮到那裡似乎也收斂些了。印象中，我在那裡從未受到過高音喇叭的驚嚇。哪怕是在喊打喊殺的文革年月，到了巷中也頓感耳根為之一淨，歡呼聲打倒聲都退到了遠處的塵埃之中。

但也許，我有此感覺只是因為巷中有那個小院吧？院子裡住著我的好朋友星星一家人。不是嗎，我們對某個地方的感情其實都跟某個朋友聯在一起。長沙給我留下的盡是慘淡回憶，但我卻會滿懷深情地想起長沙的一些街巷，皆因那地方有好友曾住。

星星如今已經不住在六堆子了。六堆子亦從小巷變成了幾幢灰溜溜的居民樓。那個小院，如今也被整合到了那幾幢高樓大廈之中了吧？我甚至不知道她如今身在何方，日子過得好不好。

我最後一次見到她還是在上個世紀末，她還沒從喪夫的哀痛中走出來，清秀蒼白的面孔上，好不容易才擠出一絲笑容。我埋怨她不回我的信，她幽幽地答道：「我不想影響你的心情。」

我一時竟找不出一句回答的話。直到躺在去深圳的火車上，在狹窄的臥鋪上輾轉反側，才驀然驚覺：這話似曾相識。噢，那一年，我在左局街口與她相遇，她問我為甚麼這麼久不去她家，我不也是這麼回答她的嗎？

後來，在與她失去聯絡的這些年裡，我一直自責：為甚麼我沒有像她當年回應我那樣回應她呢？

那時，我人生落到了谷底，經過好幾年左衝右突的掙扎，我的境遇反而每況愈下。代課既是看不到轉正的任何希望，我去了一間街辦工廠，希望從那裡找到一條出路。可是，然後，就……就出了一些事。唉，我失去了對我置身其間的這個世界的信心，也失去了對自己的信心。我想到了放棄。

遇見星星的那天，我便處於那種窮途末路的心境中。不過自尊心卻成反比地膨脹，我答以她那句話時，直望著她的眼睛，心想：只要她的目光裡流露出一絲絲的憐憫，我轉身就走。

但那雙眼睛裡只有驚異：「心情不好？」她半是氣惱半是嗔怪地道，「心情不好更要來呀！不然要朋友作甚麼。」

跟著更不由分說地拉著我的手臂道，「走！到我家吃飯去。心情再不好也要吃飯的吧，我媽這次作的酸菜子特別好吃。」

「酸菜子」，這是我六堆子記憶的關鍵詞。其實就是酸菜的意思，長沙話裡一個詞後面加了個「子」字，便意味深長，有了親暱、親近、軟化、強調等多重含意。此刻，當我在電腦上打出這個詞語，心中便迴響起了星星媽說服我在她家吃飯的那聲「酸菜子」：「今天有酸菜子咧！」

那加重語氣的「子」裡，含著多少得意和自豪，還有誘惑，對，她知道她的辣椒炒酸菜是對我的一道強烈誘惑。

星星媽是作酸菜的高手。那年頭我們會拿任何青葉子菜做酸菜。青菜、芥菜、雪裡紅當然是最好的，退而求其次，紅蘿蔔纓[10]、白蘿蔔纓、大白菜邊皮、小白菜邊皮也都可以。便是菜場丟棄的菜葉，撿回家，摘摘洗洗也能變成做酸菜的原材料。

星星媽對原材料的要求比較高，不會到菜場撿菜葉作，她作酸菜的原材料至少也是大白菜邊皮。她又捨得花功夫用心力，作出來的酸菜既脆又香，帶點衝味，透著清甜。把它切得碎碎的，加上切得同樣碎的青辣椒紅辣椒爆炒，最好淋上幾滴麻油，真至味也！我第一次吃便欲罷不能，將餐桌禮儀置之腦後，盯住這碗菜大吃特吃。星星媽在一邊看得喜笑顏開，得意洋洋地自吹自擂起來：「好吃吧！我作的酸菜子長沙第一。這還是用蘿蔔纓子作的，要是用芥菜作還好吃些。」

「我媽這回的酸菜子是用芥菜作的咧，」那日，星星一邊興沖沖挽著我往她家走，一邊絮絮叨叨地說著，「每次炒這個菜她都要唸叨你，說你要是來就好了，一定喜歡得要命。真的，她最喜歡你了。」

「最喜歡我？為甚麼？」

「因為你讓她有成就感吶！我們要是嫌她作的菜不好吃，她就說，王璞最喜歡吃我的菜了，連酸菜子都吃得那麼起勁。」

真的，我們走進院子時，她媽正坐在對著院門口的走廊上摘菜，一見我們便驚喜地站起來，興奮地道：「稀客來噠！」又埋怨星星：「鬼妹子你怎麼先不同我講一聲，家裡連雞蛋都沒一隻。」

星星就道：「不是有酸菜子嗎？」

「有有有！」她媽一疊聲地應著，還連忙向我通告，「我專門留了一瓶等你來。」

後來的場景便是我們團團坐在那張小飯桌邊，圍剿著酸菜炒辣椒和紅菜苔了。這是我一輩子吃不厭的兩個菜。尤其是酸菜炒辣椒，每逢我吃這個菜，都會情不自禁拿它跟星星媽作的比較，當然都比不上，因為沒有了那日跟我一道享用這菜的她，還有她的家人。一家人嘻嘻哈哈談天說地，家長裡短，新聞舊事。當然也問起我的近況，不過一見我垂頭喪氣的神色，便都跟以前一樣義憤填膺，七嘴八舌地譴責起我的居委會主任了：

10 蘿蔔纓即蘿蔔葉。

星星說：「還不肯放出你的檔案？真是個壞傢伙。」

星星媽隨聲附和說：「真的是瞎了眼，你這樣的好妹子哪裡去找。」

她妹妹們就幫我出謀劃策：「講了要你甩幾顆糖衣炮彈去你又不肯。如至今就講這一套。」

「要不我陪你去？我幫你揹著糖衣炮彈，見機行事。」

我本來假裝埋頭大吃大喝不聞不問，漸漸地抬起頭了，且朝四下張望。

星星媽忙問：「要麼子？」

「飯鍋呢？我要添飯。」

「添飯？！」星星媽大喜過望，環視著她的家人，好像一名意外獲勝的將軍，驕傲地展示著她的戰績：「看，還講我的菜不好吃？看，從不添飯的人都要添飯了咧！」

那天晚上，我很晚才離開六堆子。幽深的巷道早已空無一人，麻石路面上，我們咯咯的腳步聲響徹天地，巷道兩旁青灰色的高牆小院在這聲音中顯得格外幽深。

我堅持只讓星星送到巷子口。她就說：「那我等你轉彎了再回去。」

我要轉彎了，我回身向她揮手。夜的幽昧中，她的面孔奇異地比平時更加清晰。

她也向我揮一揮手，卻仍是站在那裡。我明白她的意思：你走你的，我知道你安全了我就會進去的。

我便加快了腳步，趕緊拐過彎。只覺四下裡一片光亮。抬頭一看，啊，星星出來了。月亮也出來了。小街兩旁的枯枝敗葉都活潑起來，沙沙沙地有了生命。畢竟，這個世界還是有點甚麼東西值得我們活下去的。

我從來沒有向星星和她的家人說過我對他們的感激，就算後來她真的想方設法，找到了我們街道辦事處一個幹部、幫我終於得到了一份工作，我也沒跟她特別地道過一聲謝。等到我醒悟即使是對好友也應當把自己的情感及時說出來時，卻與她失散了，就像那個溫馨小院失散在了都市冷漠的石屎森林中。

十　新開鋪

新開鋪在長沙郊區。那裡有個火車站，離長沙火車站兩站。我至今不明白鐵路局為何要在新開鋪設站。那地方荒涼得很，至少一九七一年至一九七二年我在那裡代課的時候是如此。整個小鎮只有一條泥土小街，十分鐘就能把街上的所有店鋪逛遍。

新開鋪小學離那條小街還有一里路，自然更加荒涼。那是一群以一棟紅磚樓和一堆泥土屋組成的建築物，孤零零地棲息在一道河堤與一條公路之間，像是難越關山的失路之人，淒清蒼涼。河堤那邊是高高天際，公路這邊是荒郊曠野。天晴時塵土飛揚，下雨時泥巴糊魯，讓公路上來來往往的大小車輛永遠都像落荒而逃，急匆匆，灰溜溜，好像我離開新開鋪小學時形象的寫照。

我一直想寫一篇以新開鋪小學為背景的小說，到現在也沒寫成。是因為我把握不了當時的心境嗎？是因為說不清我與伊凡的那份奇特的友誼嗎？

他當然不叫伊凡，正如這篇文字中的其他人名也都不是真名。之所以如此，主要因為我對自己這一段講述不夠自信：重提那一往事有甚麼意思嗎？畢竟，甚麼故事也沒有，甚麼事情也沒有發生。

我到新開鋪小學代課的那年是二十一歲，正在談著一份自以為是戀愛的戀愛，正在幹著一份好像幹了一輩子的工作，所以自感是個老人了。有一天我對伊凡這麼說，他卻笑道：「上大學你當然已經超齡，可是並非成就一番事業都要上大學呀。」又自嘲，「我才是真老了，只能祈禱將來有一天能當上大學生她爹了。」

他三十一歲了。女兒都有了兩個，一個三歲一個五歲。在我眼裡簡直屬於老前輩。

他那副形象也是老氣橫秋日暮途窮。永遠是一雙泥巴糊魯的膠鞋，永遠是一身風塵僕僕的幹部裝，鬆鬆垮垮的，顏色曖昧，介於灰藍之間，不知是因為太舊了還是太髒了。一張瘦削的長臉當年也許英俊過，卻因為那雙老是瞇成細縫的眼睛有種含糊其辭神氣，懷疑？嘲諷？更有甚者，不管人家跟他說甚麼他都五類份子[11]一樣點頭哈腰，扮恭順地表示認同：「對對對，你老人家說得太對了。」

其實新開鋪小學的老師大都是中青年女子，有資格被尊稱為老人家的不過二三者。便是這二三者，也不見得會喜歡被人叫得這麼老。然而大家對伊凡的如此表演都習以為常，嗔罵一聲「神經」，一笑了之。不管怎麼說，被人當成前輩恭維總是高興的。伊凡因而被認為風趣搞笑人畜無害，成了這個女人國的堂客們[12]殺手。

人們告訴我，從前他並不是這樣子的。從前他是很驕傲很清高的。是全郊區甚至全長沙有名的音樂老師，人稱鋼琴王子，鋼琴彈得都能上台獨奏了，還在中央級音樂刊物發表過兒歌作品。

可是，人怕出名豬怕壯，文革一來他便首當其衝，被揪出來成了牛鬼蛇神，被關押

11　五類份子：地主、富農、反革命份子、壞分子、右派份子這五類人的統稱，文革之前是階級敵人的首當其衝者，文革中又加上三類：叛徒、特務、走資派，統稱黑八類，知識份子被歸為第九類，因此被譏為「臭老九」。

12　堂客們：長沙話裡已婚婦女的俗稱，好比普通話裡的大媽，廣東話裡的師奶。

被批鬥。後來雖然得以「解放」，恢復教職，他卻脫胎換骨了似的，變得落拓不羈玩世不恭，死都不肯再教音樂了，還發誓再不彈琴。他如今教的是算術。有才就是有才，他教算術也教得出類拔萃。去年學校加辦了一個初中班，就由他教那班的數學。

我因為代了初中班的英文課，辦公桌便被安排到了中學組，桌位跟他的桌位並排。起先我們只是點頭之交。大家都忙，他一放學就忙著回家，我則在繁忙的課務之餘，還忙著讀書自學，大家連應酬話也顧不上說，碰面只互相點頭了事。

直到有一天，我們偶爾在公交車站碰見。車久等不來，我就沒話找話地向他問起彈風琴的一個問題。誰知他竟回答了。並無平時那種遊戲人生的嘲謔口氣，這就使我十分感激。後來，當我們成了好友，他告訴我，那是因為他也感激我那一恭敬求教的態度。他說：「而且我已經注意到你發奮學習，刻苦努力。在你身上我看到了我當年的影子。曾幾何時，我也是這樣的。」

這應當就是那種「相逢何必曾相識」的情份了。我們的友誼火速昇溫，不久就到了話多得談也談不完的程度。他放學不再趕緊回家了，而是到我那間集體宿舍來聊天；我也不爭分奪秒讀書練筆了，而是他一來了就跟他說個沒完。往往是我哪位宿友推門回來了，他才驚叫一聲「啊喲都這麼晚了！」匆匆告辭。

我們那間集體宿舍位於學校的宿舍院中間，周圍住的都是我的同事，少說也有十來戶人家。同房間的三位宿友年齡都跟我相近，也都是代課老師。其中兩位有了男友，有時間就約會去了。另一位其實也有男友，只是那男孩在遠方當知青，所以她也跟我一樣常駐寢室。我倆家庭出身相近，又都愛看小說，就成了好友。伊凡來時她大多時間都在。不過她往往跟他交換幾句客套話之後，就找個甚麼藉口走了。奇怪的是，直到那天她提醒我大家對我和伊凡的關係有了議論時，我才發覺她那種態度反常。

回想起來，同事們其實對我和伊凡夠寬容的了，拿小佳——且這麼稱呼我這位宿友的話說，「若換了別人，早讓你們下不了台了。」

小佳跟我有那一席談的時候，我跟伊凡之間那場「狂聊」只怕都延續好幾個月了。窗外的那棵老樹的葉子從綠變黃，窗戶裡吹進來的風從熱變冷，朝會上校長都在安排期末考試的事了。有一天傍晚，小佳推門進來、我送走伊凡回身關上房門時，便發現自己面對著一雙探詢的大眼睛了。之前我從未發現小佳的眼睛這麼大，事實上，她是個擁有一雙細長秀目的古典式美女：

「你沒有發現伊凡老師來得太勤了嗎？」小佳委婉地這麼道，「他以前可是個出名的住家男人哦，一放學就趕緊往公交站跑。」

「沒有呀。」我道，「怎麼啦？」

「你不覺得這有點，有點不正常嗎？」

「沒有呀。」我依然道。

這當然不是完全的真話。畢竟，我不是個孩子，是個有男朋友、並讀過許多小說的成年女子。不過我覺得伊凡來得太勤是一回事，這太勤的來往正不正常是另外一回事。男女之間就不能交朋友嗎？我們不過是談得來而已，而且談的都是正經事，沒有一句話危及他的家庭我的男友。

我便把這意思跟小佳說了。但她還是搖頭，反詰道：「你跟我不是也很談得來嗎，怎麼沒有那麼多話說？」

我一時真被她問住了。便含糊其辭道：「我跟你……我跟你在一起的時間比較多呀，而且……而且……」

我說不下去了。因為後面的話似乎不宜對她直說：「而且我跟伊凡能談的話更多。」

小佳卻按照她的理解幫我把話續下去了：

「而且你跟他學音樂是吧？可是，」她嘆了口氣，「他以前可是除了廢話甚麼都不說的。現在大變了。」

她便吞吞吐吐地說了些擔憂勸告的話。我也輕描淡寫地將那些話一一抵擋回去。其實我心知她說的是對的，我明白她的好意。可是她有所不知，互教互學，只是我跟伊凡來往的掩護，我們的談話內容早已超過一般朋友甚至家人的層面。

伊凡告訴我，他跟我說的話，他甚至跟妻子也沒有說過，更別說跟朋友了，而且自從他最好的朋友也貼出大字報揭發批判他以後，他就沒有朋友了。他這話真實度有幾分，我從來不曾探究，因為我自己這一方面卻是千真萬確，我跟他說的話便是跟我媽跟我男友也沒說過。我不僅跟他談我讀過的書，還談了我對這些書的感想。進而說到我對當前這個政權的懷疑、憎惡、甚至痛恨。我還把我家的秘密透露給他：我父親在歷次運動中所遭受的打擊、我們回國這幾十年遭的災難。甚至還說了我的寫作志向，說我要把我看到、經歷到、認識到的這一切真實地記錄下來。我之所以如此勤學苦練，都是為了達到這一目的。我說我相信自己可以活得久過那個領袖，畢竟他是我的爺爺輩。就連這樣的話我都對他說了。

而他也饗我以同樣的直言不諱，甚至更徹底更深刻。我從他那裡證實了我曾稍有所聞的土改運動真相。他父母都死在那一運動中。他父母都是勤勞本分的農民，辛苦勞動了一輩子才買了十幾畝田，卻在運動中被掃地出門，一家人被趕盡殺絕。若不是他城裡有個當幹部的親戚把他接走，他也活不到今天。若是付出這樣的犧牲能換得其他人的幸福倒也罷了。沒有，農民們土地到手沒幾年也都入社充了公，然後連爐灶鍋具也不能保留，全村都到食堂吃飯，餓死了一大半。他的老家在湘鄉，曾經的魚米之鄉，曾國藩的故鄉。曾文正公家書我也是從他口裡聽說的。他說小時候家中曾有過這書。他從中看到的曾國藩，根本不是歷史教科書上兇惡殘暴的地主階級劊子手。是個飽讀詩書的驍將名臣，循循善誘的一家之長。太平天國也不是書上說的解放者，而是一些打著邪教旗幟的殺人狂魔。至少在他們家鄉人心目中是這麼個印象，村裡的老人至今還用「長毛來了」的話嚇唬孩子。

至於我們是如何達至了這份危險的互相信任，誰先揭開自己虛假的面具，誰先傾吐自己真實的心聲，我已經記不起來了。我們憑甚麼認定了對方是個可以傾吐心聲的人？我也記不清了。要知道我們都是被朋友出賣過的人，那可是個一本日記一句話都可至人於死地的年代呀！想想都後怕。

有一次，我們說著說著突然戛然而止，都沉默了，互相對望，像望向一個難以置信的奇蹟。後來，是我打破了沉默，我說：「放心，就算我被打成反革命關了牛棚，我也會守口如瓶的。」

他點點頭，說了一句話：「而且，兩個人之間的談話是相對安全的，因為沒有旁證。」

還有個細節：他告訴我，當時他遭到凌辱虐打時，曾想到過自我了斷，但終於沒有「士可殺而不可辱」的勇氣，竟然苟活了下來。

我說了句話安慰他：「畢竟留得青山在不怕沒柴燒。」這話是我媽當初鼓勵我爸的。

我其實並不十分認同。卑躬屈膝地活著有甚麼意思呢？我想要是我被人批鬥羞辱，我是會選擇傅雷[13]那樣的死法的，或者像鄧拓[14]，一看風聲不對就趕緊一死了之。然而看到伊凡悲戚的神色，我只能那麼說。這至少會讓他好過些。

跟小佳有了那一席談之後，伊凡不到我寢室來了。一定也有人提醒了他。不過我們的狂聊並沒有就此告終，而是轉入了地下。星期六下午，我們約好一起回家。在約定的時間到達公交車站，即算站台上沒別人，我們也裝作偶然相遇的樣子，並不搭話。他住在北郊，我住在北門口。應當到南門口分別轉上不同的車。但我們到南門口下了車就不轉車了，一起步行回家。

從南門口到北門口總有上十里路吧，加上我們專撿比較僻靜的路走，又要把路程延長一些。但每次走到我家巷口，我們的話還是沒有說完。如今回想起來，我還感到驚奇，怎麼會有那麼多的話要說呢？其實我一向是個沉默寡言的人，後來我到了另一所學校代課，校長竟為了我的沉默寡言特地來我家一次，提醒我媽注意我的情緒。她當然不會知道，我的話都在前一年說完了，以至於現在無話可說。

---

13 傅雷（一九〇八—一九六六），著名翻譯家，文革中因不堪凌辱與妻子一起自殺而亡。
14 鄧拓（一九一二—一九六六），中國報刊政論家、學者、作家，曾擔任《人民日報》社長等中共主要宣傳機構的領導職務。文化大革命前夜因政治批判而自殺身亡，一九七九年被平反。

每次我和伊凡一起回家，因心知這樣暢所欲言的日子不會長久，便都老是急急忙忙搶著說話。有時眼見工人文化宮就在眼前，下一個巷口就是我家，而正在談的話題還沒有談完，伊凡就說：

「要不我們再走一會吧。」於是我們就走進對面的巷子，從後面再包個圈轉回來。於是那一帶的小街小巷都留下我們孜孜不倦的腳步，紫東園、高升街、紅牆巷、民主東街、營盤街……。

然而，這一切終於在一個周末的傍晚戛然而止。

當時我正獨自坐在自己辦公桌邊批改作業，校長走到我對面，突如其來地道：「星期六我在南門口看見你和伊老師了。」空了幾秒鐘，又補上一句，「也有老師在解放路看見你們了。」

她是一位和藹可親的女子，跟伊凡是湖南第一師範的同學，對他很是照顧。對我也很好，老誇我工作努力多才多藝，要我安心在這裡幹下去。有轉正機會她會考慮我的。可現在她似笑非笑地盯住我，目光在我臉上來回逡巡。她話說得這樣含蓄，臉色又這樣溫和，明明想要得到我的合理解釋。

然而，我沉默著。

不過，也許這一回憶並不準確，其實我是回應了校長的，不然就太不合情理了。那不是默認了她話中的指控嗎？可我無論如何也想不起來我當時我是怎麼回應她的了。也許是因為從那時到現在，搜索枯腸，我也想不出合情合理的回答，除了沉默。

一口咬定校長看錯了人？慢說我遠沒有這種睜眼說瞎話的本領，就是有，也知道否認也白搭，校長顯然是經過深思熟慮才來跟我談話的。她特意找了個四周無人、只有我們兩個人的場合，好讓我不致於那麼難堪，有個解釋的機會。可我怎麼解釋呢？說我們只是碰巧遇上了，她後面一句話已經堵死了這條路。說我跟伊凡正好同路？可真跟我同路的是小佳，她就住在南門口。

校長只好又開腔了：「本來，大家都認為你是個好妹子。本來，我們都認為你是個好老師。本來，我們決定下學期……」

她向來說話就慢騰騰，好像隨時打算收回下面的話，現在更慢了，讓我感覺她實在想要延長大家「本來」對我的好印象，推遲表達大家現在對我的惋惜，可我不想讓她為難了，或者沒有勇氣再聽到不想聽到的話，我站起身來便道：「那我現在就走吧。」

正午的酷熱中，我獨自走出校門。人們都在午睡。我沒跟任何人告別。小佳答應幫我把我的行李帶回她家，我只背了個書包出來，這樣可以減少一點落荒而逃的感覺。

校長真是有修養，我真是任性。我困頓、氣惱、憤怒，可是腳步輕盈，走得飛快，一口氣就走出了兩站路。汽車不斷從身邊呼嘯而過，強橫霸道，勢不可擋。然而我依然大步流星地走著走著，好像在跟它們比賽誰更強大誰更意志堅定。我一隻手大幅甩動，另一隻手緊抓著書包揹帶。書包很重，裡面裝著一些隨身用品，還有我這些天裡寫的幾篇小說。有一篇就是伊凡講給我聽的老家故事。我還沒拿給他看，害怕沒把真正想要表達的東西表達清楚，達不到他對我的期望。

我最後一次見到伊凡，是在中山路青少年宮，全市優秀文娛節目匯演在這裡舉行。我當時代課的育華小學也得以參加。我們演出的那個節目獲得了區文娛匯演第二名。那節目的名字叫作〈我們是韶山小青松〉。

大概因為這節目比較熱鬧吧，在全市匯演中它被安排為壓軸戲。當扮成小青松的女孩們擺成「紅心向著毛主席」的造型結束了表演，大禮堂裡響起了熱烈掌聲。觀眾要求謝幕。小演員們排成整齊的一排朝台下鞠躬。慌亂中，有個女孩把頭上的青松頭冠掉到了地上，她哭喪著臉望向站在幕邊的我，我衝她指指自己的面孔扮一個笑臉，又指指台下，意思是沒有關係，你跟大家一起笑對台下就是了。就在這一刻，在階梯禮堂的最後一排，最右邊的位置上，一張熟悉的面孔躍入眼中。啊，是伊凡，他也來了！

青少年宮後院有個小樹林，小樹林旁邊有一片草地，上面安有滑梯、蹺蹺板，還有一架秋千，當年我在附近上小學時，常常跟一幫同學從後牆上的一個洞裡鑽進來盪秋千。現在秋千已經壞掉了，草地也已荒涼。當年的那片小樹已經長成一片綠葉婆娑的樹林，我跟伊凡就站在樹林裡說話。

還是我們在新開鋪時那種狂聊的風格，東扯西拉，急急忙忙，時不時打斷對方，然後又趕緊說對不起：「對不起，你說你說！」要說的話實在太多，而時間永遠不夠。他現在更忙了，初中部加了一班，他課時更多。家務事也更多了。一個女兒上小學，一個上幼兒園，兩個都要接送。

自從我離開新開鋪，我們只見過兩次面，談的都是關於創作〈我們是韶山小青松〉的事。他為我找來這首四句兒歌，並為這兒歌譜上曲，我自己又加寫了三段歌詞，自己胡亂譜上曲。他幫我修改，並配上兩段作為過門的圓舞曲。竟被廣播電台拿去作為新歌播放。在區裡拿到獎後，區教育局領導把獲獎學校的領導和指導節目的老師召到區裡表揚，他特別提出我們這個節目：「曲子很好聽，詞也寫得好？誰寫的。」

我們校長指著我，說出我的名字。

領導問：「也是她作的曲？」

校長點頭：「也是她。」

現在我把這件事講給伊凡聽，我說：「伊凡老師對不起，我不能說出你……」

「別這麼說，那種東西不值一提，你知道我真正想寫的是甚麼，你知道的，對不對？」

「對。」

「那就好了。那你就知道我是多麼為你高興了。要是它能幫你在育華轉正，安定下來就更好了。你就可以寫自己想寫的東西了。」

「你還記得我要寫作的事？」

「當然記得，我還等著看到一部中國的《人間喜劇》呢。你不是說巴爾札克開始寫這部書的時候二十九歲嗎？你才二十二歲，等你到了他那個歲數，也許政治環境就發生變化，讓你可以施展身手，所以你還有的是時間。」

我本來是愁眉苦臉的，聽到這兒不由得笑了，好像我真的變成了巴爾札克，我笑道：「那我也等著欣賞你的悲愴交響樂啦。你不是說你對悲愴有另一種體驗，也足以寫成一部交響樂嗎。」

他苦笑著搖頭：「那是痴人說夢。我都三十二歲了，已經過了作夢的年紀，家庭負擔又這麼重。再說寫交響樂不比寫小說，只要有支筆有張紙就可以動手，寫交響樂需要的條件比較多……唉別說我了，還是說說你吧。」他突然看定了我，「真的，你是有可能夢想成真的。你年輕，又有才能又有毅力，你一定會成功的。最重要的是千萬不能洩氣。千萬不能洩氣。」

小樹林旁出現一個人影。有個人正動作誇張地朝我們這邊走過來，荒草啦樹叢啦都驚慌地響成一片。伊凡看了看手錶，「啊」地低呼一聲：「啊，快六點了！家裡還等著我回去作飯呢。」

青少年宮門口人很多，來來往往地擠成一團。我們在人群中左突右撞地往公交站走去。一個牛高馬大的漢子擋在我們中間。伊凡清瘦的面孔在那張粗糙的面孔旁顯得格外細緻蒼白。我們要乘的是不同線路的車，車一來就要分手，可是還有那麼多的話湧在胸口，糾結在一起，每一句似乎都很重要，都迫切地想表達出來。一時間卻不知道說哪句最好。我知道，錯過了今天，也許就永遠沒有機會把它說出來了。

那條大漢還在我倆之間晃來晃去，這時卻有一句話衝上了喉頭：「我還借了你一本書沒還。」我隔著那張粗糙面孔朝伊凡喊道。

「甚麼？」他朝我回喊過來。

現在他的面孔就在我肩膀旁邊了，我看見了那雙總是瞇縫著的眼睛，看見了眼睛中關切的目光。但一群手拉著手走過來的女孩又把他給擠到一邊，而一輛叮哩咣噹亂響的公交車就在這時開了過來，我趕緊朝它奔過去，一邊極力攀上那擠滿了人的車門，一邊朝車下那張關切的面孔喊道：

「《五線譜入門》。」

「送給你。」

我聽見了這句回答，可我沒法看到他的面孔了。因為這時我已經擠進了車門，後面立時有好些胳膊、腿、身體擠壓上來，把我壓入車上那堆擠成一團的人眾中。我使勁扭頭往車下看，但車已經開動。影影綽綽，我彷彿看見一條手臂在人叢中朝我揮動。漸去漸遠，漸去漸遠。終於，眼前只見灰黯凌亂的庸常街景，連綿成一片片，一條條。

十一　如意街

那天，我正呆坐在悶熱得像蒸籠一樣的家裡，悲嘆著自己跟帝國主義似地日薄西山奄奄一息，田貝興沖沖地跑來，向我報告一個好消息：「今天我碰到貴人了，陳隊長，我的老領導。他如今官復原位了，在街道辦事處當書記啦！」

田貝是我男朋友，如果說我是日薄西山，那他就應該是日暮途窮了。他爸爸因當過國民黨縣長正在勞改，他媽媽得了骨結核癱在床上。兩個人的生計全靠他在街辦工廠當電工的三十七元五毛錢工資。不過他比我樂觀，不管甚麼事情都只看它的光明面，還老是把那句流行宣傳詞掛在嘴邊：「敵人一天天爛下去，我們一天天好起來。」當然，「敵人」一詞的所指可圈可點。

不過他這日的消息倒真的讓我心裡一亮。身為待業青年，街道辦事處在我眼裡簡直跟國務院一樣，而書記作為其一把手就相當於國務院總理。田貝竟與這樣一個人物有舊，我情緒也不由得大振，忙問：

「哪個街道？」

「如意街。」這位樂天派人士喜滋滋地回答。

陳隊長是田貝修三線鐵路時的大隊長。四清運動時被揪出來批鬥，革命群眾都對他殘酷無情拳打腳踢，唯有田貝見了他仍叫他隊長，還幫他偷寄家信。陳隊長倒真的是個念舊又豪爽的人。當他聽田貝說他有了女朋友、而這女朋友正在找工作時，便道：「她有甚麼特長嗎？」田貝自然幫我吹了一通，聽到我會寫美術字會刻鋼版時，陳隊長便道：「那好。我們辦事處正要找人幫忙搞宣傳。我可以幫她安排一下。」

他態度這麼誠懇，就讓我覺得隱瞞我父親的右派問題不太地道了。果不其然，聽我把實情一說，陳隊長面有難色了。

那一年是一九七四年，鄧小平雖然重出江湖整頓國家經濟了，文革還是在繼續，階級鬥爭還是要天天講月月講年年講。而且主運動中又分泌出一個子運動叫作「批林批孔」，運動對象雖是林彪和孔老二，但跟其他所有的運動一樣都少不了拿地富反壞右陪斬。沉吟片刻，陳隊長道：

「那……不如先到下面的廠子裡鍛煉一下吧。嗯，你剛才說你在電子廠作過是啵，我們街裡也有個電器廠，條件蠻好的，工人大都是女的，工作很輕鬆。」

田貝本來就知道我這人不適宜到辦事處搞宣傳，連忙道：「那太好了。那廠子叫甚麼名字？」

陳隊長道：「東方。東方電器廠。」

後來，每逢我聽見那首著名的歌：「遙遠的東方有條龍……」我便會不無苦澀地想起我們那間工廠：名字起得真夠宏大敍事的。

工廠所在的那條街倒是的確位於歐亞大陸的東方，不過那只是一條連卡車都難以順暢通過的小街。像一棵遭過雷擊的老樹，看去滿目瘡痍千瘡百孔。兩邊卻衍生出許多小巷，比主街更狹窄更破敗。一間挨著一間的棚戶屋便堆擠在這些街巷裡。大都是板壁結構，最高不過兩層，最寬不過六七米，最窄的怕只有兩米，一張床的長度而已。我們的工廠便棲息於其中的兩間。

那是斜對著的兩個門面。一間寬大一些，作了機修車間和廠部，一間窄小一些，卻有兩層樓，一樓作倉庫，二樓是個高不過一人的閣樓，作了廠子的主車間——微型變壓器車間。東方電器廠的主要產品無線電變壓器，從繞線到裝箱的大部分生產流程，都在這個閣樓上以手工完成。

閣樓面積二十來平米，裡面安放了兩張沒上油漆的長條桌，充當我們的工作檯。二十多個女人圍坐在這兩張工作枱旁邊。中間只有一條勉強可容一人側身而過的走道，所以哪怕是有人起身去上廁所，都會牽一髮動全局，引起一陣騷動。

我第一天去上班，陳隊長說怕我找不到地方，親自把我送到車間所在的街口。他騎一輛飛鴿牌單車，讓我坐在擦得乾乾淨淨的單車後座上。我還依稀記得，我那天穿的是一件圓領短袖白襯衣，扣子一直扣到下巴頦。下面是一條藍色的確良[15]長褲，腳上是深色尼龍襪和一雙黑燈心絨北京布鞋。肩上挎了個洗得泛白的黃書包。那時叫軍包，既革命又便宜。滿大街舉目即是，其流行程度超過如今任何名牌包。

陳隊長對我這一形象似乎很滿意，他上下打量著我道：「嗯，蠻樸素，蠻清澈。」他對那個書包尤為關注，問我：「裡面裝得有書？」

我點頭。

15　編註：又稱「的確靚」、「的確涼」，是一種合成纖維織物，通常被稱作「滌綸」。

他又問：「甚麼書？」

我猶豫了一下，這人畢竟是個領導，而我書包裡裝的書雖然不反動，卻也不是「紅寶書」，而且有一本是英文的，跟他一兩句話說不清楚，我便含糊其辭道：「科技書。」

他點頭道：「科技書？好！好！青年人愛學習。好。」

路上他又把類似的話說了一兩遍：「愛學習，好，是個好妹子。」又道：「你先在下面好好工作，有機會我會幫你想辦法的。」

他把我放到一條麻石小街的街口，對我指指街上那一溜板壁房子道：「門牌是九號。你自己進去找王姑娭毑就是。我已經跟她講好了。她會安排你的。」

「我就叫她王姑娭毑嗎？她是負責人？」

「算是吧，」陳隊長道，「名義上的負責人是個叫馬眼鏡的傢伙，那人有點神不隆通[16]，作風也不是太好，只能在技術上把下關，行政上歸王姑娭毑負責。你放心，王姑娭毑人蠻好的，又有威信，那群堂客們蠻服她。」

那是一間當街的鋪面房，鋪板關得嚴絲密縫，顏色焦黃枯乾，令人聯想到棺材一類的器物。我疑疑惑惑地湊到它跟前，仔細觀察，試圖在上面找出一處可以看作是門的地方。午後的太陽直射到街上的麻石路上，布鞋的塑膠底踩在上面，感覺像要融化一樣，火燒火燎。

敲。」

我正不知如何是好，便聽見身後響起一道蒼老的聲音：「敲中間那塊板子，用勁

回身一看，赫見一名彎腰弓背的老婆婆出現在對面一張小門裡，皺紋累累的臉上，一雙小眼睛閃著燐火般的光：「叫王姑娭毑！叫呀！」那張乾癟成一條縫的嘴蠕動著，發出這樣的話語。

我便叫：「王姑娭毑！王姑娭毑！」

只叫了兩聲，奇跡便出現了。只見那棺材板似的鋪面乒乒乓乓一陣亂響，中間部位裂開了一條半人高的縫隙，一張瘦得像骷髏的面孔從中顯露，兩道警惕的目光直射向我：

「找哪個？」

「陳隊……陳書記帶我過來的。要我找王姑娭毑。」

那條木板完全打開了，原來那便是門。

「哦，進來囉。」她說，臉上露出了一絲猶豫不決的笑容。

天氣很熱，王姑娭毑身上那件無領無袖汗衫完全濕透了，沾在身上。下面那條及膝藍布短褲看去也濕漉漉，就連頭髮也濕漉漉地沾在額頭上，看去好像她剛剛從水裡撈出來。

16　長沙話，指人痴呆鈍傻，行為莫名其妙。

「好熱，我在清貨。」

她這樣解說著她的狼狽狀況，領我從一堆堆紙箱中間迂迴而過，停在了一道木樓梯旁邊。整個屋裡到處是紙箱雜物，只有這裡有一小塊空地，可以勉強站下我們兩個。一盞沒燈罩的電燈泡從天花板上垂掛下來，在它暗黃色的光線裡，我倆互相打量。

王姑娭毑看上去並未達到「娭毑」這一年齡級別。頂多也就是四十五六歲的樣子。她那瘦成了三角形的面頰，表情倒蠻生動。微微往下彎的眼角跟那微微往上撇的嘴角結合出一道嘲諷的笑意，好像對眼前所見的一切事物都持批判態度。她上下打量著我道：

「哦，陳書記講是對我講過……但他沒講過你是這樣子的……」

她欲言又止，目光中流露出的神情，像失望又像是憐惜，不過她接著便直截了當地道：「你不適合我們這個地方。」

被她這樣一說，我也不由得把自己上下一番打量：哪裡不妥呢？

王姑娭毑看出了我的疑惑，忙道：「我的意思不是說你不好，而是說你太、太作古正經了……搞得像要去人民大會堂開會似的。看看，還揹個書包。你，你有沒有二十歲？」

「二十多了。」

「有老公嗎？」

「沒有。」

「談過愛嗎？」

「沒……沒……」

「我就曉得我就曉得。」王姑娭毑深表遺憾地搖起頭來，「連愛都沒有談過，一個黃花姑娘，不適合我們這裡的。不適合的。」

我心裡一驚：「這裡」？這裡是甚麼地方？

但王姑娭毑不再說甚麼了，她轉身往那張樓梯上爬，一邊回頭指點我：「跟著我。抓牢扶手。慢點，慢點，等我上到頂你再開始爬。」

這樓梯與那鋪板門可謂旗鼓相當相映成趣。它除了頂端固定在了樓板上之外，跟一張活動扶梯沒有區別，寬度和力度都僅可容一人通行。那所謂的扶手，也只是一根草草釘上去的粗木棍而已。「一夫當關，萬夫莫開」，當我在王姑娭毑擔憂的目光下一級級往上爬時，心中不期然地想起了這句唐詩。

可當我終於爬上樓，在那同樣顫巍巍的樓板上站定，將眼前風景盡收眼底時，便立時明白了王姑娭毑剛才對我的婚戀狀態表示憂慮的原因。

「群魔亂舞！」這是第一時間閃過我心中的詞語。

這是車間嗎？說它是公共澡堂的更衣室還差不多，或者是瘋人院。一幫蓬頭散髮、衣衫不整的女人們濟濟一堂，四下裡閃動一片豐乳肥臀。我們上來時，這幫女人大概正在講笑話，人人一副笑得要死狀，有人朝天大張著嘴笑得喘不過氣，有人拍打著雙手笑得渾身直抖，有人彎腰狂拍自己的肚子，相鄰的兩個女人則互相拍打著彼此。對著樓梯口的那名身著一件髒兮兮灰背心的胖大女子，大概是引起這一笑場的根源，因為她正志得意滿地朝四面八方巡視，好似一名得勝的將軍在檢閱自己的戰果，那神氣分明在說：

「如何？笑死你們了吧！」

一串串的笑聲和叫聲在這幫奇形怪狀的人群中翻騰著，滾動著。這麼狹小這麼悶熱的空間！這麼喧鬧這麼雜亂的聲音！即便是在高音喇叭聲中成長起來的我，也被鎮住了，不由自主地往後一退。

可王姑娭毑一隻手從後面頂住了我的腰：「莫退莫退！」她道，「這裡退不得。」她另一隻手則用力往下壓出一條淩厲的直線，向人群發出一聲大吼：「不准笑！」見效果不顯著，又厲聲加上一句：「再笑扣錢！」

喧囂倏然而止。剛才像瘋子般手舞足蹈的這一屋子半裸的女人們，頓時定格在了她們剛才的姿態上，但緊跟著就發出一片質疑聲：

「扣錢？」

「笑一下都要扣錢？」

「我們犯了哪條王法？」

「笑都不准笑那我們只有去死囉？」

王姑娭馳對這些問題一概不予理會，大力拍著手道：「安靜！安靜！」跟著她把我往前面一推，介紹道：「來了個新工友。」

「只不過是一隻新工友哦！」灰背心女人把兩隻肥手一拍，「嚇我一大跳，還以為來了新領導呢！穿得跟王洪文[17]老妹似的。」

「真的哦，像死了王洪文。」馬上有個聲音與她一唱一合，是坐在她旁邊的一名乾瘦女人。也穿一件背心，不過顏色是藍的。

一片哄笑中，王姑娭馳也笑了，嗔罵道：「瞎講之講！王洪文老妹會到我們這鬼地方來？」跟著正色道，「睜大你們的狗眼看清楚，人家新工友也是個角色咧！曉得她是哪個啵？」

那無數道雪亮的眼睛刷地一下聚焦到我身上：

「是哪個？哪個？」

「麼子角色？」

17 王洪文：當時的國家副主席。「四人幫」之一。

「未必真的跟哪個中央首長沾了親？」

最後這句話是灰背心講的。現在我看出來了，別看這女人言語粗俗，面目可憎，卻儼然這裡的意見領袖，語不驚人死不休，開口定必引起一片捧場的笑聲，「哈哈哈」，「哈哈哈」，像大合唱的副歌部分，經過排練般地響亮齊整。

王姑姨馳等她們笑夠了，都好奇地望住她了，才不慌不忙給出答案：「陳書記你們總曉得是哪個吧？人家是陳書記的姪女妹子。」

話未落音，那些誇張地往前伸的脖子便都誇張地往後一仰，發出一片「哦嗬」聲，從那拉長的尾音所表示出來的餘韻裡，透露出的是明白無誤的嘲諷。

王姑姨馳忙又道：「陳書記親自用單車把她送來的咧！一直送到樓底下。」

「用單車送的？」藍背心笑問，「坐後面還是坐前面？」

經歷過了六年底層生活摸爬滾打的我，自然明白那被強調的「坐前面」三字是何寓意，頓時氣紅了臉，「下流！」這句話差點就脫口而出。

那王姑姨馳到底精明過人，立時看出了我的情緒，連忙拍下我手臂安撫道：「莫理她，狗嘴裡吐不出象牙來。」

又對著那藍背心厲聲喝道：「牛家裡的，閉上你的臭嘴巴！我同你講，這話要是傳到陳書記耳朵裡，開你的批鬥會都不稀奇。」

「牛家裡的」當然不是藍背心的名字，在長沙市井語言裡，意謂「牛姓男人的老婆」，比牛張氏、朱李氏之類的封建稱呼更退了一步，索性把自己的姓都免了。

話說牛家裡的聽王姑娭毑這一說，似乎有點害怕了，訕訕道：「開下子玩笑嘛。又不是四類份子，連玩笑都不准開了。」

「是的囉，」灰背心聲援她道，「我們大老粗，就只曉得開這號玩笑。」說著將矛頭朝我一轉，「我說這位妹子吔，你一個揹軍包的人，肯定是洞庭湖的麻雀子，見過世面的，連這點玩笑都開不得，那到我們這地方來就真的好危險。」

王姑娭毑喝道：「當然開不得！人家是個黃花姑娘，連愛都沒談過。朱家裡的我同你講呀，你以後講話要放文明點，把你那些痞話子收起點！」

「唉呀王姑娭毑你莫污蔑我們革命群眾啊。」朱家裡的道，「我幾時講過痞話子？我講的都是革命道理，放之四海而皆準，就算是黃花姑娘聽了也有益於身心健康。不信你老人家問下滿妹子，要不是我，她哪裡會變成如意街上一支花，被成堆的青年哥哥追起跑。」

坐在她身邊的那個女孩就嘻嘻一笑，面有得色。她生得文文靜靜清清秀秀，卻也是出口成髒。我後來知道，我沒來之前，滿妹子是車間裡唯一的未婚青年。

朱家裡的得到滿妹子的肯定，氣焰又囂張了幾分，劈里啪啦地又是一番發揮。王姑娭毑卻懶得理她了，引我走到角落裡一個位置，指著一位滿頭白髮的女人介紹道：「這是林娭毑。她老人家是我們這裡最有格的人物，跟你一樣文明禮貌。那班堂客們跟她老人家講話都是要留點神的。你就坐她旁邊吧。」

那林娭毑年紀看上去大約七十歲上下，但面色白白淨淨，年輕時一定是個大美人，五官精緻的臉上流露出絲絲寧靜的微笑，正襟危坐，挺胸直背，好像她不是坐在一張長條板凳上，而是坐在觀音菩薩的蓮花寶座。在這半裸的女人堆中，她卻熨熨貼貼地身著一件洗得發白的香雲紗短袖衫，扣子一直扣到下巴頦，袖口上還包上了一道黑色滾邊。一頭白髮梳理成一個髮髻，用一個髮網攏在腦後，額上又有個黑髮箍，越發把她那寬亮的額頭襯得明朗周正。

林娭毑對我點了點頭，微微一笑，從她手邊的一個塑料袋裡拿出一塊抹布，把她身邊的空位抹了幾下，對我道：「坐，坐。」

王姑娭毑道：「林娭毑那我就把王妹子交給你了，來了這樣一個文明妹子，你老也算有個伴了。」

林娭毑對王姑娭毑點一點頭，轉身對我道：「書包就沒得地方放了。暫時放你膝蓋上吧。」

到閣樓來上班的第二天，我就不揹那個軍包了，乾脆把要帶的東西都拿在手裡。東西其實很簡單，除了一把用來遮擋烈日的紙摺扇，就是書。可以把它們坐在我身下。這雖說對書有失恭敬，卻比較安全。

我那時候找到了個新的借書場所，就是位於五一路的湖南省科技情報站。那是一座三層樓的紅磚房子，二樓有半層是資料室，裡面一排排地安放著好多列書架。其中有好幾架是英文科技期刊。我先前待過的那間街辦電子廠的廠長是個怪才。我們都叫他張老師。張老師是電子學專家。精通好幾門外語。早在六〇年代初他就出版過一本電子學專著。文革中他在內蒙古一所大學教書，在「內人黨」事件[18]中了招，遭關押批鬥。雖然撿回了一條命，卻殘了一條腿。不過因禍得福，他以病殘理由回到老家長沙。他得知我愛好文學又在學外語，便勸告我道：「文學太危險。你不如搞科技翻譯，比較容易找到出路。」

科技情報站資料室管理員是位與人為善的女青年，見我三天兩頭到這裡來看英文期刊，竟破例幫我辦了一張借書卡，讓我把過期期刊借回家看。那時候國內有些科技期刊已經復刊。我便翻譯一些短文，按照期刊上提供的地址投寄過去。竟真的有一篇集成電

18 內人黨事件，全稱內蒙古人民革命黨肅清事件，發生於一九六七至一九六九年的文化大革命期間內，由中國人民解放軍將領滕海清在內蒙古自治區進行的一場大規模肅反運動，運動中數以萬計的人被屠殺或迫害致死，受害者大部分是蒙古族。

路方面的譯文在一家期刊發表了。那是我平生發表的第一篇文字。

這樣，我便也漸漸適應如意街閣樓車間。這裡千不好萬不好，畢竟離五一路近，步行只須十來分鐘。我可以利用午休時間跑過去看書借書。我拿到廠裡去的那些書，便大都是那種書。

一九七四年那個時候，書已經不像前些年那樣危險。看書的人大抵也不會被追查批鬥了。全民瘋狂階段進入到全民休克階段。而那些引領這場瘋狂的人物也意識到，舉國上下只讀一本書，並不現實，也不可能。一些「供批判」的封資修讀物漸漸悄然出現，廣播電台甚至開始播放學英文節目了，學校裡也重開了英文課。

所以我敢於公然挾著那些書穿街過巷，雖然時不時引來質疑的目光，但沒有被扭送派出所之虞了。而最令我驚異的是：我挾著英文科技期刊走進閣樓，我那些滿口粗言穢語的同事，不但沒像先前那樣出語傷人，竟都顯出一副刮目相看的神情，發出聲聲驚嘆：

「唉喲我的娘老子！好大的一本書咧！」

「媽媽的，還不是中國字呢！」

「王妹子你都認得？」

朱家裡的聞聲繞過桌子跑了過來，拿起一本書翻看：「讓我看看讓我看看。媽媽的屌！是英文的咧！」

原來她竟然是有文化的，竟然認得出是英文，甚至還唸出了封面上一個英文單詞：「沃爾特。這是不是『世界』的意思？」

見我點頭，她高舉雙手，發出勝利的歡呼：「老娘好聰明咧！老娘好偉大咧！十年沒拿過書了還記得沃爾特。沃爾特沃爾特浪利夫長眉毛！王妹子你曉得我在講麼子吧？」

「曉得。你講全世界都喊毛主席萬歲。」

這下不得了了，大家都被我倆的才學齊齊驚倒。朱家裡的更是大喜過望，她一把拉過我，相見恨晚地把我擁入她汗巴水流的肥大胸膛：

「你真的是個角色！你真的好了不起！這裡只有你一個人同我對得上話。」

想不到連陳隊長也沒能幫我贏得的尊重，書幫我贏得了。從此我進入到朱家裡的保護傘下，得以享受不被她們的下流笑話拉扯進去的待遇。每逢她們講到特別不堪入耳的環節，還會照顧一下我的情緒：

「王妹子你不如出去走下子。」

「對，你去你那甚麼客雞站拿你的書。」

「你去你去，頭頭來了我們就說你上廁所了。」

溜出閣樓前往科技情報站的路上，我很興奮，甚至都有了點飄飄然的感覺，甚至在考慮：是不是就在這地方一直待下去算了。比起那永無轉正之望的學校，比起之前張老師那間我沒法再待的電子廠，此地竟然有了點點世外桃源的意思。

樂極生悲，用不了多久，我就知道我錯了。

具體時間我記不大清了，只記得那天天氣比較涼快。樹上的葉子開始飄落，而大街上人流的色調也由灰白色變成了藍黑色。我在如意街通往五一路的路口被馬眼鏡叫住了。這人便是陳隊長提到過的那位車間技術員兼主任。他平時不修邊幅，看上去灰溜溜的，此時卻披了一件風衣式樣新工作服，顏色鮮藍，敞開的衣襟被風吹得飄起來，在這髒兮兮的街頭格外令人矚目，不由我不對他刮目相看。

之前我們雖然已經見過，但還沒有單獨交談。他給我的印象恰如陳隊長所言，神不隆通。在長沙話裡這詞語的意思是痴呆鈍傻，莫名其妙。其實馬眼鏡的形象還是蠻不錯的，個子瘦瘦高高，面孔清清秀秀。可惜臉上架了一副破黑框眼鏡，兩隻大鏡片圓溜溜，喧賓奪主地把他臉上其它的器官都埋沒了。偏那鏡片好像從來沒擦乾淨過，讓後面的那對眼睛看去令人捉摸不透。從裡面射出來的目光，要麼半天對不準焦距，要麼呆呆盯住一個目標不放，好像剛從一場海難中獲救，對他重新回歸的這個世界充滿了驚懼。

馬眼鏡雖然是我們的車間領導，卻輕易不上我們車間來。他在街對面的機修車間安了張桌子，從那裡通過王姑娭毑遙控車間的技術事務。原因很簡單，「怕了那班堂客們。」因為他有「作風不好」的前科，這班堂客們就把他視作同類，引為知已，說起下流笑話來不但不因他的性別和技術有所忌諱，反而添油加醋更加起勁。

可憐的馬眼鏡，受不了她們這般厚愛，每次駕臨都像救火隊員似地，來去匆匆，說起話來聲音在喉嚨裡打轉，天一句地一句地不著邊際，明明說的是中文，卻要王姑娭毑在一旁充當翻譯：

「滿妹子，他講你那台機子要加點油。」

「劉家裡的，他講萬用錶要插到底才量得準。」

「周家裡的，他要你下手不要那麼重。」

不管甚麼話都會被這班堂客們引申成一個下流笑話，笑得驚天動地，把那馬眼鏡氣得臉紅脖子粗，落荒而逃。

不過那天在如意街通往五一路的路口，他的眼睛卻出奇清澈，直截了當地對準了我。這讓他臉上的其他五官也分明了些，而從他嘴巴裡發出的招呼，也正確無誤：「小王，去科技情報站？」

我忙點頭，還有點驚喜，看來有關我的一些正面信息已經傳播到他那裡了。

「這都是英文書？」他指指我手裡的書又問。

其實不都是。我在英文期刊裡夾了本小說，因為有位跟我換書看的好友住在附近。我順便去跟她交換小說看。可是有必要對這個萍水相逢的人士交代得這麼清楚嗎？更別說我對他「作風不好」的細節已經有所風聞：他上過大學，卻因為違反校規談戀愛，被開除了。後來那女孩雖然成了他老婆，但他似乎並不安分守己，因在街上跟另外一個女孩「遊馬路」被扭送派出所。

我正猶疑著不知怎麼答話，馬眼鏡卻又神秘兮兮地壓低聲音道：「注意點！車間裡對你有反映了。」

「反映我？反映我甚麼？」

「莫激動，其實也沒有甚麼。小說嘛，大家也都喜歡看，只是莫帶到公共場所來，尤其是那些外國小說。」

「你怎麼曉得我有外國小說？」

「哪個不曉得！我們這地方還會有秘密嗎？」

「她們翻了我的書！」我氣惱道，「她們……誰？哪個？」

「唉，你自己注意一下就是了。莫把這班堂客們的文化程度估計得過低。你以為她們不認得字？連王姑娭毑都讀過高小，朱家裡的初中畢業，滿妹子號稱讀過高中，林娭毑更加……也許讀過大學咧。」

「啊，難怪林娭毑有天要我把書包好——難道是她？」

「當然不是她。你不要亂猜。況且大家也不見得都是惡意。也許有的人自己也想看呢。外國小說現在很難找——對了，她們說你那天拿了本《巴黎聖母院》（Notre-Dame De Paris），這書還在你手裡嗎？」

鏡片後面那雙眼睛閃閃發光地對準我。

「哦！」我恍然大悟道，「你想跟我借書看？」

「嗯，最好，也許……你能借那本書給我看兩天嗎？」

我告訴他那本書我已經還了。如果他特別想看，我可以去幫他再借借看：「不過，」我告訴他，「可能要拿別的書換。」

「那沒問題。」馬眼鏡立即道，「我有個朋友有好多書，我一直在他那裡借書看，借過好多本。都蠻好看。」

他一口氣報出了很多書名，有的我看過，有的我沒看過。沒看過的那些書中，不乏聽聞已久的名著：《大衛．科波菲爾》（David Copperfield）、《地心遊記》（Journey to the center of the earth）、《密西西比河上》（Life on the Mississippi）、《呼嘯山莊》（Wuthering Heights）……這些書名源源不斷從他嘴裡流出，令我發生一種幻覺，好像我遊離於這人喧車叫的街頭，正往另外一個開闊的、遙遠的世界飄然而去。

天快黑了，遠近的燈光這裡那裡地亮起來，風把這男人的衣襟吹得飄動，熙攘的人流在我們身邊險象環生地衝來撞去，有個人撞到我的肩膀，有個人踩到我的腳，「好狗不擋大路！」有個人惡狠狠地咕嚕著，使勁撞了一下我胳膊。可我顧不上理會，因為我聽見「唐璜」這兩個字從對面那張嘴巴裡吐了出來。

「唐璜？」我忙問，「你是說他有《唐璜》？」

「是呀！」馬眼鏡道，「上下兩大部呢，都很厚。」

「你看過了？」

「沒。」馬眼鏡搖搖頭，「我只翻了幾下，是詩，我不喜歡看詩。」

「可我喜歡！我找這套書好久了。你能幫我借到嗎？」

「沒問題。要不我帶你去他家，你自己去看。」

那個擁有《唐璜》的男人住在一條特別長特別窄的巷子裡。去那個巷子的路途曲裡拐彎，像個故弄玄虛的故事。我後來讀博爾赫斯詭譎的小說〈南方〉，就想起了那條位於城西地帶的小巷，充滿懸念，難以抵達。

馬眼鏡領我去的那個夜晚，天空中飄著冷雨，好遠好遠才有一盞街燈。四下裡黑得讓人發怵。我跟在他身後走著走著。他很緊張，一直沉默。麻石路坑坑窪窪，泥水在我們的塑膠套鞋底下巴達巴達地響，在空曠的巷道上發出久久不能消散的迴聲，讓我突發奇想：難道我們已經到了另一度空間？

搖晃在我前面的那條遊移不定的背影，越發讓我心裡不安了。他那沉默的引導似乎永無休止。這人到底要把我領到哪裡去？畢竟，他對我來說幾乎是個陌生人，而且「作風有問題」。

每過一個轉角，我都要問一聲：「到了嗎？」

「快了。」這位腳步並不十分自信的嚮導總是這麼回答。

最後，在一條頭頂上只有一線黑色夜空的窄巷，前面的身影終於立定，「是這裡了。」馬眼鏡口氣不甚肯定地宣告。

我呼出一口長氣。抬頭往前一看，發現自己正站在一個洞穴般的門樓前。馬眼鏡汗涔涔的臉招牌似地在旁邊晃動著，「是這裡。到了。」他又說了一遍，這次口氣肯定得多了。

我一直沒看清楚那位唐璜男的面孔，因為每次去都是夜晚，屋裡的燈光太暗。我只注意到投射在整個房間的巨大身影，他倆的，我的，交叉重疊，充斥在這狹小的空間：牆上、地上、天花板上，朦朦朧朧，影影綽綽。

屋子太小了，除了床沿，沒坐的地方。當唐璜男把兩個裝滿書的大木箱從床底下拖出來，他和馬眼鏡便只能緊挨在一起坐在床頭，難兄難弟般地，俯視著我沉埋於那堆書中。那麼多的書，滿目皆書！最上面的那一本，正是《唐璜》！深黃色的牛皮紙取代了原來的封面，上面用正楷毛筆字寫著書名，下面是同樣字體的小字：拜倫著。

第一次去，唐璜男就跟我約好，每次借兩本書，以一星期為期。這條件在當時算是很寬大的了，我點頭如雞啄米，滿懷感激地趕緊說「好好好」。只是走出屋子又重走上那條陰森窄巷時，才感覺剛才的情境有幾分詭異，那放了一張床和一個板條箱的頂樓屋，那三角形的天花板，那只有中間才能站直身子的空間。以及當我埋頭於那些書時頭頂上那兩個男人懸浮的目光，深重的沉默。這一切帶著一種怪怪的味道向虛空延長。好久以後，我都聞到空氣中彌漫著的霉味，或是劣質香菸味。可直到我對那間閣樓的造訪遽然而止，我才想起來，我忘了問主人的名字。

上個世紀九〇年代，我讀到過一本「五七」右派回憶錄。書裡寫到的一段情節，讓我想起多年以前那些個借書的夜晚。那位經歷過九死一生劫難的老人回憶道：一九七四年，當他從勞改農場回到老家長沙，除了一套換洗衣服，身無長物。租住在一間連轉身都難的閣樓房。不過卻奇跡般地擁有兩大箱書——那個時代最為珍貴的財富。他講了那兩箱書的來歷，講了它們如何逃過了焚書之災得以保存的驚險故事，也講了不少年輕人成為它們的秘密讀者。不過，他沒有開出那些讀者的名字。

去唐璜男家借書的那些日子，我沉浸在暴發戶似的喜悅裡，把自己身處的現實世界幾乎置諸腦後。我後來又看到過其他幾種《唐璜》譯本，但牢牢嵌在我心裡的，永遠是那套不知名的譯者咀嚼吐哺的《唐璜》。那些錚錚有聲的詩句，讓我得以屏蔽掉身邊那個污七八糟的世界。我把書裡我特別喜歡的詩行抄下來。抄在一張張紙片上，每天放一張到口袋裡，利用上班時間背誦。那些詩行所建構成的虛擬世界，美麗奔放，色彩迷離，周遭的喧囂與粗野就不再那麼難以忍受了，以至於我對閣樓同事們望向我的異樣目光茫無所覺，對她們含沙射影的議論也置若罔聞。

直到那天下午，陳隊長的龐大身軀突然從我們那險峻的樓梯口冒出來，大聲呼叫我的名字，我才大吃一驚，發覺情況不太對頭。尤其是當他以一種大張旗鼓的口氣，向我問出下面這句話的時候：

「你同小田甚麼時候請我吃喜糖呀！」

「甚麼！」我驚惶地瞪著這張天外來客般的面孔。好不容易才從〈哀希臘〉的詩句中回到眼前這間陰暗閣樓：

「甚麼？」我又問了一聲。當初不是他自己囑咐我不要透露田貝的存在嗎？然而我馬上注意到了他的表情。跟以前的和藹可親形象判若兩人，他一臉嚴肅，目光冷峻。

「我……我……」

我囁嚅著朝四面八方望去，卻發現所有的目光都紛紛閃避開。怎麼回事？

但陳隊長似乎並不在乎我的回答，他哈哈一笑道：

「不好意思啦？那好那好，明天我自己去問小田。」他不再理會我了，一屁股坐在王姑娭毑推過來的一張椅子上面，朝著大家把兩隻大手掌用勁一拍，道：「開個小會。」堂堂街道辦事處頭號人物，竟然跑到我們這小閣樓來給我們開會！這是個甚麼概念？簡直就像國務院總理降臨到窮鄉僻壤一樣。我再次朝我的同事們望去。這些平時屁大的事都會吆喝喧天的女人，現在齊齊屏聲靜氣，靜默無聲。就連朱家裡的也裝出一副天真無邪的神氣，望向王姑娭毑，目光裡如此這般的意思，呼之欲出：「不關我的事哦！」

陳隊長開腔了，聲如洪鐘，疾言厲色：

「最高指示：掃帚不到，灰塵不會自己跑掉。我早就要來找你們算賬了。你們這班傢伙，真的是廟小妖風大，池淺王八多。短短一個月，看看你們這裡搞出了多少醜事！一個十七八歲的細妹子，竟然勾引得兩個青年哥哥跑到樓下爭風吃醋大打出手。那是兩個甚麼東西？流氓地痞！社會流渣！一些人身為長輩，不僅不去制止，反而在背後煽風點火。這是甚麼行為？這是聚眾滋事！破壞治安！更有甚者，兩個有仔有女有老公的堂客們，上班時間不好好抓革命促生產，開口就罵動手就打，打架打到頭破血流，要喊救護車來救。為甚麼事打？我一個男子漢都講不出口，講出來怕髒了我的口，太下流無恥！太卑鄙齷齪！整個如意街，不，整個中國的格都給你們丟盡了。最令人髮指的是，就是這樣一些下流無恥的傢伙，竟然還要造別人的謠。人家一個愛學習求上進的好妹子，不跟你們同流合污，響應黨中央號召利用業餘時間找人學英文，以實際行動反帝反修，抓革命促生產，你們不支持不鼓勵，反而造人家的謠。居心何在？是可忍孰不可忍！喂，喂，你莫望別人，講的就是你！」

陳隊長伸手向牛家裡的用勁一指，「你老公是如意街肉鋪裡老朱是啵？你那些謠言是從哪裡來的，等下我們要好好追查一下。還有你！你姓麼子？早些天被老公打到派出所的是不是你？自己行為不檢點，還一天到晚盡講些污七八糟腐朽沒落的東西。好好好，我現在給你們機會，把那些無恥讕言都當我的面講一講！」

鴉雀無聲。

陳隊長卻不罷不休，還轉身呼叫支援：「馬主任你來講講，你站起來呀！你一個男子漢怎麼搞得像個縮頭烏龜似的，你來澄清一下，到底是怎麼回事？」

馬眼鏡的身子從樓梯口冒了出來，臉比平時更紅，眼鏡比平時更圓，講話比平時更莫名其妙：「沒得事，沒得一點事。那個人、那人是個五十歲的老人家了。在北京當過翻譯的。我就……小王就……我就想，請教下子英語，好人好事呀。何樂而不為。」

他結結巴巴地說著說著，然後陳隊長又問了他一些甚麼，他又回答一句甚麼，兩人說相聲似地一唱一和，但我聽不進去了。我腦子裡嗚嗚作響，呆若木雞。因為聽到這裡，我已經明白了他們說的是甚麼，而陳隊長又為何向我們閣樓發動了這場突然襲擊。

轟隆一下我跌落回現實世界。明白了陳隊長剛才為甚麼那樣子跟我打招呼，也明白了這些日子裡我為甚麼失去了大家的尊重，朱家裡的保護傘不再為我張開，大家講起下流事情不再照顧我的感受。我也幡然醒悟：那天牛家裡的在講了個老牛吃嫩草的下流故事之後，為甚麼嘻皮笑臉問我「有味啵？」當我懵然反問「甚麼味？」時，屋子裡那一片張牙舞爪的狂笑。還有，王姑娭毑那天為甚麼突然要給我介紹對象，而向來沉默寡言的林娭毑，也在旁邊搭腔：「要得，要得。」

二〇一一年，我在一個公開場合碰到馬眼鏡，他今非昔比，一副高端大氣的無框眼鏡取代了那副醜陋的黑框眼鏡，令他風度儼然，看去竟有了幾分德高望重的意思。年紀老了，他比年輕時反而神氣多了。要不是他走到我面前叫出我的名字，我一時竟沒認出他來。

自然，我們寒暄起來。說著一些在那種場合大家都會說的話：網絡上流行的新段子啦，養生保健啦，吃吃喝喝啦，突然他說：「陳書記你還記得嗎？」

「當然記得！」

「他上個月過身了。」

「啊！怎麼沒人告訴我？我知道了一定會去鞠個躬的。」

我望著馬眼鏡，他眼鏡後面的那雙眼睛也正在直望向我。於是，多年來一直壓在心頭的一些話語自然而然流了出來，我說：「他是個好人，我真的應當去送他最後一程，說聲謝謝——對了，我也應當謝謝你，那天……那件事……謝謝你！」

「那天？哪天？」馬眼鏡詫異道，「甚麼事？」

「你帶我去借書的事呀！你那位書友，」我提醒他，「那條巷子，那個老頭……其實他並不太老，比我現在的年紀還輕。對吧？他是右派分子還是胡風分子？他叫甚麼名字？」

馬眼鏡一臉茫然地望著我，他又恍若從前那個剛從一場海難中生還的人了，散亂的目光越過我的肩頭望向我身後某處，茫然道：

「老頭？我不記得了。真的不記得了。如今我記性很差，像得了健忘症一樣，以前的事差不多都忘光了。」

「不記得了？那一年，在如意街，那群堂客們，王姑娭毑，你都忘了？還有林娭毑，我是後來才聽說，離廠不久她就去世了……」

這時他的手機響了起來：「對不起，」他禮貌地朝我欠一欠身，「我接個電話。」他把手機緊貼到耳朵上走了開去。看著他那微微傾斜的、煞有介事接聽電話的背影，我也沒有把握了：是不是真的有過那些人那些事呢？畢竟，就連田貝也跟我多年不見了。我們結了婚又離了婚。然後，都淡出彼此的記憶。中國人是記性最差的民族，這話是誰說的來著？

打破屋子裡死一般的沉寂的那個人，是王姑娭毑。當樓下鋪板門轟然關上的回聲消失在了沉寂中，王姑娭毑誇張地呼出一口大氣，攤手攤腳倒在陳隊長剛才坐過的那張椅子上。

「活該！」她氣恨恨地罵道，「你們這幫臭嘴巴，碰到厲害角色了吧！害得我也被他臭罵了一頓。你們就不能講點高級趣味的東西嗎？陳書記剛才講得好，講點抓革命促生產，講點理想講點信念。讓自己變高級點好不好。」

「講理想就講理想，」朱家裡的率先回過氣來，又恢復了平時的慓悍，「這還不容易。我小學時候講理想的作文還得了九十五分咧。我講我長大了要學習邢燕子去建設社會主義新農村，講我要作共產主義接班人，為了理想勇敢前進前進。這樣的話要好多有好多，保證可以講三天三夜。有味啵？哪個要聽？」

「那倒是的。」王姑娭毑嘆了口氣，表示同意，「講那些東西沒得一點味。都是假的。我同你們講句真話呀，活到這份上，還講甚麼信念理想。唉，我來世連人都不想作了。」

「那作甚麼？」有人笑道。

「我想作隻鳥，想飛到哪裡就飛到哪裡，那就不用這麼作牛作馬還聽不到一句好話。上班被領導罵，回家還要被屋裡那隻老鬼罵。」

「那我覺得還是作人好一點，」牛家裡的道，「只不過不要作我們這樣的人，要作陳書記那樣的人。當領導，想罵哪個就罵哪個。想幫哪個就幫哪個。還可以經常到賓館裡去，開會，吃飯，吃酒，睡覺。」

「我倒不想作領導，」滿妹子笑道，「當領導搞不好會被人揪出來批鬥。我只想來世變得像劉三姐一樣漂亮，有阿牛哥天天在樓下對我唱情歌。」

「滿妹子你講你還講！」牛家裡的故作驚訝地道，「剛剛被書記那樣一頓教育，你不思悔改反而變本加厲，懷念起黃色電影的黃色明星了。還笑還笑！難怪書記罵你沒皮沒血。我們這號老實人，臉皮子就薄得多，被他那樣一頓亂罵？老娘都沒臉作人了，也不想作人了，老娘現在只想變成書記屋裡的一條狗，想咬哪個就咬哪個。」

「沒得出息！」意見領袖粗嘎的嗓音響了起來，聽上去比平時更加粗嘎，「變麼子狗囉！老娘要變就變成一條狼，咬死那個摸羅拐[19]告黑狀的老不死！哼，莫以為人家不曉得她是個甚麼東西，反革命分子的臭婆娘！坐了一屁股的屎不曉得香臭。」

我想起來了，我現在完全想起來了，那道出其不意的聲音就是在這時響了起來，就在我身邊，就在我耳邊，在意見領袖粗嘎的聲音之後，林娭毑開腔了。

來了這麼久，這還是我第一次聽到她當眾發言。平時不論人們怎麼嘻笑怒罵，就算那天出了流血事件，閣樓裡鬧得沸反盈天差點掀翻屋頂，她也坐在自己的位子上不動如山，旁若無人地照作自己的事。現在她卻出其不意打破沉默，不鳴則已，一鳴驚人：

「我想變成一隻豬，」這位永遠隨身帶著一塊乾淨抹布的老人大聲宣告，「假如有來世，我想變成一隻豬。」

不知道是被她的氣勢鎮住了，還是等待她說出下文，隨之而來的那片靜默，無比漫長。漫長得無邊無際，好久好久，才被一陣劈里啪啦的動靜打破，只見林娭毑一邊站起身一邊道：

「可惜我現在還不是豬。我走了。再見。」

時至今日，發生在一九七四年十一月下午的那場事變依然歷歷在目，恍若眼前：在那間站不直身、站直身就頂天立地的閣樓裡，我們靜默無聲地看著那位白髮蒼蒼的老人緩緩站立起來，像要英勇就義似地抬起手抹了抹她那本來就一絲不亂的頭髮，先脫下一隻袖套，再脫下另一隻袖套，把它們一一疊好，放進自己手邊那個裝了一塊抹布和一盒萬金油的塑膠袋，拿著它往樓梯口走去。

沒有人出聲，每個人都被她鎮住了。就連鐵嘴鋼牙的朱家裡的也被驚倒，當那個端莊乾淨的身影從樓梯口消失，才發出一聲評斷：「神經！」

沒人響應她，也沒人笑。是大家還沒有從茫然懵懂的狀態中甦醒，還是為那位老人的言語行為所驚，意識到了自己地位的可憐可悲？我至今也不知道。

因為我跟著也離開了那個閣樓，離開了如意街。不知道是在夢境裡還是真的發生過，許多次，夜半夢迴，我看見自己站在那條人來車往的街口東張西望，徒然地追蹤那個乾淨端莊得不像凡人的身影。

19 長沙話，「羅拐」指腳踝，摸人腳踝，表示討好別人、拍他人馬屁。

第二部 島與河——上海往事

你是心中的島
你是夢裡的河

——題記

一　畢業留影

一九八八年夏天離開華東師大時，我們花了整整一天時間拍照留念。我們，指的是我們寢室的四個人，我、辛西亞、琳達、和伊文，還有桑穆，他充當我們的攝影師。

我們一共用去了兩卷膠卷，是那種每卷可拍三十六至三十八張照片的 135 彩色膠卷，對我們這些每月拿八十元左右助學金的碩士研究生來說，算是比較奢侈了，即使是畢業留影。

離校在即，有許多事情要辦。每天都忙得馬不停蹄。尤其是我，要去的地方那麼遠，在深圳。原先開來了接收證的出版社突然發來電報，說是「情況有變，切勿前來」。（後來才知是社領導班子發生政變，原先給我開接收證的社長外派，換上他的政敵執政）。但我已經辦好了戶口遷移手續，火車票也買好了，退無可退，只好決定對那封電報置之不理。不想給大家臨行的傷感更添傷感，我把壞消息藏在心裡。可心中畢竟忐忑不安。

桑穆領著我們在校園裡四處遛達著找景，這也光線不對，那也背景平庸，我忍不住催促他：就在麗娃河夏雨島附近隨便找幾個景點，趕緊拍完這兩卷膠卷算了。

「隨便？」桑穆激烈反對，「我作事從不隨便，要就不作，要作就要作好。一定要拍得大家都滿意。你們只管跟著我走就是。」

後來回想起來，他獨斷專行的行事作風那時便見端倪，但熱戀中的我，寧可把這看成是熱情、自信、認真；而她們三位更是將這一表現解讀為不辭勞苦精益求精，對這位自告奮勇的攝影師又是恭維又是鼓勵：「果然是大攝影家的風範呀！」

「桑穆你真是活雷鋒！」

「看這樣子今天一定會拍出你最高水平囉！」

當然啦，她們根本沒想到我和桑穆之間的關係已經超出一般。況且，看過了桑穆在全校攝影大賽中的得獎作品，她們對他的攝影充滿期待。

那果然是一次成功的攝影，幾乎張張都贏得大家的讚嘆。尤其是其中一張合影，把我們四個人都拍成美女，各人以其最優美的姿勢和最可愛的笑容，在一片如茵草地上互相依偎。而背景則是高渺無雲的廣袤藍天。

可我如今翻看那些相片，總覺得心有所憾。美則美矣，卻沒拍下我心中最深刻的華東師大記憶。女生宿舍四舍和八舍，那些間寒窗苦讀的窄逼寢室、那每日必定出沒兩三次的食堂（一年河東，兩年河西）、那永遠人滿之患的圖書館，從地下書庫到各層閱覽室，我曾在那裡度過多少快樂的時光！更不必說那些長有車前草和馬蘭頭的大大小小草地，當然還有那座鐵灰色的中文系小樓，據說它如今已不復存在，那麼，樓後的那片小樹林呢？那個讓我得以將白日夢化成一張張稿紙的外國文學教研室呢？門前那道幽靜的林中小徑呢？你們都在嗎？別來無恙乎？

在我的記憶裡，師大校園最難覓的風景便是幽靜。一天到晚，食堂、教室、圖書館、操場、花園、草地、每一條大道、每一條小徑，到處人頭湧湧。至於寢室，那就更不用說了。本科生八人一間房，二十平米左右的房間裡塞了四張下上鋪，中間再放一張每邊有四個抽斗的長桌。剩下的空地加起來不會超過兩米。如果八個人都在房間裡的話，那真是人滿之患，大家抬頭不見低頭見。

我們碩士生的生存空間比本科生大一倍，四個人一間房。每人可以獨佔一張上下床和兩個桌位。但在我的印象裡，我們房間永遠沒有空無一人的時候。大家起居、上課的時間不一樣，你進我出，你來我往，還不算來串門的同學、臨時來借宿的外地親友。假如寢室裡四名成員都是外地人的話，就連周末寢室裡也沒有空著的時候。找個獨處的地方太難了。

還好，我從我導師處借到了外國文學教研室的鑰匙，每天晚上六點以後，我便跑去那兒獨自待著。

我不知道現在中國大學裡的教研室情況怎樣，當時的光景，用「家徒四壁」來形容一點也不為過。當然，桌椅還是有幾套的，但除此以外，那間只有一張窗戶的小房間像是經過一場掃蕩，別說書啦文具啦甚麼的，連字紙也見不到一片。白不白黃不黃的牆上，除了一塊灰濛濛的小黑板，空無一物。那種灰黯破敗，令我想起「遺址」這個詞彙。但這遺址在當時的我看來卻是天堂，至少闃無一人，這就好。

每次進屋，我第一件事就是把房門趕緊閂上，然後雙手向天，像射進了一球的球星，歡呼：「Yes！」

我要充分享受這獨立王國的幸福感覺，每天在裡面不待到半夜決不出來。不過，別看這教研室裡面不怎麼樣，外部環境卻甚是幽美。那是一座古樸的西式小樓。小樓後面有一片樹林，前面也有一片樹林。樹林裡樹木雖不參天，卻也不失蒼鬱。尤其是樓前那條曲裡拐彎的小徑，從小樹林裡蜿蜒而出，將我送上麗娃河邊那條即使夜半也人影幢幢的林蔭路。以至於每逢走到這一交叉路口，我總是放慢腳步，恨不能將那林中小徑幽靜的感覺無限延長下去。那夜，我與桑穆就在這地方相遇。

其實此前我已經見過桑穆好幾次了。有時是開班會，有時是上大課，旁邊都有很多人。大家就只匆匆點個頭表示招呼。我沒怎麼留意這名貌不驚人的瘦皮猴，倒是覺得他那永遠興沖沖的勁頭有點可笑。不過，第一學期開期中班會時，他卻讓我刮目相看了。

那天班長事先通知我們，這次班會的主題是期中自我總結。每人必須寫一篇自我評估當眾宣讀。桑穆遲到了，他進教室時班會已經開始，正輪到東北人小德宣讀他的自我評估。這黑壯小伙直直立在講台，兩手拿著講稿，用他那一口東北腔普通話唸唸有詞：

「開學以來，本人在老師和同學們的教育和幫助下，遵紀守法，愛黨愛國，思想、學習各個方面都有所進步……」

這時門呼啦一下被推開，桑穆瘦削的面孔出現在門口，遲到並沒有影響他那風風火火興致勃勃的勁頭，他一邊大步流星走進來，一邊朝小德驚問：

「小德你這是怎麼啦？你犯了甚麼事啦？」

「我……沒怎……怎麼吶，」本來就有點結巴的小德給他突如其來這一問，更加結巴了，「我沒……沒犯甚麼事……呀。」

「那你怎麼這副德行？我還以為是四類分子在向革命群眾交代罪行。」

原本肅穆的教室裡，頓時爆發轟堂大笑，就連一本正經坐在講台上主持會議的班長也忍不住笑了，雖然笑容有點尷尬。

桑穆自己卻不笑，他問班長：「領導，請問是不是每個人都要來這麼一齣？」

「嘿嘿，原則上……基本上……系裡規定……」平時伶牙俐齒的班長給他這一問，也有點結巴了。

「那本人可不可以豁免？」桑穆道，「本人千辛萬苦好不容易考到這裡來讀研究生，為的就是逃避這種人人都要表態過關的政治學習，誰知天網恢恢疏而不漏。」

又是一陣轟堂大笑。桑穆趁機提議：「我知道你要交差。那不如這樣：大家把寫好的總結交給你了事，我們省了痛苦，你也省時省力。」

我連忙大力鼓掌，還破天荒地發言：「支持！擁護！」

四下裡也響起一片支持聲：「對。對。」

「大家都省時省力。」

「支持。」

班長只好無奈地一笑：「也好。」

桑穆興高采烈地笑望大家，明顯對自己的攪局行為十分得意。

現在，在中文系樓前那條小徑上，夜色幽昧，乍見桑穆那張似笑非笑的面孔，我因思路還纏繞在剛才那篇難產的小說上，怔了怔才辨認出來他是誰。不過認出他來之後我頗高興。黑暗略去了那張臉上不甚優美的線條，突出了那雙聰明閃亮的眼睛。現在，與之單獨相對，我在那雙直望著我的眼睛裡看到的，沒有了嘲弄和戲謔，滿盈著的都是真誠與憨厚。

自然而然，我們聊了起來。

我發現他不僅有一雙能讓人信任的眼睛，還有一雙善於傾聽的耳朵。那時我還處在剛入學的適應期中。相對於其他新生，我面臨的問題更為嚴峻。我以初中畢業的同等學力考上碩士研究生。以前雖然讀過一些書，但都是五六〇年代的出版物，即使是西方翻譯作品，都有帶革命八股的前言或後記「消毒」。加之我這兩年結婚生子，為繁重的家務所累，讀書比以前少多了，知識沒得到及時更新。現在面對鋪天蓋地而來的新思潮新理論新詞新句，感覺自己像個乍闖文明社會的原始人。進校時，導師說我們的研究方向從當初報考的俄國文學改為比較文學了，我一頭霧水，因為我連「比較文學」這個詞語都聞所未聞。聽著同學們開口意識流閉口後現代的，我不由得心慌氣躁：我已經被時代列車遠遠拋在了後面啦。

八〇年代的中國大學校園，經歷著一場空前的思想解放熱潮，而華東師大則是學界中思想解放熱潮中的重鎮。中文系則又是重鎮中的重鎮，聚集了一大批活躍在全國思想文化界的青年才俊。印象中每天都有研討會，每天都有新人新文章問世。第九宿舍樓下那個小小的校園書店，每天都有令人眼睛一亮的新書發售。在我眼裡它就像當年巴黎的莎士比亞書店，是我每天要去朝拜的聖地。在這裡不僅能找到成系列出版的學術新書，還能撞到成堆出現的老、中、青學者，他們談論起新典藉新思潮以及它們的作者和領軍人物如數家珍，滔滔不絕。聽在我這個連卡夫卡（Franz Kafka）都聞所未聞的井底之蛙耳裡，有如醍醐灌頂，雷倒了，震昏了。

本來就笨口拙舌的我，如今更加沉默是金。各種討論會甚至同學聚談，都洗耳恭聽一言不發。暗中卻將那些新作者新書的名字牢記在心，散了場便飛奔到圖書館和書店，把它們找來生吞活剝。文藝理論、人文思想、宗教理論、政治經濟學、西方馬列、語言邏輯，等等，不管三七二十一，只要能找到，便眉毛鬍子一把抓。不管懂不懂都硬著頭皮看完。可畢竟之前讀的理論都是馬恩列斯毛體系的，便覺那些往往被翻譯被轉介得詰屈聱牙的新理論深奧極了，讀了比沒讀更糊塗。甚至以前自認為已經讀懂了的作品，被這些新思想新理論分析了一番之後，反而不懂了。

我很少跟人道出心中疑惑，以免讓自己顯得太傻太土。不過有時候聽著人們長篇大論、自己瞠目結舌之際，也會忍不住小心翼翼提出一二問題，結果往往引來一番比先前更加不知所云的長篇大論，令我懷疑究竟是自己太弱智還是對方太高超，反而比之前更加惶恐。

桑穆卻有一種才能，三言兩語就能把複雜的問題解說清楚。當然，我後來知道，這只是在他有心這樣表現的時候。當他有心這樣表現的時候，他那雙直對你望來的細眯眼睛裡，滿滿的就都是聰明和熱誠，以至於讓人生出一種錯覺，彷彿它們一下子變大變亮了，足以直搗對方心扉。尤其是對我這樣一個渴於關愛又自閉的人，他那近乎狂妄的自信，他那的確過人的智商，他那思路清晰的頭腦，衝擊力格外強大。當時，在那條林中小徑上，乍見那熱情的面孔，我那小心經營的矜持頓告潰散，坦率向他發問：

「聽說你對西方現代文學理論頗有心得，我也找了些這方面的書看，怎麼看來看去都雲裡霧裡呢？」

這話真是問到他飯碗裡去了。好為人師的他眼睛一亮，滔滔不絕。三下五除二就把那些複雜的問題解說得條清理晰。二十多年以後我在香港讀到筒井康隆《文學部唯野教授》這本書，才第一次遇到足以與桑穆當時的回答旗鼓相當的解說。當然，筒井康隆將各種文學流派解說得更加詳盡，那畢竟是一整本書，而且才高八斗如小說中的唯野教授，也得花上九堂課十八個小時才大致講完。而桑穆那日卻只不過花了數十分鐘，便解開我心中多日困惑。

「太謝謝你了！」我興奮地道，「你真厲害！你真聰明！」

「你也聰明呀，一點就通。」他倒也不吝鼓勵，但口氣更加肆無忌憚了，「我告訴你，讀書一定要讀原著，千萬別讀那些二道販子甚至三道四道販子的所謂解讀導讀之類，他們自己往往也沒讀懂，就生吞活剝地強作解人，甚至根本就是在胡說八道。我介紹你看一本書吧，雖然也是二道販子寫的，但這傢伙至少思路清晰，把眼下流行的這一套現代文學理論表述得深入淺出，保證你一看就都明白了。」

他是即時跑回他宿舍拿來了那本書呢？還是第二天將那本書送到我宿舍來的呢？我忘了。我甚至忘記了那本書的書名，只記得是薄薄的一本，一百來頁而已。因為相對於他那番話對我的震動，那些都不太重要了。

可我們的畢業留影裡並沒有那條林中小徑。事實上，我們根本就沒往那邊去。照片拍到最後，還剩下最後兩三張膠卷時，大家才開始懊悔先前的大肆揮霍：

「剛才不應該在河邊拍那麼多的。」琳達說，「還有這麼多應該留念的地方沒拍呢！」

「也不該在外語樓拍那麼多，」伊文道，「傻不傻呀？咱們都跟外語系沒一毛錢關係。」

「那就更不應當在老毛雕像前拍那麼多了。」桑穆道，「搞不懂你們為甚麼突然對偉大領導感情深厚了。」

「因為——」我道，「那地方畢竟是華東師大標誌性建築。」

「甚麼標誌？文革標誌？傻逼標誌？」桑穆得理不讓人地道，「我看不如去拍一拍中文系小樓，起碼是師大老建築。」

這人說話也太強勢了，我火來了，把他頂回去：「我們是主角，我們說了算。」看我們要爭起來了，辛西亞忙作和事佬，提議：不如把剩下的幾張膠卷去拍一拍我們寢室，說到底，我們是因為那間寢室才變成難捨難分的好友。

「但上次我們已經在寢室拍過一整卷啦。」琳達說，「再拍也是一小破屋，以後只好拿給子孫作憶苦思甜教材。」

眾說紛紜，好半天都達不成一致意見。當我們沿著麗娃河往寢室走去，走上那座通往夏雨島的小橋，桑穆不甘心地建議：「那在這座橋旁拍張合影吧。遠景裡有中文系小樓。」

已經到了夕陽西下時分，人開始多了起來，大家匆匆站到一起，好不容易才抓住個沒人的空檔拍了一張。照片洗出來一看，哪裡有中文系小樓的影子呀，更別說那條林中小徑了。而且，我正好眨眼，被拍成了瞎子，就把那張照片放棄了。

二　蘇打餅乾

好多年裡，上海是我心中的一個夢。「我們去看大海去」這一詩句，我老是把它唸成「我們去看上海去」。起先，這夢在我心裡具體而微為一座帶閣樓的房子，風格有點像契訶夫（Anton Pavlovich Chekhov）的愛情小說。房子前面站著兩名穿旗袍打洋傘的女子。這其實是我家老相簿裡的一張照片的背景，那兩名女子就是我媽和她的好友祁姑姑。我媽告訴我，照片是在上海基督教女青年會宿舍旁邊拍的，時間是一九四七年至四八年，當時她在聯合國善後救濟總署任會計，祁姑姑在中國航空公司任工程師，都租住在那座房子裡。每次給我看這張照片時，我媽總不忘提醒我看一看相片上那兩名女子腳上的鞋：

「是白色繡花鞋呢！」我媽說。

我媽要強調的是上海那座城市的乾淨無塵，那是一座可以穿白色繡花鞋在馬路上漫步的城市哦！

文革以後我就再沒見過那張照片——在大抄家風暴中，它跟一堆老照片一起被燒掉了。後來跟我媽提起，頭髮已經雪白的她，記憶混亂，一時說不記得了，一時又說如果是穿旗袍打洋傘的那張，背景便不是上海而是香港，況且她們身後也沒有一座帶閣樓的房子，我媽說，她這輩子沒住過那樣的房子。

不過我媽至死都唸叨著上海基督教女青年會宿舍，她說那座房子位於上海最好的地段霞飛路，在那裡她交到了她此生最好的朋友祁麗雲，所以是最值得懷念的一座房子。我媽毫無文學細胞，無論形容人還是形容物，她來來去去老是那麼幾個形容詞：好、壞、大、小、高、矮，好看、難看，最多加上程度副詞：很、最、幾多、特別，等等。

不過，不管她的記憶發生怎樣的偏差，她用以形容上海的形容詞，永遠都是褒義的：幾多好，大得不得了，樓房特別高，馬路最乾淨！

言外之意，我們眼下所住的城市長沙是一座不好的城市，房子又小又破，街道要麼塵土飛揚要麼污濁泥濘。天空要麼酷日當空要麼灰黯陰沉。在這些彌漫著臭水溝氣味的麻石小街上走著，永遠有泥巴濺到身上來。上街時我總是將褲腳高高地捲到膝蓋上，像剛去鄉下參加過支農勞動。所以直到長成了個愛美的適婚女子，一出門我還是習慣性捲起褲腳。

那時我特別羨慕去外地出差的人，尤其羨慕去大城市出差的人，武漢、廣州、青島，這些都是我心目中的美麗新世界。至於上海，那就更不得了了，我們談到一個人有本事時就會說：「他去過上海呢。」形容一個女孩長得好看就會說：「她像個上海人。」

一九六六年冬天，興起了革命大串聯，只要是學生就可以坐不要錢的火車全國到處走。班上的同學大多去北京。可對於我來說，北京只有痛苦的回憶，再加上那些紅衛兵滿大街排查路人家庭出身的恐怖傳說，令我避之則吉。我嚮往的地方是上海。上海有一塵不染的大馬路，馬路邊有一座座帶閣樓的童話小屋。

那年頭從長沙到上海路途曲折，要在武漢和鄭州轉兩次車。在長沙上車時還好，同行一位同學的爸爸車站有朋友，把我們四個女孩從後門帶了進去。月台上停著一輛即將開往武漢的火車。但不知為何車門打不開。那位車站朋友設法打開了一個車窗，他自己先爬進去，讓同學的爸爸從車下抱起我們一個個地往車裡塞，他自己則在車上拉。這樣上拉下塞地把我們弄進了車廂，每人佔到了一個座位。

那是一輛慢車，又老是誤點，走了一整天才到武漢。我們跟著人流擠出站一看，站前廣場黑壓壓的一大片人，全部都是等著上車的串聯學生。天下著冷雨，出門時帶的乾糧都吃光了。我們飢腸轆轆。她們三個都說：「別去上海了。就在武漢玩幾天算了。」

但我嚮往上海的心絲毫沒有退縮，就跟中了邪似的，我說：「你們不去我自己去。」說著就徑自排在了一條又長又粗的隊伍中。

她們都是隨和友愛的女孩，便只好也站過來，陪我在十二月的寒風中排隊。排了一天一夜才終於進了站。我們從車窗裡爬上一列開往鄭州的火車。

這回情況更加惡劣了，沒有家人推拉相助，也不是空車，車廂裡擠得連行李架上椅子下面都是人。好幾個小時我都只好取金雞獨立姿勢站在走道上。好不容易到了一個大站有人下車，另一條腿才終於落地。這樣子，吃飯喝水當然免談了，而且我們也不敢吃喝，怕的是要上廁所。廁所給一幫言語粗暴面目可憎的紅袖章男孩佔據，想進去？沒門！如此這般，車到鄭州我已處於半昏迷狀態，直接被送進醫院。

醫生叫我們趕緊回家。還給我開了張疾病證明好優先進站。那位慈眉善目的女醫生一再叮囑我：「你發著高燒，又這麼瘦弱，不能再折騰了。」

然而，我們還是爬上了一輛開往上海的火車。

一九六六年的上海，跟我媽形容的的那種模範城市根本沾不上邊。只好用三個字來形容，髒，亂，差。就被革命風暴席捲的程度而言，它跟長沙可謂半斤對八兩，也是滿城遍佈紅金甲，紅旗紅書紅袖章掃蕩了所有的事物和色彩。

我們被安排在上海交通大學的一間教室住下。進進出出都會碰到一些臂戴黑袖章胸掛白布牌的牛鬼蛇神，他們灰頭土臉，手持一把大掃把不停地掃來掃去。驚弓之鳥般的身影，讓我想起在大興安嶺也被打成了牛鬼蛇神的父親。

我提議去上海音樂學院抄大字報，心想那種藝術殿堂大概會比較文明。不料一進校門就碰上一幫紅袖章青年圍住一位頭髮花白的老人高呼著「打倒」「橫掃」的口號。擠過去一看，那老人臂上也戴著黑袖章，胸前也有塊白牌子，牌子上寫的名字是：賀綠汀。

我作夢也沒想到會跟〈遊擊隊之歌〉的作者在這種情況下相遇，在我的心目中，他可是神一般的存在呀！於是轉身就逃。

不去學校了，我們去逛大街。那些街道比長沙的街道的確寬大乾淨多了，街道兩邊的商店也亮敞多了。街上的行人看上去也比長沙人文明。公共汽車裡雖然也很擠，乘客卻不像長沙人似的動不動扯皮罵娘大打出手。上海人就算相罵也是吳儂軟語，聽上去唱歌似地悅耳。打架的事更是一次也沒遇到。

當然，我媽口裡的霞飛路早沒影了。現在那條路叫甚麼名我沒敢跟人打聽。我只去了南京路一帶，沒有見到南京路上好八連，卻見識到了一間比北京百貨大樓還要熱鬧的百貨公司，那便是位於南京路口的上海第一百貨公司，想必就是我媽口中的永安公司了。

光是在這地方我們就逛了大半天，因為櫃台太多門也太多，我們在裡面迷了路。各種美麗的物件好吃的東西充滿誘惑地在眼前飛舞晃動，走來走去都走不出門。我不由得摸著羞澀的口袋躍躍欲試，終於立在了一種名叫素雞的食品面前暗自咽口水。「好不容易才到了上海，就大吃大喝一下吧！」，我對自己道，咬咬牙掏出一塊錢買了一塊。

那真是我生平從未吃到過的至味呀！以至於連甜鹹也沒搞清它就自動落了肚。興奮之下，我拿找回的八毛錢又買了四塊帶回家。

帶回家的素雞卻一點也不好吃，我媽說：「餿了。」但她並沒罵我浪費，只是搖搖頭道：「你應當買蘇打餅乾的，蘇打餅乾比素雞好吃，而且放多久都不會壞。」

後來在家待業的年月裡，我放棄代課老師職位去到一間街辦工廠，想去上海買蘇打餅乾未嘗不是動機之一。因為那間工廠的領導第一次見面就跟我說，他會派六個人去上海學習，並說我也將是其中之一。

後來他果真派了人去，但其中沒有我。唉，他永遠不會知道，當他宣佈赴上海學習人員名單時，我是多麼失望！就是在那天晚上，我第一次跟那個一直邀我搭他單車的青年約會。因為他跟我同病相憐，都為沒去成上海而懊喪，不過他頗具男子氣概地安慰我：「有甚麼了不起的。從來就沒有甚麼救世主，有朝一日，咱們不用別人派，自己派自己去上海。」

暮色裡，他那雙原本就聰慧的眼睛顯得更加聰慧，英俊的面龐讓我想起《馬路天使》裡的趙丹，當趙丹為那唱著〈天涯歌女〉的周璇彈琴伴奏，背景可不就是上海的尋常巷陌嗎？於是我跳上他的單車後座。

十三年之後，我們真的一起坐在上海的一間屋子裡了。而且真的都是「自己派自己」來到這裡的。我考入上海華東師大讀研究生，田貝，就是那名山寨版趙丹，業已當上一間區辦工廠的廠長，這次是來上海出差。我們包下大學招待所的一個套間。但兩個人隔一張茶几對坐在兩張沙發上，卻都是一副告別的神色了。

我們相敬如賓地說些你好他好的應酬話，心裡都在揣度如何以比較有利於自己的條件分道揚鑣，至少，在我這方面是這樣一種心態。

那天我們終於達成了雙方均可接受的離婚協議。可是站在校門口望著田貝遠去的背影，我卻一點也沒有如釋重負的感覺，心裡面有某種東西隨著那個背影一去不返了。惆悵，哀傷。這時正好有一輛公交車開過來，我便不假思索跳上車，去南京路逛街。

八〇年代初的上海正在恢復昔日的繁華，百貨公司裡人頭湧湧，售貨員雖然仍是態度倨傲，總算肯應顧客要求將商品從貨架上拿下來給人看了，哪怕你操著外地話。我倒不會要求售貨員將貨品拿下來看，因為我並不真的要買甚麼，我只是借助於那些飛揚流動的光與色，試圖找回小時候我媽嘴裡吐露出的上海印象。那是一則童話，而聽講童話的孩子無論身世多麼悲慘，當他們沉浸在童話世界，大抵可以追隨著青蛙公主和白馬王子分享他們的甜蜜愛情。

在師大讀書的那些日子裡，逛商店是我唯一的娛樂活動。每逢想要放自己一天假，我就會跑去逛商店。位於南京東路的第四百貨公司，位於靜安寺的第二百貨公司，位於四川路的第九百貨公司，位於師大校園後門的第六百貨公司，都被我逛了個遍。不過我最偏愛的、百逛不厭的，還是位於西藏路與南京東路交叉處的第一百貨公司。當我留連於進入商場前那道橫跨南京路的人行天橋，觀賞著橋上橋下人來熙往的風景，心裡就會有一種感覺，彷佛多年來盤據心頭的憂傷和焦慮，隨著地上喧鬧的街車和天上航過的雲彩，都漸去漸遠了。置身於這一片熙熙攘攘的人群中，誰不會感染生命的光彩和靈動呢？

當然，第一百貨公司最吸引我的，並非它門口的行人天橋，也並非它那百年老店的聲譽，而是那種熟門熟路的感覺。每次進門我都直奔熟食櫃，買上一塊素雞，邊吃邊逛。這時，十九年前體驗到的那種上海味道，便又回到了心間。那種帶點甜的鹹，那種帶點鹹的甜，經過十九年的咀嚼，依然頗堪玩味。

送走田貝的那天，我卻沒買素雞，買的是一包蘇打餅乾。當我往熟食櫃走去時，碰到了一對年輕情侶。男孩手上拿了一包食品。不知道是那黃黃綠綠的漂亮包裝，還是那男孩從中取出一片餅乾送到女孩嘴裡的親密動作，讓我心裡一動，突然驚覺：啊真的，怎麼我來上海好幾年了，竟然還沒買過蘇打餅乾呢？

回到學校時已近黃昏。這是校園裡最生機勃勃的時辰，莘莘學子都從他們被困其中的各種空間冒了出來，彷彿一條條從水下跳上了水面的魚，自以為來到了一個美麗新世界，都不顧死活地蹦躂著，撲騰著。平時我也是這些人眾中的一份子，不管那天是上課還是泡圖書館，這個時辰也「出籠了」，混跡在那一道道的歡暢人流裡，朝著食堂或宿舍的方向走去。

可是這一天，我卻有種奇怪的感覺，好像我不是這人流中的一份子了，而是一名偶爾路過的旅遊者，冷眼旁觀著異域他鄉的風光。難道這是因為我剛剛從南京路回來嗎？又或者，竟是因為那已然成為歷史的往日情緣？

就是這時我看到了小娜和大安。

小娜是我的同門師妹，她愛上了大安，政教系這位眉眼總是笑得彎彎的大帥哥。人人都看得出來這是一對校園露水情人，只有小娜一門心思陷落於這場愛情之中，看不出來大安並不與她同心同德。他有家有室，岳父是他的恩師和領導，所以家庭不止牽連著他的親情，還牽連著他的事業前程。可小娜奮不顧身地愛著，她每天一大早就跑到大安的宿舍，買好了早餐坐他床邊等著他醒來。這痴情女孩目不轉睛地對著酣睡中的情郎看著，走火入魔的神氣，讓大安的宿友們都不忍心生氣了，漸漸習慣成自然，接受了她的存在。

那日我先看到的是小娜，她正踮著腳站在通往飯堂的小石橋上，手搭涼棚，旁若無人地仰望西邊的天空。我正待招呼她，就看見了站她身邊的大安。他跟小娜取同一種姿勢，但一望而知是個協從，心猿意馬。他那條被小娜抓在手裡的胳膊，給人一種隨時會掙脫的感覺。

「小娜！」我叫道。

我忍不住要叫這一聲，因我覺得小娜陷得太深了，這傻女孩怎麼就看不到兩個人陷入的程度不等呢，大安回去以後有嬌妻愛女，有遠大前程，她有甚麼呢？她已經二十七歲了，沒時間在愛的海市蜃樓裡蹉跎歲月了。

小娜拿眼角掃了我一眼，那神色表示她根本沒認出我來，她依然癡迷地看著西邊的天空。那裡，正燦爛著一大片絢麗的火燒雲。

「這女孩完全瘋掉了。」

一個聲音在旁邊說。我回頭一看，原來是桑穆，那些日子我跟桑穆已經有了些往來，自從那次林中小徑邂逅，有時我會去找他借書，有了甚麼疑難事體，想去求助的第一個人就是他。這倒不全是因為他表現得無所不知無所不能，主要還是因為，我憑直覺感到自己的求助不會遭到拒絕。

「她難道看不出來嗎，」桑穆的聲音繼續在我耳邊響著，「那小子只是跟她玩玩的。」

「也許大安真的也願意為愛奮不顧身呢？」

「也許世界上有這樣的人，但絕對不是大安。」

這含嘲帶諷的口氣令我不由得回過頭來，定定地看了身後這名男子一眼。沒錯，這還是那個星光下在我對面晃動的青年才俊，只是此刻在落日的迴光返照裡，那張臉上的每一根線條都如刀刻般嚴峻。而在那雙依然直對我看著的眼睛裡，沒有了溫柔，只有隱隱憂慮。他也跟我一樣為這名一往情深的女孩憂心嗎？

「但也許，」我道，「也許他動了真情呢？」

「是嗎？那你跟我講講甚麼叫真情。按照黑格爾（Georg Wilhelm Friedrich Hegel）的說法，凡是存在的都是合理的，那麼一種情感只要它當下存在，哪怕只是一剎那，也是真實確鑿的。所以小娜有真情，大安也有真情，只是此真情非彼真情，它們的合理指數在質量與數量上均不相等。不信的話咱們不妨賭一賭，我敢說這女孩的一定生長於一個單親家庭，自小缺乏父愛，她媽是家庭的暴君……」

要是在平時，我準會滿臉信服地聽他這麼侃下去，還不時提出問題。跟桑穆交談得越多，我越覺得此君不僅聰明過人，且對人間萬事都有己見，往往令我耳目一新。他對新思想新資訊的敏銳感覺，簡直可以說是一種特異功能。事無鉅細，他都能將之跟最新潮的思想接軌，那種自信滿滿的口氣和信手拈來的神氣，不由人不為之傾倒。可這天我卻有點心不在焉，只是有一句沒一句地漫應著：「是嗎？」「是嗎？」

突然間我打了個趔趄，是個過路的傢伙碰了我一下：「勞駕讓讓！」那人道，呼喝著蹬蹬蹬過去了。我忙乘機打斷桑穆的高談闊論：

「別站這多管閒事了——咦，你怎麼會在這裡的？」

「等你呀！」桑穆貌似正經地道，敲了下手裡的搪瓷飯碗，「喂，好幾天沒見你了，聽說來了貴客？」

「誰說的？」我漫應道，思忖著要不要把那些苦澀往事跟他說道說道，可口裡吐出來的卻是另外的話：

「剛才我去南京路了，看，還買了包蘇打餅乾。」我說，把肩上的挎包往前一拉，作要展示其內容狀。

「你說甚麼？」

「蘇打餅乾。要不要吃一塊？」

對面那張自信滿滿的面孔頓時變得皺巴巴。如今回想起來，桑穆當時肯定是回應了我一句甚麼話的，但我沒聽清他說的是甚麼。因為這當兒正有一幫人歡天喜地從我們身邊奔過去，他們抬著一隻裝滿食物的大紙箱，大概要去甚麼地方聚餐吧。一股複雜的氣味隨風飄了過來，酸菜味？鹹魚味？我不由得捂住鼻子，我最受不了這種氣味了。

「啊，對不起我先走了！」我說著便徑自往宿舍的方向走，也不管桑穆是甚麼反應，直奔自己宿舍。

房間裡一屋子人，對面床的宿友來了兩名老同學，正歡快地插上了小電爐燒菜。平時碰到這種情況我都會拿上飯碗就走，到飯堂吃了飯便直接去圖書館或教室待著。這日卻一屁股坐到自己的桌位，撕開蘇打餅乾包裝徑自吃起來。那股急不可耐狼吞虎咽的勁頭，把大伙看呆了。

「你這是去了哪兒？」宿友問，「啊，餅乾。這甚麼餅乾？」

我把餅乾的包裝袋完完全全撕開，往桌上一拋：「蘇打餅乾。說是上海特產，其實也就這麼回事！來，吃呀！一起吃！」

說著將手中那塊餅乾一口咬下大半，誇張地、大力地嚼著，好像那不是一塊餅乾，而是我那長埋心中、業已變質變味、卻仍是嚼不碎咬不爛的上海印象。

三　牛仔褲

伊文與我的年齡相差整整一輪，我們幾乎可以算是兩代人了。加之她人長得玲瓏精緻，身材小巧，如果不是那副玳瑁邊眼鏡，簡直就像個中學生。但我與她第一次交談就有了一見如故的感覺。

那時我們還不住一間寢室。她住在我隔壁，因她是梅兒南師大同學，經過我們門口時，有時便會站下來跟梅兒寒暄幾句。伊文是教育系的，所以她們倆在功課方面沒甚麼共同語言，談的大多是衣食住行，「今天食堂的饅頭特大」、「後門新開了一間早餐店」之類。

「伊文最會買衣服了。」伊文聊完離去，梅兒常對我這麼說。「你看她今天身上那件開衫，純羊毛的，最新款式！唉，到底是大城市女孩，工程師的獨生女。」口氣中帶著掩不住的羨慕。

梅兒自己是地道的農村女孩。看上去一派農村女孩的淳樸。她媽更好像是直接從電影裡走出來的山鄉農婦，又黑又瘦，滿臉皺紋。開學時她送梅兒入校，在我們寢室擠著住過一晚。整整一天的時間裡，幾乎沒聽她發出過甚麼聲音，先是手不停腳不住地為梅兒整理床鋪行李，整理完了，就悄悄坐在女兒床沿上，不管誰來了都趕緊把身子往裡縮，送上一副怯怯的、令人不忍卒看的笑。

跟梅兒面對面住了沒幾天，我才知道了，其實就見多識廣、時尚前衛而言，我才是我倆之間較為「老土」的一個。比如說我根本就不知道怎麼區分全羊毛和腈綸，更不知開衫的最新款式甚麼樣。經她這一提醒，我才注意到，我身上這件開衫確有幾分出土文物的味道。本來嘛，都穿了七八年了，而且是自己手織的。

我訕訕道：「不過她那條褲子好像緊了點。」

「唉呀牛仔褲當然要緊身啦！這就是牛仔褲的特點呀！」梅兒怪異道，「你連這都不知道嗎？」

我的確不知道。要不是梅兒這一說，我甚至不知道伊文身上那條褲子就是牛仔褲。這一剎那，我清晰意識到我與梅兒她們這些六〇後女孩之間的代溝。牛仔褲這字眼我是知道的，不過在我心目中，它是資產階級事物的符號。領導作報告談到社會上流行的歪風邪氣時就說：「我們要時刻警惕西方資本主義腐朽沒落的東西腐蝕我們的靈魂，飛機頭啦，牛仔褲啦……」

在長沙時，我們若是說誰誰誰作風不好流裡流氣，就會說：「瞧他穿的那條包屁股褲，簡直就是牛仔褲。」

我自己的褲子都是直筒的，由於布料廉價，穿一天就皺巴巴的。蹲久一點站起來，膝蓋那兒就會鼓起來一團。

梅兒大概從我尷尬的臉色看出了甚麼，她當即打開她的儲物櫃，拿出一條褲子給我看：「嚀，我也有一條。不過沒伊文那件高檔，穿不出線條來。不過只五塊錢一條，也值了。這是我上大學後買的第一條褲子。啊，我看你也應當去買一條，你這一身……」

梅兒上上下下打量著我，在她批判的目光下，我第一次感覺自己的衣著有點不妥。

幾天之後伊文到我們寢室找梅兒，推開門見只有我一個人在，對我笑了笑剛要縮回身子，我把她叫住了：「你……要我留話嗎？」

「不，不用了。我只是來跟梅兒閒聊幾句。」伊文說，又微微一笑。第一次近距離單獨相對，我發現她的笑容溫和友善，便打量著她的褲子搭訕著道：

「你這條褲子挺好看的。是牛仔褲吧？」

「是呀！」伊文高興地笑了，轉動著腰身打量著自己，「好看嗎？合我的身嗎？」

「當然。」我由衷地說，「特別合身。不過也是因為你身材好啦。」

「你身材也好呀！你也去買一條嘛。」

「我？」

「是呀！你穿上也一定好看的。真的！」

「不行不行，我穿牛仔褲？！不行。」

「怎麼不行？你這種身材最適合穿牛仔褲啦。牛仔褲現在最流行，又好看又經髒，你看我這條都穿半個月了還沒洗，要是一般的褲子早都慘不忍睹。而且特別經穿。我另外那一條都穿三年了，連拉鏈都還是好的。」

「是嗎？那倒是好，那最適合我這種人了。不過……我聽說……是不是特別貴呢？」

「也不是呀。我這條是我爸去廣州出差給我帶來的。那邊牛仔褲便宜又新潮。不過上海牛仔褲也到處都是。咱們後門的第四百貨就有。前兩天我還看見他們在門口的攤檔上擺出來賣，好幾種款式呢，最便宜的才三塊八。」

伊文不知道，這是我就服裝問題與人的第一次長談。當然她更不知道這次談話在我服裝史上的革命意義。我第二天就跑去四百，買了我第一條牛仔褲，當然買的是最便宜的那種。當時我問售貨員，為何這褲子跟其它那幾種看上去差不多，卻比較便宜，那位也穿了條牛仔褲的胖女子，不屑地掃了我一眼，甩過來三個字：「沒牛筋。」

我回來請教梅兒才明白這話是甚麼意思，牛仔褲沒牛筋就不具鬆緊功能，因此比有牛筋的要低一個檔次。

不過我對自己這條新褲子已經很滿意了。果如伊文所言，牛仔褲很適合我。夜裡趁公共盥洗室沒人，我站在鏡子前面轉動著身子前後照看。喲！鏡中這名腰身矯健挺胸直背的女子是我嗎？腿很長哦，腰很細哦，連個子都好像長高了一點。

的確，牛仔褲顛覆了我心中被植入了三十多年的美學觀念，對我的意義相當於卡繆（Albert Camus）《異鄉人》（L'Étranger）在小說寫作上對我的意義。現在我明白美國西部片裡那些牛仔們為何那樣彪悍挺拔了，也明白為何中國第一波改革開放的大潮中，牛仔褲便如洪水猛獸，鋪天蓋地湧進國門，從此一發而不可收。我穿上牛仔褲以後才第一次發覺自己的身體有線條，這線條不像師長們一向諄諄教導我們的那樣，是羞恥，是禁忌，相反，它乃是青春的標誌，是健康的，是美麗的。我穿著牛仔褲在校園裡走，先前那種跟同學們格格不入的感覺消失了。我第一次發現，我也可以趕上新時代的步伐。

沒人知道我這種感覺，甚至沒人發現我也穿上了牛仔褲，這很正常。當我擁有第一條牛仔褲時，我才發現，我周圍的同學幾乎個個都穿牛仔褲，走在校園裡，我會暗暗計數行人們穿牛仔褲者的數目以自娛，就像我後來在香港地鐵裡計數人們腳上的波鞋。我發現，一大半的人都穿牛仔褲。相形之下，那些還穿著傳統卡嘰布長褲的人就顯得落伍萎靡了，那皺巴巴的褲腿，那鼓囊囊的膝蓋——我暗自慶幸自己已加入牛仔褲大軍。

一天，我打好了飯往宿舍走，遠遠地看見一位中老年男子在宿舍大門口直朝我這邊迎過來，我認出他是我湖南出版社的同事老唐，連忙衝他微笑致意，但他卻一徑皺著眉直瞪著我，好像沒認出我是誰。難道他來這裡不是找我的？眼看我們就在那條小路上劈面相對了，我只好趨前招呼他：「唐老師你好！」

對面這張皺巴巴的面孔一下子舒展開來，綻開了笑容，他又驚又喜地叫道：「是你！真的是你呀！」

「我才離開出版社半年您就不認識我了？」我笑道，「我們同了五年事呀。辦公室和家還都打隔壁。」

「我到上海出差，老黃讓我來看看你。老黃你還記得吧，他現在是正社長了。他很關心你，特意叫我和小周來看你。」他指著身邊一位年輕人向我介紹，「吶，這是小周，我們室裡的新鮮血液。呵呵，剛才要不是你朝我走過來，我真的不敢認你了。你變了個人，比在我們社裡時年輕了十歲都不止呀！真的，又年輕又時髦，呵呵！上海真的是個大染缸。」

說這些話時，唐老師始終面帶笑容。上上下下地打量我，即使他這話裡有調侃、甚至遺憾的意味，也被他這副親切的表情中和了。但我依然有點不好意思，好像自己辜負了革命群眾期望似的。我心情複雜，訕訕道：「大概因為我剛才走得太快了一點，臉色有點……嘿嘿，髮型也變了。」

那些天裡，不知道是不是為了配得上牛仔褲，我對自己的形象作了一番整頓。把原先的一頭亂髮梳成了兩條短辮，用條花手絹在後面繫成一把。打理起來雖然得多花點時間，自我感覺卻良好得多了。這時，一直站在旁邊也在默然打量我的那位小周發言了：

「不是髮型的關係，是這件白綢衫。對，還有這條牛仔褲。上海的最新款式吧？你哪裡買的？社裡好幾個同事都託我買牛仔褲。你告訴我地方，我去買。還有這件襯衫，哪裡買的？領子上的這條飄帶特別有味道。我要給我老婆買一件。哈，你其實還蠻有品味的嘛，跟他們對你的描述完全不一樣。」

出版社老同事們背後是如何描述我的，我心裡完全有數。有一次同事們開玩笑，說是如果要派代表去上級機關請願，要求改善編輯待遇，我是不二人選。「領導一看你這非洲饑民形象，」大家笑道，「一定會滿足我們的要求。」

有位同事還趁機打量著我的頭髮道：「其實我早就想問一下你了。你這一頭……這究竟是一種特別髮型呢，還是你忙得沒時間梳頭？」

說來好笑，當時我竟沒聽出這話的批評意味，甚至把它解讀成表揚：艱苦樸素，一心撲在工作上嘛。我一位七〇年代的老同事多年之後見到我，第一句話就是：「我當年對你印象最深的就是你特別艱苦樸素，一年四季一身藍。」

她肯定誇張了。我不可能一年四季一身藍，就算冬天我也有時穿一件綠色或紅色的罩衣。夏天我的短袖襯衫是花的。我還有一件綠底白花的長袖襯衫，一直穿到來上海上學才把它處理了。還有一件綠格子襯衫是我的最愛，穿了很多年，最後給兒子作了尿布。作了尿布的還有一件淺綠尖領套頭衫，是我十六歲以前買的唯一一件成衣。我們的衣服都由我媽手工縫製，她實在作不了才送去裁縫店作。到現在我還清晰地記得我媽帶我去中山路那家大百貨公司買這件衣服的情景。一路上她神色憂愁，問了我很多次：「你真的很想要那件衣服嗎？要一塊零五分錢一件呢。」

我大力點頭，也一臉憂愁。我並不想打破她分毫必究的財政預算，但那件衣服對我的誘惑實在太大了。好多年以後我才知道，那種式樣的衣服叫作T恤。

艱苦樸素不是我的天性，而是環境造成的習慣。其實我很在乎自己的外表打扮。以至如今我坐在這裡回首往事，一個一個情節往往都與一件一件衣服聯繫在一起：

第一天走進中學校門我穿的是一件白底紅點的無袖短袖衫，下面是一條花布短褲，母親手工縫製的。已是十三歲了的大女孩呀！想起來就出冷汗。

一九六七年，我第一次借了部相機跟四個好友去照相，穿的是一條藍色長褲，的確良料子的。為了買到這種節省肥皂又不會起皺的新衣料，我媽在百貨公司排了一整天隊。而停課在家待業那些年代的回憶，往往跟一件藍色列寧裝聯在一起，卡嘰布料子的，特別經穿。

我常常會心情複雜地回憶起一件呢子短上衣。那是我媽用她一件舊呢子大衣改的。十九歲那年，我找到了第一份工作，是到一間小學當代課老師。我媽皺著眉頭打量著身著一套灰不灰藍不藍外衣的我，當機立斷道：「走，找曾裁縫去。把我那件大衣改了給你。」

那是她當年在上海工作時置下的一件時裝。黑色，卡腰，大擺，肩膀墊得很高，大概是當時的流行款式。我在三四〇年代的老電影裡看到某位扮演新女性的明星穿過，王人美？張瑞芳？白楊？不管是誰，那種式樣肯定不適於出現在七〇年代一名人民教師身上。

曾裁縫不愧為我們那一帶手藝最高強的裁縫。黑色呢大衣在他手下化腐朽為神奇，變成了一件直筒溜肩短大衣，既保住了呢料的貴氣，又不失樸素無華的時代精神，讓我很是得意了幾年。

然而，真是禍福相依呀。說起來是個可悲可笑的故事。有位好友見我失業這麼久，拔刀相助，請託她親戚、一家工廠的招工人員來居委會點名招我，結果卻連檔案也沒看到。朋友將居委會拒絕放我檔案的理由轉告我，其中有一條竟是：「她資產階級作風嚴重，還穿呢子大衣和高跟鞋呢。」

說到這裡，我不由得要說說懶漢鞋了。那是我們那時代最流行的一種鞋，就像如今的波鞋一樣，男女老少皆宜。

懶漢鞋又名統帥鞋。因那副統帥風華正茂、傍在正統帥身邊接見紅衛兵時，腳上就是這麼一雙鞋。黑色、平跟、平底。其顏色與造型都極具時代精神。它的鞋面是把腳整個包住的一整塊黑帆布，兩邊有兩塊鬆緊帶，穿起來把腳往裡一伸就行了。你可以想像滿大街行走著腳穿懶漢鞋人流的情景，好一片黑烏鴉似的黑！好一派將想像力消滅淨盡的齊整！

有段時間我也穿這種鞋，但不知道是否出於對那位副統帥由衷的厭惡，我不喜歡它。只要商店裡有其他式樣的鞋賣，我就放棄它。

我那時愛穿的鞋是帶絆布鞋。現在人們都管這種鞋叫作北京布鞋。其實早在六〇年代它就流行全中國了。對女子來說，那好像是與懶漢鞋的男性霸權之抗爭，多少昭顯出了女性的柔美。別看它造型簡單，其實在式樣與材質上可以分出很多種，大圓頭型的、小圓頭型的、有絆的、無絆的、布底的、塑膠底的、白底的、黑底的、啡色底的、燈芯絨面的、平絨面的、布面的，等等。鞋跟也有講究。一般都是平跟。高跟鞋是文革破四舊的重點項目，從一九六六年到八〇年代初，你在中國內地大街上絕對看不到一雙高跟鞋。可是仔細看看，你會看出來，有些女孩的鞋跟比別人稍微高出一兩公分，那就是我們這些穿了改良式北京布鞋的人了。我們的鞋跟有個小小的坡度，高出正常坡度只那麼一公分，只及現在中跟鞋高度的一半，但有了這點點坡度，感覺上就有了微妙的變化，腰也挺了，背也直了。這就是我們居委會主任因之把我打成資產階級小姐的高跟鞋了。

一九八六年在華東師大，我在服裝上發生著牛仔褲革命時，腳上卻還保持著六、七〇年代的風貌，因為我覺得「高跟」布鞋的風格與牛仔褲大抵是相配的。一直到離校那一年，我才生平第一次穿皮鞋，說起來，這也跟伊文有關。

自從那次門口的一席談，我跟伊文並沒有進一步往來。我們畢竟不同系。但當我聽說她從原房間搬到一個剛空出來的房間、房間裡還有兩個空位時，立馬就跑到宿管科，要求換去那個房間。我還清晰地記得我一手提著被褥、一手挾著臉盆跑到她房間敲門時她吃驚的表情，也許她只是驚異我怎麼會變成她的宿友，但當時我的第一感覺是，她驚異我衣著的變化，便衝口而出道：

「看，我也穿牛仔褲啦。看，還有這件真絲襯衫。」

「啊，怪不得我都有點不認識你了呢！」伊文熱情地上下打量著我，「我就說了嘛，你最適合穿牛仔褲了。」

我當然沒說她那一番牛仔褲啟蒙教育對我的服裝觀念發生了多麼大的衝擊，我也沒告訴她我身上這條牛仔褲就是照她的指引在四百街邊攤上買的，只淡淡說了句：

「沒牛筋的。」

「看，沒牛筋的效果都這麼好。」她讚嘆道，「要是穿上一條牛筋牛仔褲不知多麼好看呢！嗯，你這件衣服也很好看。這雙鞋……這雙鞋也不錯，要是換上雙牛筋鞋或是皮鞋就更好了。」

伊文的研究方向是學前教育，這讓她跟誰說話都帶種哄幼兒的口氣，溫柔，委婉。讓人在被肯定被鼓勵的喜悅中不知不覺就認同了她的意見，接受了她的觀點。於是，像上一次發覺自己也能穿牛仔褲一樣，現在，我發覺自己腳上這雙鞋跟牛仔褲的確有點不相襯。

十多年後，在紐西蘭的海邊，我站在一片沙灘上，兩隻海鳥在我頭上飛，還有幾隻在我肩膀旁邊拍打著翅膀。我穿一件紅毛衣，下面一條牛仔褲，腳上一雙耐克波鞋，伊文舉起相機，將我和那些海鳥定格在了一張相片上。她感嘆道：

「不騙你，你比在師大時更年輕更漂亮了。」

「瞎說！」

「真的，你知道我最初對你是個甚麼印象嗎？說出來你可別生氣哦。也不知道是不是我們宿舍走廊裡光線特別差，當時我心裡想：這人怎麼啦？那臉色、那穿著、特別是走路都靠著牆邊的那種神情，好像自絕於人類——不，好像剛從另度空間來到地球。」

伊文到紐西蘭之後變成了基督教徒。我知道她口中的「另度空間」只不過是《聖經》中最可怕的那個詞彙的委婉表述。

一群海鳥呼啦一下落在了我的腳邊，這裡的海鳥都跟人特別友好，趕都趕不走。我掏出麵包來餵牠們。眼睛裡有種濕濕的感覺，不知道是因為這夢幻般的情景，還是因為伊文這些話。

四　馬蘭頭

如今，當我坐在這座海邊小屋裡回首華東師大往事，最先湧入腦海的並非傳說中膾炙人口的麗娃河與夏雨島，事實上，在師大的三年中，我沒怎麼注意過那條早已黯然失色的、棄婦一般的河。河水因長年疏於清理，顏色渾濁，氣味難聞，經過河邊時人們往往情不自禁捂住鼻子加快腳步；至於夏雨島，我是後來從那些師大夏雨詩人們的回憶中才依稀想起這名字的。看到他們以那小島為背景的低吟淺唱，我才知道，當年我去食堂打飯天天要經過的那道不起眼的小橋，連接的就是讓他們魂牽夢繫的夏雨島。

我甚至也不太記得那些據說意義重大的活動：講座、研討會、演講會、音樂會、詩歌朗誦會、電影首映式、名人見面會……校友們回憶錄中談到的那些當年盛事，我都沒甚麼印象了。或許我壓根就不曾聽聞，更別說去參加了。

伊文說我「自絕於人類」，有點誇張，說我自絕於人群卻是基本符合事實的。我刻意避開人多的地方，盡量把生活保持在三點一線的範圍：寢室、教室、和圖書館。所以回首往事，湧入我腦海的，大都是一些日常生活小景、柴米油鹽之事：食堂裡一毛五分錢一個的肉丸啦，後門外亂哄哄的農貿市場啦，寢室樓傳達室窗口掛著的一塊小黑板啦，每次走過那裡我都會站下來朝小黑板掃上一眼：有沒有我的信？門房阿嬸會把有信者的名字用粉筆寫在上面。字體東倒西歪的，我的名字常常被寫成「玌」或者「仆」。那倒不都是她文化程度較低所致，雜誌社的編輯們都太忙了，尤其是在退稿信的信封上，筆劃能省就省。

我還清晰地記得傳達室旁邊那道木樓梯，扶手上的油漆早已剝落，但仍然能看出它原先是暗紅色的。還有那永遠陰濕的走廊。靜謐的午夜，走廊裡會驟然響起一道響徹天地的女高音，把我從夢中震醒：「我愛你中國，我愛你中國……」、或是「我就是那冬天裡的一把火，一把火……」這是對門那位校園歌手約會回來了。那位被愛情沖昏了頭腦又自戀的女孩，以為全世界都跟著她的作息時間表運轉。

我們房間斜對面的公共盥洗室，記憶中最是清晰。年久失修的木門，永遠關不嚴，繞牆排列的水龍頭中總有幾個是壞的，或是沒關緊。失眠的長夜，我聽著滴裡嗒啦的水聲，思想激烈地鬥爭：起不起來關上它呢？結果總是我那「關水關電強迫症」再次爆發，從床上一躍而起，低聲詛咒著衝到對面去把水龍頭關緊。

我會滿懷深情地回憶起我那個小電爐，我在上面煮過多少鍋紫菜蝦皮湯！還有西紅柿炒雞蛋、鹽水蟶子、水煮菜花。那都是當年我的拿手菜。有一次，我甚至在那電爐上燒了一鍋紅燒鴨。多年以後遇見一位同在一幢宿舍樓住過的師大同學，我忘了她是哪一系的，也忘了她住哪個房間，她卻一見面就指著我笑道：「我記得你記得你！你作的紅燒鴨真香！我在走廊那一頭都聞見了。」

我們寢室的室友們常會憶起的則是涼拌菜：涼拌海帶、涼拌黃瓜、小蔥拌豆腐、蘿蔔絲拌芫荽，捲心菜拌紅蘿蔔，對了，還有「馬蘭頭拌豆腐乾」。現在這道菜已成江浙菜的招牌菜式。其實早在八〇年代，它就已經是我們宿舍的招牌菜式了。而且我們的馬蘭頭真是野生的，現採現拌。

第一次跟辛西亞去校園裡採馬蘭頭，是在第二學年開學沒多久吧？天氣還有點冷，我在寢室裡看書還得帶手套。

我戴著手套披著棉衣坐在拉上了帳門的蚊帳裡。辛西亞則端坐在她桌子旁邊，我們各看各的書。寢室裡靜得像沒有人。但是突然，乒乒乓乓一陣響，辛西亞從桌邊站起來了，衝著我的蚊帳發出邀請：「喂，咱們出去走走好嗎？」

「你是說我？」我從蚊帳裡鑽出頭來，愕然望著她。

辛西亞跟我同系又同屆，我們之間的年齡差距也比伊文小一點，但我跟她的交流比跟伊文少多了。作宿友也快半學期了吧，我跟她見面的次數屈指可數。她是上海人，家離學校不遠，家裡的事又多，她一星期倒有五天是住在家裡的。有時還一連幾個星期不見人影。就算她來了，也只跟我打個招呼而已，因為她跟伊文喜相逢似地時刻黏在一起，嘰嘰喳喳地有說不完的話。她倆一進校就是宿友，在先前那間寢室就結下了牢不可破的友誼，她們溝通起來甚至都不用語言了：「昨天老馬的課好險……差點被她……」「那你怎麼……」「老辦法囉……」這樣一些半截句子加上心照不宣的眼神，就可達至互相的了解，讓本來跟生人一起就沒話的我更加沒話。

那天大概是我和辛西亞第一次單獨相處。伊文好像去了親戚家。我獨自一人在寢室，就沒去教室了。辛西亞卻不期而至。而且，她沒像平時一樣放下點甚麼東西或拿上點甚麼東西就走，而是一屁股坐在她的書桌旁就不動了。

我透過蚊帳朝她瞥了一眼。不知是不是因為寢室的光線不好，我覺得對面那張面孔神色有點落寞，跟我平時看到的辛西亞不大一樣。平時她話雖不多，但算得上是個陽光女孩，總是興致勃勃光采照人。當然啦，世界上所有的好事都讓她佔全了：革幹出身，家境優越，她是家中三姐妹中的老么，肯定受到家中所有人的寵愛。這從她每次從家裡來都帶著菜就看得出來。那些菜都很講究地裝在漂亮的小食盒裡，色香味俱全，一看就是特意精心製作的。

辛西亞高中畢業時，上山下鄉大潮已經過去了，加上她姐姐已經下了鄉，她便得以留在上海分配工作，到菜市場作營業員。這工作雖然普通，卻曾經是我夢寐以求的美差。這還不算，兩年之後中國恢復高考，辛西亞一舉考上華東師大。師大畢業後又一舉考上研究生。這樣的幸運兒還能有甚麼不如意事嗎？

我決定不跟她打招呼。說甚麼好呢，何況，也許她根本就沒發現我的存在。

所以乍一聽她向我發出一起出門走走的邀請，我一時還真反應不過來。

「一起？出去走走？現在？」我又問一句。

「對。現在。」

「去哪裡呢？」

辛西亞淡然一笑：「隨便走走嘛，這麼好的太陽。」

陽光真的很好。當我和辛西亞走出宿舍，站在宿舍前的那片空地上時，我才發覺，春天來了，陽光暖洋洋的。

我看了看錶，下午兩點多。平常這時候，我不是在教室就是在圖書館，要不就在寢室，所以眼前的風景對我來說是全新的：天空又大又藍，對面那個足球場靜悄悄的，除了陽光，闃無一物。那條平時總是熙熙攘攘的林蔭道也人影寂寥。樹葉在風中嘩嘩嘩發出快樂的喧響。昨天那些樹還是光禿禿的！難道春天是一夜之間來到的？

「去哪裡呢？」我又問了一句。

辛西亞也在東張西望著，似乎跟我一樣也被眼前這一片景致鎮住了。「去哪裡呢？」她像回聲一樣重複著我的話。站在陽光下，她的臉色比剛才好多了，雖然有點蒼白。

也許剛才真的是寢室光線太差。這種四顧罔然的神氣使得她像個小女孩，令我奇異地想起一個早已忘卻的場景：多年前的一個夏天，我跟好朋友孫桂琴一道跑在大興安嶺的原野上挖野菜。

「可惜這裡沒有野菜。」我自言自語地道。

誰知辛西亞眼睛一亮，道：「有的呀！前天我還在河邊看到馬蘭頭了。馬蘭頭你知道嗎？」

「不知道。就是馬蘭花嗎？」

那的確是我第一次聽說馬蘭頭這個詞語。後來，每逢我讀周作人《故鄉的野菜》，總會想起當時辛西亞循循善誘的聲音：

「不，不是馬蘭花。馬蘭頭是一種野菜的名字。跟薺菜一樣，是我們江浙一帶最多的一種野菜。三四月天正是馬蘭頭最佳生長期，有時就連我家門口的小路上都可以看到。」

「能吃嗎？」

「當然能了。可以作很多道菜呢！」

我和辛西亞立即作出決定：去採馬蘭頭。有了目標就有了熱情，我們各人手持一根小木棍，像作著發財夢的淘金狂，目不轉睛地掃視腳下的每一寸土地，遊走在校園裡的大小草地，作地毯式搜索。辛西亞可以算是誨人不倦了，她不厭其煩地給我指點哪是馬蘭頭，哪是馬齒莧，哪是車前草，哪是跟它們長得相像的野草。還絮絮叨叨地給我講著馬蘭頭菜譜：清炒馬蘭頭、涼拌馬蘭頭、馬蘭頭蝦皮湯、馬蘭頭炒豆腐乾……「涼拌？要不要放蒜末？」我忍不住打岔，涼拌菜可是我的拿手好戲。

「不要。」辛西亞斬釘截鐵道，轉過頭譴責地看我一眼，「涼拌馬蘭頭最忌放蒜末！那會把它們的原汁原味破壞掉。」

原來她竟是個烹調大師，說起作菜來頭頭是道。那些帶到寢室裡給我們分享的精美菜餚，原來都是她親手製作的。

「上星期那盤三黃雞也是你作的嗎？」我問。那道菜給我留下了太深的印象。好吃得要命還不算，那些切得大小均勻的雞塊被碼得整整齊齊裝在食盒裡，上面綠是綠黃是黃地澆著調料。美麗得讓人感到吃掉它簡直是一種謀殺行為。

「當然啦，從殺雞到製作到裝盒皆乃本人親力親為。」辛西亞驕傲地說。

「你還會殺雞？」我驚異地打量著清秀文靜的辛西亞。

「豈止會。本人榮獲過上海市殺雞比賽亞軍，紀錄是從殺到去毛一分鐘四十多秒，記不太清了，總之沒超過兩分鐘。」

活潑潑的太陽暖洋洋地照著，照在我們兩個人身上。還沒走到麗娃河，兩個書包已經裝滿了。馬蘭頭簡直俯拾即是。它們從路邊的小樹叢、從石凳旁邊的青苔上、從我們舉目所見的一徑一石之間冒出頭來，挑逗地、炫耀地在風中搖擺著，以至於直到如今它仍然是我最熟悉的一種野菜。作夢我都會看見它，當然是在美夢裡：那一片平易近人的綠，生機勃勃地從四下裡蔓延，無邊無際，無邊無際的綠，無邊無際的歡喜。

後來，我們就來到了大草地，不記得是一舍前的那片草地，還是理化大樓前的那片草地了。只記得非常開闊，非常非常的開闊。下午最後一堂課的下課鈴聲還沒有響起。

四周圍的路上已經有了來來往往的人影，但草地上人還不多。我倆伸展著胳膊、腿，背靠背地坐在草地上。西斜的陽光更加溫和了，也更加明亮。我們坐在那裡看人看天。旁邊放著兩個裝滿了馬蘭頭的書包。兩個鐘頭之前我倆幾乎還是陌生人，現在卻是可以互相倚靠著坐在一起信口開河的好朋友了。

「天好大好高呀！」辛西亞說。

「是呀。」我說。

「相比之下我們太渺小了。是吧？」辛西亞說。

「是的。」

「所以我們每個人的悲歡……」

「其實也不是自己所感覺的那樣了不得。是吧？」我搶著說。

「是的呀。」

伊文回到宿舍時，驚喜地發現我跟辛西亞正圍著小電爐熱火朝天地忙碌著，書桌變飯桌，盆盆碗碗的一派青綠，好一頓馬蘭頭大餐！清炒馬蘭頭、馬蘭頭蝦皮湯、馬蘭頭炒雞蛋、馬蘭頭拌豆腐乾……辛西亞果然不是吹的，看她切菜的架勢就把我鎮住了，手起刀落，砉然響然，而從刀下綿綿而出的蔥絲和薑絲，用細如髮絲來形容一點也不為過。

二十多年後，有一次我回上海見到辛西亞，她突然說：「你還記得那次我們去挖馬蘭頭的事嗎？」

「記得。當然記得。」

「我應當謝謝你。」辛西亞說，「那天我特別難過，是我好朋友的忌日。一個月前的這天，我去她家找她，明明從窗簾裡看到她的影子，敲了半天門，也沒人來開。後來……後來我砸開門……可已經晚了，我來晚了，要是我早來一步，要是頭天她打電話給我時我立即過來了，也許她……想起這我就特別難過，那天我覺得自己簡直要崩潰了，還好有你陪著我……」

我沒有告訴辛西亞，其實我才應該感謝她。那天我遭遇到我的滑鐵盧，三封退稿信從不同的城市寄到。其中有一篇小說本來已經說要發稿了，現在卻來了封冷冰冰的信通知我：因故從校樣中抽下。我開始懷疑自己這麼多年的堅持。

我沒告訴辛西亞這些。有時候，心裡的話太多了，感動太深了，反而不知從何說起，而說出來的，竟都是些廢話和蠢話，例如：「那年我們真年輕。」「沒想到在校園裡也能挖野菜。」「馬蘭頭拌豆腐乾真好吃。」等等。

「你記錯了，」辛西亞拿紙巾擦了擦眼睛道，「那天我們沒作馬蘭頭拌豆腐乾。那麼晚了到哪裡去買豆腐乾呢？後來我就說那不如作馬蘭頭拌肉末。你說那好那好，你不記得了嗎?你說著就自告奮勇跑去食堂買肉丸。」

啊,我也想起來了。馬蘭頭拌肉末,這是我們那天合力創作出來的一道新菜式。說話之間,我似乎聞到了從那盤菜裡飄逸而出的麻油香,我甚至清晰地看到了那一手端著個菜盆的瘦小身影,奔走在那條從食堂到宿舍的路上,忙叨叨的,興沖沖的,好像前面那座燈光閃灼的大樓裡有一大群家人在等著她。

五　舞會

那天,我終於決定去參加舞會。

這件事事先完全沒有預兆。晚飯時,伊文漫不經心似地說起:「剛才打開水時碰到了阿易,他讓我告訴你,學生會今晚要搞個大型舞會,還請了市工人樂團的管弦樂隊來伴奏呢。」

「哦。在哪裡？」

「工會禮堂。怎麼？你要去？」

「去。去。」

「真的嗎？」

「真的。」

時值一九八六年春天。中國大陸的改革開放正處於一個可堪玩味的轉折點，我之所以有此印象，是因為那學期一開學，在導師王智量老師家上第一堂討論課，他就臉色凝重、壓低聲音對我們道：

「你們來到這裡是為了讀書，千萬不要去摻和政治活動！」

王老師是老北大人，一九五七年被打成右派下放到甘肅，差點沒被餓死。直到七九年右派改正才「落實政策」進入華東師大，八〇年才到中文系作了老師，八三年才有資格招收研究生，我和我的四位同門，算是王老師的開門弟子。我們在性格上或許有差異，但有一點卻是共同的，都是「兩耳不聞窗外事，一心只讀聖賢書」，大家從不談政治，所以當時聽了導師的話，大家面面相覷，不明所以。

王老師繼續道：「系裡有個別研究生寫信去北大支持他們上街遊行。那信封被截獲了，打回到師大。寫信者自己當然要倒霉，不過最倒霉的還是他導師，平白無故受到牽連，被上面找去談話，警告——你們可千萬不要給自己給我惹麻煩吶！」

我這才知道北大有過學運，不過我甚至都沒有想要去了解一下那到底是怎麼回事，上過了反右、文革等運動的當，我對所有的學運都敬而遠之，那些運動不都是當局鼓動起來的嗎？三年以後，當終於爆發出了那次舉國震動的六四學運，我才終於搞清了八六年那次未遂學運的始末。可是在八六年的那個春天，沉浸在解凍之後空前的暖意之中，誰去理會遠方隱隱的民主自由呼聲呢？大學校園裡，一片歌舞昇平景象。我穿著牛仔褲和綢襯衫，腳登一雙坡跟北京布鞋，走在麗娃河邊的那條林蔭小路上，常感恍若隔世：那個日夜爆響著「橫掃一切階級敵人」口號的世界，是真的存在過嗎？

當然，還是能看到大字報，它們都張貼在飯堂門口的布告欄上，不過「打倒」、「炮轟」、「消滅」之類的嚇人標題變成了「通知」、「啟事」、「招聘」之類。內容則無非衣食住行玩：展覽會、讀書會、舊書大賣場、舊物大賣場、影訊、音樂會、舞會、尋人啟事、失物招領……無奇不有，每個人都有在它前面停下來瀏覽一番的理由，且都能在上面找到自己關心的信息。

信不信由你，有段時間，連最簡單的舞步都不會走的我，最關心的是舞會消息。

曾幾何時，成為一名舞蹈演員是我的夢想。五歲在北京上幼兒園時，阿姨跟我媽說：「這孩子特別愛唱愛跳，看她這腰身，說不定是個學舞蹈的料。趕明兒舞蹈學院附小招生，您帶她去試試。」

我不知道我媽是不是真的起過這個心思，因為等我長到了可以去舞院附小應試的年紀，我們已經離開北京去了大興安嶺。後來在長沙，小學畢業時，我倒真的有過一次上舞蹈學校的機會。一天，老師上著上著課把我們領到操場，讓大家繞著操場走步，操場上有三個人，兩男一女，都長得面目俊朗長身玉立，他們站在圈子中間指指點點地觀察著我們。過了幾天我的班主任就興沖沖到我家通知我：廣州舞蹈學校到我們學校挑學員，把我挑上了。明天去參加考試。

我去參加了考試，順利通過初試。可要去參加複試時。我媽不讓我去了。因她發現準考證上印著的學校全稱是：廣州軍區舞蹈學校。

「不能去。」我媽緊張兮兮地對我說，「軍區政審一定很嚴格，會去大興安嶺外調的。那就會把你爸是右派的事查出來。舞蹈學校進不成倒是小事，以後咱們的日子就難過了。」

這事就此告吹。可它挑起了我對舞蹈的嚮往。學校排文娛節目總有我的份，到了文革，也曾有過參加文藝宣傳隊之想。可在我們那個年代，舞蹈也都充滿了火藥味，動輒擺出個鋼鐵戰士的甫士。經典動作是腳跨弓箭步一手端在胸前一手甩在身後，作衝鋒陷陣狀；再不就是手搭涼蓬作高瞻遠矚狀。我最受不了的一個動作就是每逢唱到「造反有理」這一句，就一手猛拍自己的口袋，然後握拳朝上猛甩作大無畏狀，這是在詮釋「捨得一身剮敢把皇帝拉下馬」嗎？可我總暗自把它詮釋為「口袋裡有錢怕甚麼」。這類毫無美感的無賴動作倒了我跳舞的胃口，我不再愛跳舞了。

八〇年代初我調到出版社工作。一天，社裡貼出一張告示，說是某日某時將在食堂舉辦交誼舞會，歡迎大家參加。

那時湖南人民出版社人才濟濟，號稱「右派窩」。因為中老年編輯大都是五七年右派。當年全省被打右派最多的機關之一——《新湖南報》大小右派，幾乎都被我們那兩位求才若渴的局長網羅來了。他們大都是才子型人物，不止能編會寫，還是文體活動積極份子。對即將開場的舞會最起勁的就是他們這班人。因為我們這些五、六〇後的青年別說跳交誼舞了，大多數人連看都沒看過。貼出舞會告示的那天中午，編譯室的老龔被一班青年拉到社裡的小會議室，「快教教我們！」當過部隊文工團員的打字員小張嚷嚷著，「不然你們找不到舞伴啦！」

「對呀，讓我們好歹也能跳上幾步嘛！」財會室小劉也隨聲附合，她雖剛生了孩子，看上去還是個小姑娘。

本來悶聲不響的老龔，那幾天成了社裡的風流人物。他四〇年代是國民黨中央社記者，二戰中被派往歐洲戰場，跟著盟軍從諾曼底一路採訪到柏林。五七年反右自然首當其衝中了招，被打成極右份子。十幾二十年的勞改生涯磨平了他的稜角，卻沒有磨盡他的紳士氣。大概因為曾經被老英老美近距離腐蝕過吧，就算是一雙處理皮鞋一條滌綸圍巾，也會被他穿出鶴立雞群的風采。傳說他當年是《新湖南報》的舞會王子，華爾滋跳得滿場飛，男女老少通殺，把革命老幹部革命新青年一個個拉下了水。

「就是電影《安娜．卡列尼娜》（Anna Karenina）裡的那種華爾滋呀！」他們室的小康不無炫耀地對我道，「那天我看他跳過了，不比電影裡那個渥倫斯基跳得差。」

小康是文革前最後一屆大學生，所以看過《安娜．卡列尼娜》之類的西方電影。我們這些老三屆最倒霉，能弄到一本小說《安娜．卡列尼娜》看看就算幸運了。只好一遍一遍地看《列寧在十月》（Lenin in October），反復欣賞裡面四小天鵝舞的那一鏡頭。「華爾滋」、「波爾卡」這些詞兒對我而言，只是一些抽象術語。可即使這些抽象術語也能勾起我們心中對於美麗和浪漫的嚮往。那天中午，我就是被小康這句話激起了好奇心，跑去小會議室一飽眼福。

我進去時，老龔正口裡喊著「一二三」在示範華爾滋基本舞步，他站在前面，十好幾名年輕人站在他後面，大家正跟著他的口令一本正經操練。

「一二三，二二三，三二三，四二三，」老龔儼然教練似地踏著腳拍著手，「對對對，這不就自然而然轉起來了。好，好，太好了，可以跟著音樂跳慢三了。」

我悄悄進去，站在旁觀的那一群人中。我們室的大林也在這群人裡，她跟我一樣也是老三屆。我壓低聲音問她：「你怎麼不進去學？」
「老了呀！」她笑道，「都孩子他媽了。」
「小劉也是孩子他媽了，看她跳得多起勁。」
「可她年輕些呀！小三屆的人吧。」
「也是，」我點頭道，「只有我們這六屆人最慘，倒霉事樣樣有份，好事一件也撈不著。」
「來來來！」老龔大概聽見我們的對話了，回過身來朝我們熱情招呼，「別站那兒呀！大家一起來呀！」
我倆不約而同把肩膀一縮身子往後彎，作後退狀，口中慌亂道：「不不，先看看，先看看。」
「看看能學會嗎？」老龔不以為然，「跳舞一定要實踐才行，小王你來！來！我帶你跳一圈你就會了。」
他點名叫我，大概是因為我們之間曾經有過一次交談。當時我們看過了電影《太陽與人》，在散戲的人群中我正好走在他旁邊，大概他見我眼睛紅紅的，便對我道：「其實他們能摸到魚吃都要算幸運的了。我們當時田裡連泥鰍都捉不到一條。一天只給半斤紅薯絲，餓得我跟牛去搶草吃。後來他們把我們弄上一條船，說是要轉移去另外一個農場，一船人上去時就奄奄一息，船上也找不到吃的東西。到岸時人死了一半還不止。我是踩著屍體上岸的。唉，比諾曼底登陸還慘。」

那以後我就感覺跟他之間有了一種特別的關聯，在樓道裡碰見了總要站住打個招呼，開全社大會時往往有意無意地坐在一起，不過都是遭過難的人，為人都很低調，就連走路都靠著邊，以防被人誤解為得意忘形。沒想到他一跳舞就變了個人似的，活潑得像個小青年，說話的口氣也跟節目主持人似地自信滿滿：

「來呀來呀！年紀輕輕的怎麼這樣老氣橫秋！跳起來跳起來，跟我來！」

他伸開兩臂走著舞步過來了，嚇得我！連忙伸出兩手抵擋，急急後退：

「不不不！我我我……」

身後就是門，胳膊肘一頂，門就開了，我趕緊一溜煙跑了。

之後的那些天，舞會成了社裡熱門話題，而老龔則成了話題中的話題。「他真的名不虛傳吶！」大林興奮地告訴我，「舞跳得那叫一個漂亮。你知道他最神的是甚麼嗎？不管多笨的人，被他一帶馬上就會跳了。真的，我這輩子從來沒跳過舞，竟也跟他跳了一圈華爾滋！」

「你也跳了？還華爾滋？」

「可不。」她道，「被老龔一帶，在那種氣氛裡，你就自然而然飛舞起來了。」

「是嗎？」

「當然是啦！你那天幹嘛逃那麼快呀？不然一定也會跳了。你沒看見打字室那個小張，四十多歲的人了，變成舞會皇后，還跟老龔一道表演了探戈呢！知道探戈是甚麼嗎？特好看！」

說得我蠢蠢欲動，可是直到一九八五年離開出版社，我也沒去參加過一次舞會。那幾年中，我的麻煩事一件接一件，結婚、生子、育兒，更別說工作和人事上的種種煩惱，哪有時間和心情去跳舞。唉，算了吧，既是已經被時代列車遠遠拋在後面，那就死了要搭上它的那份心吧。

可是那天，又在飯堂門口看到了舞會告示，回到宿舍，就忍不住跟琳達打探有關情節了。

「參加的人多不多？都是你們年輕人吧？」

琳達是校學生會文體部長，是舞會的組織者之一。她出身體操隊，還在全國大學生運動會拿過獎，人又長得美麗，據說在全校舞會上都是舞后。在寢室裡有時看書看得累了，她會一躍而起，在門口那一小塊不超過兩平方米的空間，自唱自跳起來。跳完一段還為我講解：「這是倫巴。」「這是吉特巴。」「這是迪斯科。」

那麼小的空間竟也能舞出那麼熱烈並優美的效果，把我看呆了，情不自禁拍手叫好。

琳達就說：「一起來一起來！」

「不會，不會。」

「那下次舞會跟我一起去，保證你學會。」

我總是斷然拒絕：「我可沒那你們這份閒心。」

是呀，琳達比我小九歲，無牽無掛，當然盡情浪漫了；我呢孩子都三歲了，老爹老媽為支持我上學勉為其難地幫我拉扯著，我不爭分搶秒讀書，竟跑去尋歡作樂，怎麼可以！

琳達雖是嘟囔著甚麼「勞逸結合」「有張有弛」的道理，也只好把我放棄。現在一看我跟她打聽舞會，忙道：「當然人多啦！你們年輕人？甚麼話！你是老人嗎？跟你說，人家六七十的老教授都來參加了。跳得比我們還起勁。」

「那，我也去看看。」

「太好了！太好了！」

然而說是說，作是作，吃過晚飯我們收拾好碗筷，琳達換上一條大擺長裙，套上一件緊身毛衣，跟我說「走呀走呀」時，我故作驚訝道：「去哪裡？」

「咦，你不是說要參加舞會嗎？又變卦啦？」

「沒有沒有，我只是……你先走吧，我馬上來。」

而隔壁同學已經在敲門了：「琳達快走呀！要遲到啦！」

琳達只好叮囑著我「你一定要來呀！就在圖書館旁邊的工會禮堂」，跟著那幫同學走了。

她走了，一幫人歡聲笑語地走了，整個大樓陷入一片靜寂。每逢校學生會組織舞會時就會這樣。人去樓空，好像每個人都去了舞會。平時，我會暗自慶幸，好好利用這難得的獨處時光。可現在，不知怎麼心卻靜不下來。

窗外，遠近的燈光一盞盞地亮起來了，屋子裡卻越來越暗。檯燈就在我手邊，我卻不想伸出手去按下開關。「滴嗒、滴嗒、滴嗒……」的聲音在靜寂中誇張地響著，是對面盥洗室裡水龍頭的滴水聲。我焦躁地站起來，蹬蹬蹬衝到盥洗室，把滴水的水龍頭關緊。但是從那些敞開的窗口裡，卻飄進來隱隱的音樂聲。

「舞會！」我心裡一格磴，「它開始了！」

下一個鏡頭，便是那個匆匆走在通往工會禮堂小徑上的人影了。

如今，這麼多年過去了，我依然可以清楚地回想起工會禮堂那張油漆剝落的大門，對於那麼大的一個禮堂來說，那張門小得像個長了張櫻桃小嘴的彪形大漢。還有門口那個賣汽水的簡陋櫃台，以及那一團擁在櫃台前的人眾，可我怎麼也想不起來那天晚上我是怎麼走進那個舞會大廳的：門是關上還是湊巧打開了？或是我正好在門口碰上一個熟人，被她拉了進去？或是一種欲望在心裡醞釀得太久了，一旦發酵便熱力十足，勢不可擋？總之一走進那張門，後面的一切就變得自然而然，順理成章。

門一開，剛才還是那麼遙遠朦朧的音樂頓時變成鋪天蓋地的轟鳴，熱浪挾裹著聲光人氣撲面而來，把我衝得身子往後一倒。倒在了後面哪個人的身上，我看不到他是誰，也不用分辨他是誰，因為他已經把我頂住，推著我繼續向前，四下裡都有人在推著擠著，形成一道推動你勇往直前的衝力，向前走！別回頭！

我看見我自己目瞪口呆，站在那裡呆望著眼前這一片翻騰的人浪。這麼大的一座屋子，這麼多這麼嗨的人！人頭湧湧，每個人都在舞動，這一片起伏的人海，足以把每個人都席捲進去。天吶，是不是全校的人都在這裡？甚或全世界的人都在這裡？前後左右都是人，東張西望都是人。每個人都在舞動。人人都像發了瘋似地踢打著自己的腿腳揮動著自己的手臂以及身體的各個部位，人人都在不遺餘力地炫耀自己那流著汗冒著熱氣的身體，以及從這一身體裡流溢而出的歡樂，而我身後那抵著我後背的人眾還在往前推，把我推進這片人海。

這時，我看見一條渾身正拼命搖擺著的漢子從人浪中驀地浮現出來，將一條粗壯的手臂朝著我狂揮亂晃：

「這邊這邊！上！上呀！」

這不是系裡的當紅才子狗熊嗎？他這副興高采烈熱情洋溢的勁兒，跟他平時那副張揚狂妄目中無人的神氣判若兩人。而且，他認識我嗎？我認識他嗎？但說時遲那時快，我還沒來得及表示自己的驚奇，但見這龐然大物嗖地一下子蹦到我跟前，伸出雙手一把扯住——不是我，而是我身邊的某人：「哥們你怎麼現在才來！上！上！」他一邊嚷嚷著一邊對著那人一陣狂拍，那雙大手跟熊掌一樣厚重——要不怎麼叫他狗熊呢？若不是瞧他臉上笑容那樣燦爛，看他那拿那雙熊掌朝那可憐傢伙拼命拍打的勁頭，真以為他跟人家有甚麼深仇大恨、非得把人家拍死而後快似的。

「迪斯科迪斯科！」狗熊一邊拉著這位新來者匯入群魔亂舞的人海，一邊朝樂隊那邊揮著雙手呼籲。

我看見一張熟悉的面孔從人海中浮現出來。是阿易，我們系研究生文體幹事。他看見我了，他揚起手來朝我招呼：「啊，師姐來啦！一起跳一起跳！」

這時我才發現了自己的荒誕：我怎麼真的來了呢？我怎麼真的來參加舞會了呢？我連基本舞步都不會走呀！我感覺自己的一雙腳笨重得不像是自己的腳了，根本沒法向前挪動半步。我本能地往後退：「我不行我不行！我真的不行！」

也許我那神氣太驚恐萬狀了，阿易停下舞步走到場邊，同情地看著我：「別緊張嘛，」他安撫道，「大家都是亂跳的。你看狗熊連慢四慢三都不會，不也跳得這麼起勁。都是玩玩的嘛。」

「可我……瞧你跳得多好！」

「我也只會基本舞步而已。」阿易道，「要不，我來教你吧。」

「我？我能學會嗎？」

「當然能了。」阿易肯定地點頭，「很容易的。」

阿易如今已是著名學者了，每逢我在報紙上刊物上看到他的文章，心中都會不期然浮起他不厭其煩教我跳舞的一個個鏡頭。他那些高深的文章我倒不曾領教，但我總也忘不了在舞場旁邊那間小屋裡，他那在黝暗的牆上閃動的瘦長身影。阿易的交誼舞跳得怎樣我其實無從判斷，但在我心目中，他永遠是我的交誼舞啟蒙老師。他站在我前面，像電影裡真正的舞蹈教師那樣，數著節拍示範著舞步：

「一二一二，輕重輕重。這是快二。」

「一二三——四，一二三——四。這是慢四。」

「一二——三，一二——三，第三步稍偏，這樣身體就自然而然轉過來了。對對！」

阿易歡呼：「你會了呀！你快三都會了呀！」

「真的嗎？」

「當然是真的。」阿易很肯定地道，「你現在比狗熊都厲害了。你連華爾滋都會了。」

「華爾滋？」我驚問，「你是說華爾滋？」

「是的呀，你剛才走的就是華爾滋的步子。唉呀真巧！你聽，現在舞場上正在奏著的就是華爾滋。來來來，你可以上場跳了。我來帶你。別怕！」

於是我看見自己置身於那片翻騰的人海中，眼花撩亂，如夢如幻，但卻可以清晰地看到阿易年輕的面孔在我對面舞動，圓舞曲般的歡暢，進行曲似的堅定，還不時點下頭，發出言簡意賅的指令：

「轉！」

「再轉！」

「再轉！」

「對了對了。」

我聽見這低語，我看見這微笑。似曾相識的音樂在身邊嘩啦啦地流淌，而我那被革命刪除掉的青春歲月，便在這奔放跳蕩的音樂中迴光返照。青春的斷簡殘渣在我興奮得眩暈的頭腦裡翻騰碰撞，我看見那間發出一股刨花味的音樂教室，風琴後面那張曾經那麼親切的面孔，他那滿琴鍵上飛舞的指尖，揮灑出我只曾在小說裡朦朧感受到的天籟之音，而我，就在那夢幻般的音樂中載浮載沉……。

然而，眼睛一眨，對面卻是阿易那誨人不倦的笑臉。人浪挾裹著我，我在人浪中搖蕩，變成這歡樂海洋中的一朵浪花，跳動著，旋轉著。一張張歡快的面龐在身邊蕩了過來又蕩了過去。這是真的現實嗎？還是一個反覆作過的夢。

然而，就在這一剎那，音樂變了，變得狂放而熱烈，而那片舞動的人海也越翻越快，跟著，鼓樂齊鳴，樂聲轉急，轟然一聲巨響，天崩地裂如裂帛，東西南北悄無言，剎那之間，沒了音樂，也沒了人聲，世界彷彿在這一剎那停頓。

我驚慌地舉目四望，怎麼啦？對面那張熟悉的面孔哪裡去了，周遭那些似曾相識的面孔哪裡去了？我發現自己沉陷在一片人海之中，大眼瞪小眼。可這時我聽見了一種聲音，萬籟俱寂之中，一道空靈悠揚的樂音從天而降，漸近漸強，漸漸充滿整個大廳。四周呆滯的人眾跟著這音樂又活了過來，笑容又回到這些剛剛還目瞪口呆的面孔上。啊，那不是狗熊嗎？他笨重的身體搖搖晃晃地朝我這邊蕩過來，臉上那奇怪的表情是歡笑還是傻笑？我來不及辨析，因為這時我看見了阿易，原來他就站在我旁邊，臉上依然是那副不厭其煩的微笑：

「現在是慢四。」他甚具專業精神地指導我，「還記得吧？就是剛才我教你的第二個步法。」

我沒顧得上回應他，因為這時又一張熟悉的面孔進入我的視野，是桑穆，他也來啦！他站在遠處的場邊，手持一枝汽水，朝我這邊望過來，我們的目光在空中相遇，他笑了，朝我舉一舉手裡的汽水瓶。我正要向他走過去，一眨眼，一個渾身披著金光的人物旋到了我身邊，秀麗的面孔上笑容像花兒一樣盛開，脆響的聲音裡滿滿的都是驚喜：

「是你！你真的來了！」

是琳達！她向我揮著手，我忙朝她舞過去，卻發現，不對呀，她身邊已經有舞伴啦。我趕緊往後退，兩手一攤，表示退讓，表示無奈。這當兒又一道人浪湧了過來，把我們沖開，轉眼之間，琳達就飄了開去，纖細的身影在波光浪影之間漸去漸遠，可我一徑盯著她那若隱若現的背影看著看著，就好像看著我那在迷惘中遠去的青春，心中滿是欣喜：至少，我抓住了青春的最後一道餘光。

六　食堂情意結

我到華東師大的第一天，小龍來我宿舍看我。他是政教系青年教師、我朋友的朋友，受那位朋友之托前來接應我，關問著：安頓好了嗎？還習慣嗎？還差甚麼嗎？等等。正當晚飯時分，他就說，我領你去熟悉一下食堂環境吧。

華東師大被麗娃河分成河東與河西，兩座學生食堂也分據於河東與河西，自然而然地被叫作河東食堂與河西食堂。一般來說，住河東的學生上河東食堂，住河西的學生上河西食堂。

進校第一年我住在位於河西的第四女生宿舍，小龍領我去的那間食堂便是河西食堂。還沒看到食堂的大門，我便感受到了食堂特有的亢奮氣氛。「民以食為天」，這是中國老百姓的信仰，無論多麼愁苦的年月，在食堂裡你總能看到充滿期待的笑臉。哪怕明明知道在那裡等著自己的只有二兩稀飯和一盤鹹菜，可是對飢餓的人們來說，那也值得嚮往。

這大概也是我的同齡人大都有一種可以稱之為食堂情意結的原因吧？因為我們在吃喝乃人生第一要事的年紀，食堂是給我們提供食物的生死攸關之地，那些飢腸轆轆的回憶，掃蕩掉了我們身上的浪漫，讓我們都變成徹底的唯物主義者。

一九五八年，大饑荒的前一年，我們一家六口被「組織上」流放到了那個名叫西尼氣的林區小鎮。從這年十月到來年十月，大約一年的日子裡，我們住在西尼氣林業局大院裡的集體宿舍，一家人住在一間十來平米的小房間。屋子裡除了那個幾乎佔滿全部空間的火炕，就只有一人寬的空地了。沒有自家作飯的條件，我們便一日三餐都到食堂解決。

這於大人們也許是件苦事，於我們孩子卻是樂事。尤其是我，當初在北京時，父親的機關大院裡最吸引我的景點，除了禮堂就是食堂了。每逢去禮堂看電影，父親就領我們去食堂吃飯。而食堂不止有特大特白的饅頭，還有花卷、包子、水餃……就連油餅也跟外面的不一樣，特別香特別有嚼勁。可惜一年也去不了幾次。

現在好了，天天都可以去食堂，一天要去三次。七歲的我，一下子就看上了去食堂打飯這份美差，要求陪同我媽前往，不久更獨當一面，若臨時發現打來的飯菜需要補充，我便自告奮勇：「我去再買點！」提上個飯盒就跑。

在我眼裡，大興安嶺林業局那座熱氣騰騰的大食堂，絕對能把北京和大機關大院的食堂比下去。不管外面是怎樣的北風呼嘯冰天雪地，只要一推開食堂的門，春天便迎面而來，好暖和呀！好熱鬧呀！

在這裡，美好的事物紛至沓來，首當其衝的就是那塊寫滿了飯食菜食的大黑板了。我站在那塊大黑板前，心裡甚至突發奇想：若把這塊牌子掛到我們班上，我那常被老師罵作「木頭疙瘩」的同桌，也會茅塞頓開吧！見到吃食便眉開眼笑的他，定然會在熱氣騰騰的白菜包子、韭菜鍋貼這些實物旁邊，把標誌著它們的詞語認下來。我自己就是在那塊大黑板前無師自通，認識了許多新字新詞，就連「木樨」、「餄餎」這些語文書上絕對見不到的生僻詞語都認識了。

後來，我一直暗自慶幸，我們是在大饑荒來到之前搬到鐵道東家屬宿舍的，所以沒有親歷那個食堂的荒蕪。據說後來那塊大黑板上的文字精簡又精簡，最後變成小黑板，文字精簡到兩行：一行是飯食，一行是菜食。內容無非大碴子粥、大碴子飯、大白菜和鹹菜而已。父親有一次把它們打回來給我們吃過，那飯霉味嗆人，大白菜則跟豬飼料好有一比。不過畢竟我沒有親見，所以至今深植我心的林業局食堂，仍然是那個美食充斥的天堂。

大饑荒最嚴重的一九六〇年至一九六一年，我已經到長沙了。那時城裡也跟農村一樣，號召大家都去食堂開飯。不過我們不是被那些大辦食堂的宣傳畫給引誘去的，而是因為糧本都被食堂收繳，沒法自家開伙作飯了。再說，反正飯菜都限量供應，在家吃和在食堂吃沒甚麼兩樣。也許還更好一點，因為食堂作為集體戶，有時能得到一些額外配給的物資，比如菜葉邊皮甚至破殼雞蛋甚麼的，給我們的菜牌帶來驚喜。尤其我們，剛從那個一年四季吃霉苞米碴的地方逃出，到了這個天天有大米飯吃的地方，已經心滿意足。

其實所謂的食堂只是我們隔壁院子的堂屋，大小不過二十平米，由於一年到頭不見陽光，陰暗潮濕，坑坑窪窪的地面永遠是濕漉漉的。然而每逢開飯時分，這裡就變成全巷最熱鬧、最歡樂、也最具戲劇性的地方。一幫為了一個共同目的——吃飯——而走到一起來了的男女老少在這裡濟濟一堂，情節固然單調，但一部好戲所需的各項要素都具備：衝突、亮點、高潮、轉折、節奏，甚至懸念。當然最重要的是形形色色的人物。

你或許會覺得奇怪，在一個連飯菜牌都可以省了的集體食堂，能有甚麼懸念呀？

但是，信不信由你，就強度和力度而言，當日我們走進食堂大門時所感受到的懸念，不遜於今天任何一間高檔飯店五光十色菜單所引起的懸念。

不對，它們之間其實不具可比性，這就像作文老師的評語與文學評論家的評論不具可比性一樣，尤其我們這些有蘿蔔白菜吃就幸福感滿滿的人，對炒白菜還是煮白菜的好奇心，豈是美食家對高檔飯店菜單的好奇心比得的！

至今我仍清楚地記得當時我們聞到蘿蔔乾炒豆豉香時的雀躍，以及我們看到蛋花湯裡真的漂浮著幾絲蛋花時的感動。更記得節日裡我們端著一鍋土豆燒肉奔回家去的歡欣鼓舞，就好像已經身處共產主義天堂了一樣。

如此，當然不難想像我走進華東師大河西那座超級大食堂時心中的激動。

那其實只是一座佔地數千米的古舊平房，座落在一個小花園後邊。一條兩邊都是花草和樹籬的小路將我們引向它那座唯一的大門，小路兩邊有兩列告示板。開飯前後的時光，此地的民主氣氛堪與北大三角地相比。離飯堂還有半里路，便見那邊人頭湧湧，無數張興致勃勃的面龐擁在那一長列告示欄前，觀看著，議論著，爭辯著。

告示欄上貼著各種大字報小字報：通告、通知、廣告、聲明、倡議信、意見書、公開信、尋人啟事、失物招領……張貼者從校黨委到宿管科、總務處、學生會、社團組織及至個人。內容則五花八門無奇不有，從義正辭嚴的政治宣傳到嘻笑怒罵的遊戲文字，宣傳鼓動者有之，呼朋引類者有之、招兵買馬者有之、招徠生意者有之，洋洋灑灑，蔚為大觀。

我猜小龍一來就領我去參觀食堂，初始目的是想讓我感受一下大學校園的民主氣氛。誰知那片風景在我身上引起的效應卻是他始料未及：「嘩！這麼多人！」我忙道，「快走，去晚了就買不到菜了吧。」

「急甚麼？」小龍驚異道，「食堂裡飯菜多著呢，不會賣光的。來，咱們先看看菜牌。」

他這一說，我才注意到了門口那一長溜黑板，天吶，它一眼望不到頭，足有兩米長吧！上面用各色粉筆密密麻麻寫著的，難道都是飯菜目錄嗎？

我驚呆在那列黑板面前了。

那真是我生平所見最輝煌的食堂飯菜牌了。我站在它面前時所感到的震撼，不亞於先前我在圖書館閱覽室所感到的震撼。不過先前的那種震撼是心靈上的，此時的震撼貫則穿於整個身體。納博科夫（Vladimir Vladimirovich Nabokov）在《文學筆記》（Lectures on Literature）裡說，優秀讀者在讀到一本好書時最強烈的震顫是在脊椎骨之間。也許我太俗，把食堂菜牌也當成了文學作品，我在這時竟感覺到了脊椎骨甚至五臟六腑的震顫。

井底之蛙跳上了地，看到了大千世界，世界原來這麼遼闊寬廣豐富多彩！我接到華東師大錄取通知書時的激動，直到此時面對著這長長一列有關飯菜的書寫時，才落到了實處。先前擔心買不到飯菜的焦慮，在這一眼看不到頭的菜單面前雲消霧散。我知道，身為一個名正言順的師大學生，我一定能在其中分得我的一杯羹。於是我氣定神閒地踱到這菜牌的起點，一派要將它從頭研讀到尾的從容。

可是小龍那不無嘲諷的聲音在耳邊響起了：「喲，瞧你看菜牌這認真勁兒，好像打算看它個十天八天似的。」

「不是認真，是……」

「是甚麼？」

「是……」

三言兩語如何講得清？小龍是五〇年代末生人。在上海土生土長，外語系本科畢業後留在政教系作老師，到現在已整整十年。算是老資格的師大人了。他當然不會理解我對食堂的這份酸甜苦辣交集的情感，不過他沒忘了自己的導遊者身份，見我如此雀躍，便甚具專業精神地介紹道：

「看到了吧，咱們師大飯堂在全上海的高校中是數一數二的，品種特別多，質量呢，以食堂的標準評估，也要算其中佼佼者。饅頭又白又大，青菜又多又好。特別是大排和肉丸，堪為我們食堂兩大名菜，大排兩毛一份，肉丸一毛五，真是價廉物美呀。所以有時我都會買了回家。再炒個青菜，晚餐就得了。對了，在咱們師大，一說你吃滿一千個肉丸啦，這意思就是你畢業了。」

那天我們吃的就是這兩道師大名菜。而且確如小龍所言，我在師大的三年中，吃得最多的就是肉丸，以至於我說得最溜的上海話就是：「大排肉丸。」

然而，再好的食堂也是食堂。一日三餐地吃一年也受不了了。所有食堂中最輝煌的師大食堂，徹底摧毀了我的食堂情意結，讀到第二年，我就變成了電爐美食和涼拌美食的高手，能不上食堂則不上食堂。

九〇年代初我剛到香港，有一天碰到作家馬建。他跟我一樣初到貴境，大家都囊中羞澀。正是午飯時候，他向我晃了晃嘩嘩作響的零錢袋，發出邀請：「咱們去吃食堂吧。」

「甚麼？香港也有食堂？」

「當然有啦，」他笑道，「香港的食堂又平又靚，專門照顧草根階層的。去體驗一下嘛。」

他領我去的是位於油麻地市政局大廈的公眾食堂。那天我們吃的是雞翼和豬扒，確如他所言，味道不比大家樂大快活之類的快餐店差，價錢卻比那些店便宜。

七　大食會

我曾描寫過香港大學生的大食會：在《貓部落》〈三十七號仔之歌〉裡。在那部總共十三章的小說中，這一章是我最為得意的一章，其中的人物和背景貌似香港，其實許多細節來自我的華東師大記憶。是上世紀八〇年代大陸大學生大食會與本世紀初香港大學生大食會的合體。（必須慎重說明：為免麻煩，這裡提到的人名皆非真名，多借用小說《貓部落》一書中的人物綽號。）

大食會乃香港俗語，意為一班朋友相聚一堂，胡吃海喝。就其生動性而言，比華東師大時代我們口中的「聚餐」，更接地氣。大者，狂也，一幫被那飯堂青菜肉丸大排吃得「口裡淡出鳥來」的學子，將一些胡亂搜羅來的食物聚集一處，以一些也是胡亂搜羅來的鍋盆碗盞煮炒燜拌，海吃海喝。

與〈三十七號仔之歌〉的大食會相比，我們當年的大食會要清貧得多，參與者們也沒有香港大學生那麼放浪恣睢。可以說，〈三十七號仔之歌〉的大食會是我華東師大記憶的一次想像性釋放。

二十一世紀初，當我那在香港中大唸書的兒子向我講述他們一幫同學在出租屋打邊爐的情景，十多年前麗娃河畔大食會的一幕幕，便不由得在我腦海中浮現。那時我正在苦苦構思著一部長篇小說。故事和細節都有了，卻找不到一條能把那一切貫穿到一起的引線。這一下，突然之間，它出現了！那條上下求索多時而不可得的引線，只消把它一拉，嘩啦啦，嘩啦啦，那整部小說就像自來水一樣流瀉而出，只須拿個盛器接著就行了。

華東師大三年，我參加過多次大食會，小型的、大型的；拉出去的、打進來的；興之所至的，精心策劃的；師出有名的，無緣無故的，但不知為何，最後的思緒總是定格在那個夜晚，那個房間，那群人。對，那一大食會彷彿是我參加過的所有大食會的濃縮，又是所有大食會的放大，記憶在這裡發酵，蒸發、膨脹，刻骨銘心。

其實我一直不能斷定：我是真的參加了那次超級大食會呢？還是參加者們的講述之

集錦？

那次在九舍九二一室舉辦的大食會。

九二一室，那大概是師大宿舍中房間最大、人數最多的一間了，四五十多平米的空間，放了九張雙層鋪，住了九名研究生。他們各自用書架或布縵在房間裡割據出自己的一塊天地。至今回想起來我仍然驚奇：那間房子真大呀！九分天下之餘，居然還在中間留出了一塊空地作為其住客會友的公共空間，給他們提供了舉辦大食會的地利。

一隻大電爐放在中間那張大桌子上。電爐上放了個足有臉盆大的鋼精鍋。鍋上熱氣騰騰。那充斥了整個房間的複雜氣味顯示，鍋裡面有多種食物在沸騰。

有位評論過我小說的香港學者曾好奇地問我：「為甚麼你小說裡一寫美食就是打邊爐呢？」

當時我愕然：「真的嗎？」

過後我翻查一下他評論中提到的那幾篇小說，果不其然，幾乎篇篇都有關於火鍋、也就是「打邊爐」的的描述。而《貓部落》中的大食會，也是一場火鍋盛宴。

小說中打邊爐的場地是香港村屋，其實很多細節是師大九舍那間大房子的寫照。

九舍位於學校中心地帶，一座小石橋令它與夏雨島藕斷絲連，麗娃河遙遙在望，中文系小樓則與之隔林蔭道相依，而樓下就是當時師大校園裡唯一的一間書店——校園書屋。

八〇年代是中國思想解放鼎盛時期，國門初開，各種四九年以來被隔絕的西方思潮鋪天蓋地而來。各種系列各種流派的思想文化名著、歐美乃至拉丁美洲各國的現當代小說被源源不斷譯介。我們的校園書屋雖然迷你，但書店經營者裡大概有高人，讓書店得國內學術風氣之先，幾乎天天有令人耳目一新的文史哲新書出售。書店外面立有一塊小黑板，上以彩色粉筆書寫的新書預告日日更新。每有重量級新書出售，大家就奔走相告，到了開售日就早早跑到門口排隊搶購。

一九八六年那個周末的晚上，我跟在梅兒後面走進那間大房子時，手裡就拿著剛在書店買到的一本新書。

先前，作為那房子的居民，桑穆、阿易幾次邀請我們參加他們大食會，都被我婉拒。我向來不喜湊熱鬧，跟他們又都不熟。梅兒去過一次，回來跟我興奮地述說東西如何如何好吃，氣氛如何如何熱烈，參與者都有誰誰誰，大家的言談如何如何趣味橫生。

「小德從他老家帶來了東北粉條，列米帶了他媽自己包的小餛飩，還有意大利通心粉，你沒有吃過吧？是桑穆的朋友從意大利帶給他的，好吃得來！大立吃了一碗又一碗。大立你知道吧？就是那個中文系第一號才子。外語系第一號才子約翰也來了。他剛從美國回來。講了好多美國事情。還有小右派，那可真是個活寶，他只要一開口，就把大家笑得肚子痛，可惜我口才太差學不出來。」

她說的前三項都不怎麼吸引我。大食會當然氣氛熱烈。那些男生能作出甚麼好東西來我則不存奢望。師大才子我也在各種場合見過了不少。那正是師大才子輩出的年代，中文系更是老中青三代才子咸集之地。你在中文系小樓裡轉一圈，總能碰上那麼幾位。

不過最後那一項卻有些令我心動，一天到晚寒窗苦讀，聽笑話是最好的調劑了。小右派的活寶之名我早已聽聞，不過大家見面都在教室和會場，我想像不出他那一副苦瓜面孔說笑話時是甚麼樣。所以這日阿易又來邀請我們，正好我又要過去買書，就答應了。

時隔二十八年，許多曾經轟烈的人與事在我心中已了無痕跡，可我清晰地記得我們走進房門的那一景。沒錯，我是真的參加過那次大食會，一進門就迎向我的那個人、那兩道閃亮的目光煥然眼前，歷歷如昨，他是桑穆。

那張盤據在大桌子旁邊的其他面孔，由於熱氣騰騰，由於人頭湧湧，我都看不清。只有這張迎向我的面孔清晰而生動，不甚優美的細部消隱在了蒸氣之中，只剩下那流露出聰明智慧的主線條，如同一幅由藝術家勾畫出的素描，看去煞是親切。

「你真漂亮。」他說，燦然一笑。

有位作家曾經描寫過桑穆的笑容，他也是我們的華東師大校友，說是「當他那張嚴肅的面孔上綻開了笑容，那可真是嚇人」，但我怎麼跟他感覺正好相反呢？在我眼裡，那張憨厚面孔笑起來時，一雙小眼睛就瞇成了兩道縫，眼角朝下彎彎，從那裡面射出來的光芒是真誠的，是熱烈的，是誠懇的，使你由衷地相信，他說出的話絕對出自真情實意。

不過，老實說我當時雖然心有所動，卻並沒把那句話放在心上。畢竟，我早已過了戀愛季節。那年我都三十六歲了，兒子都已四歲，我與兒子他爸從熱戀到形同陌路的經歷，讓我對婚戀失望到了極點。如今拼命擠進了大學校門，動力之一就是要逃出那已經到了無解地步的家庭困局，拿到學位，遠走高飛。

那天我們吃了些甚麼、喝了些甚麼、又談了些甚麼，其實我已經記不太清了。它跟我在師大參加的所有大食會混成了一片。我想，無非是一幫從精神到肉體都處於飢渴狀態的青年學子在肆意消費青春，朦朧醉眼中，一切都在膨脹，「……今日在谷底，明朝衝雲霄，三十七號仔個呀個個是英豪。」也許，《貓部落》裡那首〈三十七號仔之歌〉，那天夜裡已經在我心中萌芽。

不，其實我還是記得一些甚麼的。要不怎麼每逢回憶起師大大食會，第一時間湧上心頭的總是那天大食會的情景呢？對，我想起來了，突現在其他所有大食會的朦朧霧氣之上的，是桑穆那張興奮的面孔，以及他旁邊的那顆碩大無朋的腦袋，柏拉圖。

現在，我清晰地看見了柏拉圖那張與桑穆一樣興奮的面孔，不過跟桑穆那張白裡泛黃的瘦臉不同，柏拉圖的團團大臉因吃得興起通紅通紅，活像煮熟的龍蝦。

柏拉圖是中文系研究生中的二號才子。一號才子是他同門師兄。那是一位面目清矍神色沉鬱的青年，望去儼如從容就義時的中共烈士瞿秋白，光憑這一點就足以讓我們對他心生崇拜了。但柏拉圖的形象則活像其師兄之反諷，寬厚紮實的肩膀上扛著一顆令人無法忽略的大頭，說得好聽點是天庭飽滿，說得難聽點是肥頭大耳。

其實柏拉圖並非九二一室的住客，但他生有一副即食即消的肚腸和一隻對美味有特異功能的鼻子，九二一室一有大食會，他總能及時聞風而至。

那日一見此君在場，我進門時歡快的情緒便有點黯然。儘管不止一次有人遙指著他向我推介：「看，那人就是文章上了兩次《讀書》的柏拉圖呀！」儘管我也已知道，柏拉圖他不僅有文章上了《讀書》等熱門期刊，還有一篇更牛逼的文章因其離經叛道的觀點犯了忌，以半地下的形式在全國大學校園瘋傳，我卻對他敬而遠之。

我讀過他那篇地下流行的宏文，當華麗的文采、出位的言論所引起的震盪過後，我並不感覺自己比讀它之前聰明了點兒或是充實了點兒。況且我不喜歡那種自信滿滿的腔調，經過文革大字報的洗禮，我對一切張揚文風都有過敏反應。

後來，當我跟桑穆成為情侶，我才知道，柏拉圖之所以頻繁出現在九二一室，大食會並非唯一的誘因，還有一誘因便是桑穆。那一陣子他與桑穆打得火熱。據柏拉圖自己後來在一篇文章說，他是被桑穆的奇思異想所蠱惑，才像中了邪似地每天一起床就往那個房間跑。桑穆的室友們對此儘管心存疑惑，也漸漸習慣了這道奇異的風景，常常是，桑穆還在蚊帳裡元龍高臥，這夥計就來了，坐在旁邊一邊看書一邊等他起床。

其實比起柏拉圖來，桑穆是個無名小卒，那時還只在正式刊物發表過一篇評論。除了得到幾位前輩和同行私下的讚賞，反響一般。所以那時我以為柏拉圖是看中了這房間的熱鬧和美食，才不請自來，變成編外宿友。

這日，柏拉圖亦便以那麼一副反客為主面目，盤據在那口正在沸騰的大鍋邊大吃大喝。他手持一隻大鐵勺，撈起甚麼就直接往嘴裡送，然後又把這沾了他口水的大勺伸到鍋裡接著撈。沒人制止他這不講衛生的行為，主人們都是他的粉絲，他們熱情洋溢地也撈起食物往他的巨勺裡放，還禮讓著「吃蝦吃蝦！」「吃肉吃肉！」

我心裡就有點不悅。剛進屋的喜感流失，幾乎想要溜之大吉。阿易卻在桌子那頭招呼我了：「師姐來這裡坐！」

那時我已是阿易的交誼舞學生了吧？事實上我對這位認真負責的小師弟一直都有好印象。他是那種標準好學生好同學，學習努力，熱心公益。為人處事也十分善解人意。

記憶到這裡漸漸明朗。我看見了圍坐在那張大長條桌旁的那圈年輕的面孔，老槍、加菲貓、梅兒、嘻嘻貓、九命貓、三腳貓、神童、招財貓……當然還有柏拉圖和桑穆，你們都好嗎？不管你們如今身在何方，我都向你們送去我衷心的祝福。感謝你們在那一百廢待興的年代裡給我送來的知識和溫暖。某種意義上說，你們都是我的先行者，當我在火鍋的霧氣中聽著從你們年輕的嘴裡吐出的新名詞新思潮，我是多麼震撼、惶惑、和興奮，假如不是自尊心作祟，恨不得當場就從口袋裡掏出筆來把它們一一記下。

我記得，坐我左邊的是梅兒，我的室友，本科應屆畢業就考上研究生。專攻文字學，文學知識卻麻麻。有一天我跟她談起車爾尼雪夫斯基（Nikolai Gavrilovich Chernyshevsky）的《怎麼辦》（What Is to Be Done?），她竟點頭道：「哦，是那個寫《大雷雨》的傢伙吧。」

「寫《大雷雨》的是奧斯特羅夫斯基（Alexander Nikolaevich Ostrovsky）。」我糾正道。

「差不多啦，」梅兒滿不在乎地道，「反正是甚麼甚麼斯基，俄國佬。」

坐她旁邊的是三腳貓，文學專業研究生，永遠自信爆棚，此刻，他那油光閃閃的面孔更其自信，熱心地加入鍋邊的高談闊論。一個個我聞所未聞的人名和詞彙從他口中吐出，給桌邊這幫才子們的奇談怪論吶喊助威：「雅可布森（Jakobson R.）萬歲！」「打倒皮亞杰（Jean Piaget）！」「讓尼采（Friedrich Wilhelm Nietzsche）的查拉拉見鬼去吧！」

「是查拉圖斯特拉（Zarathustra）。」糾正他的是神童。

神童的娃娃臉在熱氣中呈現。他的座位與我隔鍋相對，他是那日在座者最年輕的一位，那年大概還不到十八歲吧。神童也不是九二一室居民，連中文系學生也不是，他甚至不是師大學生。神童十四歲考上中國科技大學少年班，在那裡學了三年物理之後，他覺得自己更感興趣是社會科學，又正好讀到呂思勉《中國通史》，便退了學跑到華東師大歷史系旁聽。可是在歷史系旁聽了幾節課後，他又不安份了。聽人說政教系有位青年教師的古典哲學課很精彩，便跑去政教系作旁聽生。可聽了幾節課又覺得不過爾爾。這回不轉系了，乾脆變成「遊學生」，在各系和各寢室之間周遊晃蕩，想聽誰的課就進去聽，想跟誰聊就跑去那人寢室，以其不可思議的記憶力和夢遊般的笑容點綴著校園裡大大小小的文化沙龍。

後來我知道，那天是神童第一次光臨九二一室，吸引他來此的人物便是柏拉圖。不知老柏哪篇文章把他雷倒了，他覺得這人才是他應當追隨的良師益友。

開始時我並沒注意到神童的存在，因為他似乎對鍋中食物的興趣大過對爐邊辯論的興趣。後來，為了更準確地打撈出他心儀的食物，他乾脆站起身，摘下他那副厚厚的眼鏡，將自己垂涎欲滴的面孔盡可能近地湊到鍋邊，這讓他那本來就幼稚的形象顯得更加幼稚了。

剛才是他第一次加入討論，我後來知道，理科出身的他，對人名和概念的準確性表述有近乎病態的敏感，受不了別人對之加以調笑。但被他糾正的三腳貓卻不太買他的賬，不管怎麼說，文藝理論是他的專業，他不服氣地道：「我們就是這樣稱呼查拉圖斯特拉的，暱稱。」

阿易不客氣地反駁：「哪有這麼暱稱的。人家神童可不止能把查拉圖斯特拉這名字說全，人家還能把那本書從頭到尾背出來。」

「那好！」三腳貓道，「那神童你背背上帝死了的那段。」

神童像個課堂上被老師點到的學生，二話不說，開口便背：

「很久以前，那些古老的上帝都壽終正寢了。而且，這確實是上帝美好而愉快的結局！他們不是在黃昏時苟延殘喘而死的——儘管人們都這樣撒謊！恰恰相反，從前，他們——是自己笑死的……」

神童一開始背誦，他那張原本不起眼的面孔便為之一亮，彷彿給他所背誦的內容照亮了，在我微醺的視線裡，在火鍋的霧氣中，那張臉有點飄忽，不過無損於它煥發的風采。就連他的眼睛也好像更大了，從裡面射出的兩道目光，如電如劍。神童滔滔不絕地背著背著，這時他那貌不驚人的面孔便熠熠生光了，像個俯瞰芸芸眾生的神祇一樣俯瞰著我們，而當他背完那一段，將目光停留在柏拉圖——這群人中他最敬重的那個人身上，那目光卻像個超額完成了作業的孩子，在向老師索取點讚。

於是，記憶之光掃到了柏拉圖、那個已然吃飽喝足、正肆無忌憚地打著飽嗝的傢伙身上。現在我明白為何他還有個別號狗熊，你看他這副憨厚遲鈍的形象，真的是一隻一飽萬事足的可愛熊熊。他沒在意神童的目光，一般來說，他誰也不在意，不論是餓著還是飽了，他關注的永遠只有他自己。我覺得在他那懷疑一切打倒一切的腦袋裡，至少有一個信念是堅定不移的，那就是：我是天才。

「背得很好。」柏拉圖評說道，像個寬厚的老師，「上帝是笑死的。上帝也會笑。」

這時，我就聽見了桑穆的聲音。

「神童你的確名不虛傳。」桑穆的聲音有點嘶啞，大概酒喝多了。他乾咳一聲，「我現在想問問你：你知不知道你剛才背的那段話是甚麼意思？」

神童一愣，大概從來沒人這樣質疑他，他囁嚅著道：「知道……不知……」

「他當然知道啦。」加菲貓自告奮勇，作神童的代言人，「這話的意思很簡單嘛。」

「簡單？」桑穆道，「那你給我解釋解釋。」

「意思就是……」加菲貓也被桑穆咄咄逼人的氣勢鎮住了，「意思就是上帝死了，我們不再迷信上帝了。」

「廢話！」桑穆毫不客氣地把手一揮，矛頭轉向嘻嘻貓，「嘻嘻貓你說說！你剛才叫囂得那麼起勁，你說說！」

嘻嘻貓也慌了，他是桑穆的同門師弟，一向有點怵桑穆，他囁嚅著：「意思就是，意思就是打倒權威，打倒上帝……」

「胡說八道！」桑穆厲聲道，「你到底認真讀過這本書沒有？如果你認真讀過了，你怎麼解釋尼采下面的話。他同情所有與他類似的人，說他們忍受著巨大的痛苦，因為原來的上帝死了，新的上帝還沒有誕生。我背不出他的原話，但大致就是這意思。神童你說對不對？」

「對對對！」神童點頭如雞啄米，「原文裡是有這麼一句：原有的上帝死了，而新的上帝還在襁褓裡。」

「何況，」桑穆繼續高談闊論，「何況尼采並非第一個提出上帝已死的人，康德（Immanuel Kant）才是。海涅（Heinrich Heine）曾經把康德跟羅伯斯庇爾（Maximilien Robespierre）相提並論，他說羅伯斯庇爾不過殺死了一個國王和幾千個法國人，而康德殺死了上帝，因為康德哲學破除了神學的論證基礎。所以我們讀尼采的書也好，讀康德的書也好，絕對不能人云亦云，學了幾個新名詞就拿來賣弄；而應當由此引發我們的思考，他們為甚麼要宣佈上帝已死，上帝真的說死就死了嗎？新的上帝，真真假假，形形色色的上帝不是層出不窮地不斷被造出來嗎？每個上帝都有信徒，每種宗教都有其存在的理由，為甚麼？這可不是掃一眼先哲著作、記住幾個名句幾個新名詞就能理解的。前賢們的學說對於我們的意義，是給我們提供了思考的基礎，如果我們只滿足於書本提供給我們的知識而不思考，那這書就等於白讀了。叔本華（Arthur Schopenhauer）說得好，當我們閱讀時，是別人替我們在思考，我們只是在重複別人的思考而已。如果一個人只讀書而不思考，他就會漸漸喪失思考的能力。其實孔子有句話早已經把這意思一言以蔽之：『學而不思則殆。』神童你總該讀過《論語》吧？」

神童是怎麼應答的我忘了，其實我也忘記了他這個人。不久前，桑穆給我轉發來一條微博，是個名叫丁松江的人對他一條微博的回應。「總算得到你的消息了老桑！」那人在那條微博裡寫道，「甚麼時候來加州一定要到我家來聚聚呀！還記得當年你們九舍那個火鍋之夜嗎？」

「丁松江是誰？」我問桑穆。

「你不記得了嗎？」桑穆道，「就是神童呀，就是那個過目不忘的師大版富內斯吶。」

我不記得他了。那天晚上我記住的只有桑穆以上那段話，以及他說出那些話時那張光彩照人的面容。也許連這也是記憶加工的結果，記憶總是偏執自私的，我只記住了自己想記住的東西，而在那一雙滿是期待的眼睛裡，令滿室生輝的即是那張並非英俊的面孔，就連他眼角邊的皺紋都彷彿蘊含了某種隱喻似，飛揚靈動，光芒四射。

是因為他，才牽扯起了那場大食會的其他記憶，其他人其他事才隨之點點滴滴湧上心頭：那房間、那燈光，那隻在桌子中間不斷冒出熱氣的超級巨鍋，圍住巨鍋的那一大圈人，我後來將之轉移到香港水邊村三十七號的那群「個個是英豪」的大學才俊。記憶在伸展、在擴張、在膨脹，牽引出了我在師大參加過的無數場大食會，四舍的、八舍的、周末的、中秋的、中文系的、外語系的……它們在朦朧熱氣和喧囂人聲中沆瀣一氣。我看見那個新年之夜，當鍋裡的食物都被打撈盡淨，一場大食會開到了尾聲。我看見大家紛紛起身，搬開桌椅，「跳舞！跳舞！跳舞！」座中有人驀地跳起，振臂高呼。

而午夜的鐘聲就在這時響了起來，只聽得嘩哩嘩啦一陣亂響，桌椅板凳眨眼間被推到一邊，清出來的每一寸空間都有人在手之舞之足之蹈之，錄音機打開了，迪斯科那瘋狂的音樂滿室轟響。「華爾滋！華爾滋！」我聽見我自己的聲音。

「轉不開呀！屋子太小。」是辛西亞的聲音。她不是回家過年了嗎？何時跑來參加我們的？可照片上真的有她。

「我們轉出去！轉到走廊上去！」這是伊文嗎？伊文的嗓門也會這麼響？

「對，轉出去！去校園！」

「去操場！去大路！」

我看見了那群快樂的女孩男孩，一個個，一對對，在夜風飄揚的林蔭道上旋轉飛舞，落葉在我們腳下熱熱鬧鬧地響成一片。我抬起頭來，我看見頭上便是廣闊星空。自由高渺，那麼高，這麼近，好像只要張開雙臂就可以飛上去。

這一剎那，至少在這一剎那，我相信我們擁有這整個世界，而這整個世界也擁有我們。

八　四月的迷戀

我現在已經想不起來是誰提議寫那個劇本的，但我記得很清楚，給劇本取《四月的迷戀》這名字的人，是我。

那大概是因為正好在那段日子裡我讀到艾略特（Thomas Eliot）的《荒原》（The Waste Land），它開篇第一句便是：「四月是最殘忍的月份，孕育著／丁香……」

至今我也琢磨不透這句詩到底有何深義，正如我欣賞不了這首聲名顯赫的長詩。可也許，正是這種令人低迴不已的節奏使我癡迷，使我抓住這個起首的詩行不放，以為在這以時間標榜的音調裡，有著關於我們那場迷戀的某種暗喻。要不，為何在有關師大的回憶中，絲絲縷縷，枝枝葉葉，無不是四月的風景呢？

不要說我，就連我的三名宿友琳達、伊文和辛西亞也被桑穆走進我們寢室那副賓至如歸的態度震住了，好像這名男生天天出現在我們女生寢室，跟我們共同進餐是種自然現象。

那是我一生中最為從容的日子。我用「從容」這個詞，是因為這個詞兒所形容的風格是我性格中最為缺乏的一種風格，所以對我來說，遠比「美好」、「快樂」、「優雅」等褒義詞更為正面。這以前，無論在我的生活中還是在我寫的小說裡，望去都只有一條方向明確的主線，緊張兮兮地直奔目的地。這大概是青春被革命消費掉了的那代人的通病。東張西望旁枝側葉對我們來說，太過奢侈。

桑穆卻像個怪胎。那時機我們這幫應屆研究生的當務之急是完成畢業論文，還差兩個月就要畢業答辯了呀！我的論文早已寫好，正在修改打磨階段。他卻還只有一個題目而已。但他看去一點也不為之操心，還是成天忙著張羅各種課外活動，為這個同學去評理，幫那個朋友去投稿，在我們寢室吃飯時，他眉飛色舞販賣的都是有關吃喝玩樂的小道消息：

「鄧麗君的歌解禁了。」

「新華書店有披頭四（The Beatles）的錄音帶賣啦！」
「大禮堂今晚放《欲望號街車》（A Streetcar Named Desire）。」
關於張藝謀的資訊也是他販來的。說此人是個奇才，先是當攝影後來當演員最近又當導演，無論當甚麼都一鳴驚人。「關鍵是，」桑穆說，「他有個性。就說他當導演的這部《紅高粱》吧，還真是讓人眼前一亮。」
琳達前天剛看了《紅高粱》，這兩天還處於逢人遍告的興奮中，一聽這話就拍起手來：「對！對！之前的中國電影全給比下去了。」
「其實也就是跟中國電影比還行，」桑穆大喇喇地地評論道，「跟國外一流電影還是沒法比，都是靠色彩和道具這些技術層面的玩意取勝，顛覆了主流話語一下子，可惜給細部的媚俗抵銷掉了不少。」
琳達的熱情被澆了冷水，便不爽地笑道：「說風涼話容易，有本事你來寫一部試試。」
「這活兒我可不想幹，」桑穆不屑地道，「太花時間了。我的時間還得留著寫論文呢。讓我客串個男一號男二號甚麼的還差不多。」
「你！」我和琳達不約而同瞪大了眼睛，目光誇張地在他那遠非英俊的面孔上掃視，「就憑你！」

誰知桑穆把頭往上一揚，囂張地亮相：「對。我。我不行嗎？這形象，這氣質，比張藝謀差很多嗎？比姜文差很多嗎？再說有你這大美女（下巴頦朝琳達指指）作女一號，有她這大作家（下巴頦朝我指指）作編劇，還怕不捎帶著我紅遍五湖四海大江南北。」

這一來，我和琳達雖說仍是一臉的不齒，神色中已有了幾分歡喜，誰能抵擋得了這種直搗心窩的恭維呀！後來的那幾天，搗鼓電影的事便成了我們飯桌上的話題。迪安大約就是在這時候出現的。

迪安跟琳達是兩小無猜的童年玩伴，眼下在一家電視台當攝影。那時候電視台攝影這號人物在我們眼裡是先鋒、前衛、神秘的同義詞。他們不是特有才就是特有門路，或兩者兼而有之，屬於我們只能仰望的特權階層。迪安這傢伙更是一來就亮瞎了我們的眼，活脫脫一個美國西部牛仔。一件又髒又皺的T恤、配一條洗得發白還破了幾個洞的牛仔褲、加上那一頭略微捲曲的大披頭，肩膀上搭個洗得發白的軍用挎包，挎包上「為人民服務」的暗紅毛體字斑駁可見。

「演迪安都不用化妝了吶！」桑穆驚呼。

桑穆這一說，我也發現這人簡直是凱魯亞克（Jack Kerouac）《在路上》（On the Road）那本書裡迪安的翻版：來自遠方、風塵僕僕、英俊瀟灑、狂放不羈，更兼那坐下就吃倒頭就睡的流浪者派頭。迪安！迪安！

迪安不止形象雷人，行為更雷人。一大茶缸啤酒下了肚，只見他緩緩站起身來，兩手抬到胸前，在一把虛擬的吉他上彈撥了幾下，將他那顆時尚的頭顱微微一低，漫不經心般、喃喃自語般，吐出來這麼句歌詞：

「我曾經問個不休，你何時跟我走？」

本來我們正在熱烈討論一條當日校園新聞，迪安這一開腔，驚得大家趕緊收聲，都張大了嘴望向這自告奮勇的歌者。這麼憂傷，這麼哀愁，低沉的歌喉有點嘶啞，十分輕柔，如咽如訴不絕如縷在我們那擠逼的寢室流淌，聽在我那早已習慣了進行曲和頌歌的耳朵裡，振聵發聾：

「噢 你何時跟我走/噢 你何時跟我走……」

可正當我沉浸在這囈語般的低吟淺唱中如癡如醉，迪安的聲音卻猛地一抖，揮灑開來，高喉大嗓，聲嘶力竭，聲聲字字都好似直接在我心上拍打：

「腳下的地在走，身邊的水在流，可你總是笑我一無所有……噢……噢……你這就跟我走……噢……」

我後來又聽過無數次〈一無所有〉，崔健本人唱的，其他歌手演繹的，獨唱的，合唱的，搖滾的，民歌的，但是再也沒有過當初聽迪安唱它時的震動了。

我請桑穆幫我去找收有〈一無所有〉這首歌的磁帶。他很快找來了一盒。那盒磁帶收了好多首當時流行的歌，不但有〈一無所有〉，還有朱明瑛〈回娘家〉、蘇小明〈軍港之夜〉，甚至鄧麗君〈何日君再來〉。不過，我最喜歡的還是那首無名氏唱的〈我不知道〉。

記憶中的下個場景，就是我和桑穆在一艘開往普陀的客輪上了。大海。深夜。統艙。暗黃的燈光下鹹魚條般橫陳在一列列統鋪上的軀體。我和桑穆便是其中的兩條。我倆的艙位頭頂著頭。而在我們頭上的廣播音箱裡，正在播放著〈我不知道〉。不知播音員是否一時找不到別的歌，還是他跟我一樣也是這首歌的鐵粉，那天晚上，這首歌反反覆覆地在那幽黯的空間裡迴蕩著，送我入夢。

生平第一次，我對公共場所的高音喇叭不厭惡反感，反而有一種他鄉聞鄉音般的親切。我在心裡跟著廣播一遍遍地吟唱。而頭頂上也有一道沉沉的男低音絮絮叨叨，那些話語被那反覆播唱的歌聲切割成一段段、一片片，可是說也奇怪，聽在我的耳中，反而更加清晰更加生動，有如和弦，把那悲愴無奈的歌襯托得更加不絕如縷如咽如訴，至今還常常在我的夢境裡迴響：

天上有個太陽，
水中有個月亮，
我不知道我不知道，

哪個更圓哪個更亮。

…………

漫長的歲月過去了，今天我獨自坐在這裡默想著這首歌，依然無法理解也無法回答歌裡那些問題。不過，我依稀仍聽見波浪在拍打著船艙，聽見桑穆在我的頭頂上絮語。不管他說的是甚麼，都與這歌聲、這流水、這搖晃的燈影一道，永遠地刻印在我的心上了。在那甚麼也不知道的迷惘裡，至少有一件事是我確切知道的，那就是此時此刻，我們相愛。

於是，我決定了，我們要拍的那部電影的名字是「四月的迷戀」。

迪安出現在我們寢室以後，桑穆便主動讓賢，說他不演男一號了，甚至也不打算參演了。因為迪安才最適合出演男一號，他自己就作製片人算了。

沒有人質疑我們的鴻圖大計，辛西亞帶著她那副永遠淡定的笑容聽我們述說完了整個構想，只提出了一個問題：「誰來當導演呢？」

桑穆說：「這個不是問題，只要劇本好，導演們會排著隊跑來的。」

年紀最輕的伊文倒是提出了一條比較務實的意見：「資金呢？是不是先要落實資金。」

桑穆笑道：「這就是你的無知了，製片人是幹甚麼的？就是負責籌集資金的嘛。你們大家只管各司其職好了，只要有好本子，資金的事包在我身上了。」

我埋怨他：「你怎麼能開這麼大的一張空頭支票呢？一切都還是未知數呢。」

「因為我對你有信心。」他篤定地一笑，道。

於是我也覺得我一定能夠寫出一部驚世駭俗之作了。

那是一個多雨的四月。系裡的研究生每逢周末就聚到一起唱歌：「三月裡的小雨淅瀝淅瀝淅瀝淅瀝下個不停……」我們準備拿這支歌排出個混聲小合唱參加全校歌詠比賽。可我總是情不自禁，把「三月」唱成「四月」，乃至只好退出了合唱隊。其實我也沒時間參加任何活動了。我甚至停止了畢業論文寫作，一心一意寫劇本。

如今回想起來，那真是一場帶有神風敢死隊精神的奮戰。連電影都不怎麼看、連蒙太奇都沒搞清是怎麼回事的我，怎麼會自以為一出手就能成就一部一鳴驚人的電影劇本呢？難道這跟我剛寫了〈契訶夫與中國戲劇〉那篇論文有關？可一個人要有多瘋，才會以為自己能與《三姐妹》（The Three Sisters）和《櫻桃園》（The Cherry Orchard）的作者一爭高下呀。

無論如何，那次寫作至少讓我明白了一件事，並非所有的事都能光靠拼搏作到，哪怕它有足夠的友情跟愛情支撐。

那部劇本後來是完成了的，就在那個多雨的四月裡。我把它抄在稿紙上，訂成一冊，供大家傳閱。

幾句語焉不詳的讚許，幾抹意義含糊的微笑，幾次有一句沒一句的討論，這就是有關那部劇本的全部記憶了。

到了五月，大家幾乎已經忘記了它。六月，迪安又來了。大家又在寢室裡的電爐上泡製麻辣子雞和芹菜炒豆乾。喝著劣質白酒和啤酒。酒酣耳熱之際，醉眼迷矇的迪安突然指著桑穆笑了，爆出來一句話：「四月的迷戀！製作人！哈哈哈！」

我感到臉上一陣燒熱，好像被揭穿了一個不可告人的秘密。幸而大家都聊得正歡，沒人注意到這個小插曲。

七月，我們紛紛通過了畢業論文。八月，我們打包行李各奔東西。在一堆亂稿亂書裡，我瞥見了一疊裝訂成冊的稿紙，認出來它是《四月的迷戀》。我把它拿在手裡掂了又掂，猶豫不決：要不要把它打在包裡呢？這麼厚，要多花多少運費呢？不過我最後還是把它塞到了行李中。那是我最後一次看到它。那件行李在托運中丟失了。

一年之後，我寫了小說〈四月的迷戀〉，寄到某雜誌發表了。小說的故事跟那個流產的同名電影劇本的故事完全不搭界。不過，敍述的都是一場錯誤的愛情。畢竟，愛情就是一場場幸與不幸的錯誤。

後來有一天，我在程德培編的一本名叫《舊情》的小說選集裡看到它，好像夢中遇到一位久別的故人，一切都雲裡霧裡，形象、聲音、舉止……似曾相識卻又面目全非，只除了那個名字：四月的迷戀。

第三部：歸人——香港往事

有岸，有人在等待，
卻無人歸來。
——馬克．斯特蘭德

一　北角那座紅橋

那時，我與朋友約見常常這麼說：「北角那座紅橋你知道吧？咱們就在紅橋下的恒生銀行見。」

「恒生銀行」有時會換成「北景街口」或是「春秧街口」，但「紅橋」是不變的，因為在我眼裡，那是北角最醒目的地標。九〇年代初初來香港的那些日子裡，那也是整個香港我最熟悉的地標。

昨天，我又去了一次北角，當電車駛過炮台山站，我就開始伸長脖子往前方看去。哦，我看到它了，它還在那裡，那座橫跨在英皇道上的廊橋，穩穩的，靜靜的，灰色的橋墩，灰色的頂蓋，只有橋欄杆是紅色的，那點點滴滴的鐵鏽紅，直到電車駛到橋跟前才從大塊大塊的灰色中透露出來。奇怪！當初我怎麼會叫它紅橋的呢？

哦，想起來了，把紅橋這一字眼灌輸到我大腦裡的那個人，是我在香港認識的第一個朋友，楊先生。事實上，我到香港後租住的第一間屋在北角，就是因為楊先生。

多年以後我才知道，當年我住過的那座大廈在香港大名鼎鼎，叫作北姑樓，叫作快活樓，據說其住客中神女之多之靚，一度名傳遐邇。可我住在那裡的時候，對此一特色一無所知，而且至今想不起來有關此一特色的跡象。印象中它一直淑女般寧馨平和，我住的房間雖是那麼迷你，卻是我在這尋夢之地找到的第一個家。

大廈位於紅橋北景街那邊的街口，我租住的那套房間在大廈頂層。大套間裡共有五間房，住了五戶人家。我住的是最小的那間，無窗。面積不會超過五十呎。房間裡放了張單人雙層床和一個床頭櫃就再無空間，從門口到床一步便可到位。中等大的那三間分住了三家人，好像分別是一對夫妻、一對母子和包括父母小孩的一家三口。二房東母子四人住了最大的那間，母親是一位福建女子，看去大約四十多歲，丈夫雖然去世好幾年了，大家還是叫她林太。她是楊先生的姨妹。

那時香港在我心目中是敢拼就能成功的理想國，而楊先生就是成功人士中的佼佼者。這不僅是因為他幫我把我的小說送去他家對面的《明報月刊》傳達室，竟得以發表，還因為他來港不到七年已經晉身業主，在北角健威花園擁有了自己的一層樓。在內地是中學語文教師的他，來港後因內地學歷不被承認而無法執教，便跟太太兒子一起到工廠打工，賺到了自己的第一桶金。我便把他當成高參[21]了，甚麼事都向他資詢。

回想起來，我來香港後的若干個「第一」都跟他有關：發表的第一篇作品、出版的

21 高級參謀。

第一本書、租住的第一間屋、找到的第一份工作……。

我來香港的第二天便開始看著報上的廣告找工作。原以為有碩士學歷又在內地當過多年編輯，找一份編輯工作應當不難。乍一看報紙，上面招聘編輯的廣告亦不少。可一去面試就傻了眼。那時港人中懂普通話者甚少，我與面試者往往只能連比劃帶筆寫地勉強溝通，其結果可想而知。碰了兩次釘子後，我沉不住氣了，跟楊先生說不如我也先去工廠打份工。

總是一副笑彌勒面目的他，一聽這話卻眉頭一皺，急了：「不行不行！」他又是搖頭又是擺手地道，「絕對不行！」

「為甚麼？我也很能吃苦耐勞的。」

「不是吃不吃苦的問題，而是你一旦打了工廠工，再要回到文化界就難了，我就是一個現成的負面教材。」

「你不是也在作著文化傳播……」

「唉，只能拿它當份業餘愛好啦……再說你也不能跟我比！我當初是年紀大了家累又重沒有辦法。而且我雖熱愛文學，畢竟沒有這方面的資歷。你有編輯資歷，又有作品發表，一定要作文化工作。作了文化工作才會有更好的寫作環境。你信我的啦！找不到編輯工找校對工，總之不要離開文化界。」

他嘮嘮叨叨地說著，似乎比我自己還要著急。突然，他一拍腦袋，有了靈感：「對了，你先前不是在深圳出版社工作嗎？趕緊回深圳去問下你那些老同事，看看誰在香港報社出版社有朋友，讓朋友幫你引薦一下。香港其實跟內地一樣，也是需要人際關係的。」

就這樣，在他的啟發下，我從深圳出版社老同事處拿到古劍先生電話。一聯繫，竟還是華東師大老學長，他便道：「正好我們社裡有位編輯剛離職，你過來試試。」這才找到了《東方日報》副刊編輯的工作。

工作敲定後，我趕緊電告楊先生，他一聽便道：「太好了！那你快去租房。」

「租房？哦，剛才我在報社附近的地產鋪看了一下，沒看到合適的。」

楊先生道：「我姨妹子那裡正好有間房空出來。小是小一點，勝在便宜，最多六百元一個月，又不用付地產中介費。地點就在北角紅橋，你上班也方便。」

那時《東方日報》還在土瓜灣，從北角碼頭坐渡輪過去，一上岸就到。渡輪費五毫子而已。

「還有，」楊先生繼續道，「將來你兒子來了上學也方便，山上那間蘇浙小學是名校，而且是香港唯一一間普通話教學的小學。」

還有甚麼可說的？那房子簡直像是特意為我度身打造的一樣。當下我便跟楊先生去看房。林太跟楊先生一樣和藹可親，一看就讓人產生信任感的那種女子。她似乎跟我一樣有點訥於言辭，但說出的話句句在點子上，非常實在：

「歡迎你來住。我姐夫說你們報社有中晚餐供應，不用煮食，那我就收你五百元好了。我在對街那間餅店打了份工，每天晚上可以把店裡賣剩的麵包拿回來，這樣你早餐也有了。咱們新移民都不容易，省下一點是一點對吧。」

林太其實比我更不容易。孤兒寡母的。大兒子剛考入中文大學，次子上中二，小女兒才十歲，上小五。雖說香港實行九年義務教育不用交學費，而大兒子學費是跟政府貸的畢業找到工作才還，但書本費雜務費還是要自己付的。四個人的衣食住行開銷也不是小數目。況且她還有一份野心，將來要跟她姐姐一樣擁有自己的一套房。現在這套房是她包租下來的，分租給大家可以省點自己的租金。

來港四年，她一直每天打三份工。我清早五點起身，她已經在收拾出門了。我晚上十點鐘下班回家還不見她人影，總要到十一二點才聽見她在門廳裡跟兒女們歡聚的聲音。我就知道，立時就會看到她那張笑眯眯的面孔出現在我房門口，一邊說著：「還沒睡吧？」一邊把一袋麵包遞給我：「嚐，試下這種口味，老吃一種口味會厭的。」

記憶中，我在那裡住的日子裡，只有一天她比我回來得早。對，那是一個飄著細雨的寒夜，我打著把傘，沿著那條叫作英皇道的長街匆匆走向紅橋，可沒走多久就發現情況有點不對頭：街上人怎麼特別少？紅橋南邊的那半條街怎麼一片漆黑？

停電了。

大廈的門洞裡漆黑一片闃無一人，連管理員阿伯也不見了蹤影，平日就幽黑陰暗的樓道更其幽黑陰暗。我站在門口猶豫著，十八樓吶！又這麼黑，我爬不爬得上去呢？但回身往外看去，寒夜更兼冷雨……。

突然，門口閃進來兩條身影，依稀看得出是一男一女，他們跟著蹬蹬蹬就上了樓梯。我便不假思索地跟在了他們後面。

現在回想起來還真有點後怕：萬一女的是個神女，男的是個嫖客呢？應當不是的。因為他們一路直奔到自己所住的樓層。我聽見他們翻找出鑰匙的聲響、隨之而來的開門聲、以及親友在門裡歡喜的接應聲：「回來啦！」「沒事吧？」

之後，樓道裡就只剩下我一個人的腳步聲了。

伸手不見五指的黑暗中，我的腳步聲步步驚心，那麼響那麼沉。

我從來不是一個膽小的人。曾經一個人在鄉下獨自走過一片墳場。還曾在文革武鬥的夜裡去荒郊野地，幫朋友送錢給她潛逃在村屋的媽媽。但在這停電的黑暗樓道，我聽見自己的心在胸口呯呯跳動，好像隨時會破胸而出。來香港這麼多天，我第一次痛感自己的孤獨無助，一生都過去一半了，我還在這彷彿永無止境的黑夜裡獨自跋涉。

腳步越來越慢越來越沉，我喘息著站停下來，抬頭往上看去：還有多遠呢？目的地到底在哪裡？我還有力氣走到頭嗎？

奇跡就在這時發生了。我聽見頭頂上響起嘰嘰喳喳的人聲：

「有人上來！」

「回來了回來了！」

與此同時我看見了頭頂上那一豆燈光，是有人在接自己的親人吧？

但這時我聽見孩子童稚的呼叫了：

「是王小姐嗎？」

「王小姐是你回來了嗎？」

走筆至此，淚水湧上我的眼睛，那天夜裡驀地看到那四張閃動在燭光中的面孔時沒來得及流出來的淚水，現在流下來了。

一切都歷歷在目：小女孩小男孩笑容燦爛的面孔在最下一層，他們大哥有點靦腆的笑臉搖曳在他倆上方，再上面是他們的母親，那總是跟麵包一道出現的溫靜笑靨，定格在那三張歡喜的面孔之上，燭光便在她手中閃灼。世界似乎凝止在了那一時空中。

「你們在等誰？」我聽見自己驚異的聲音。

「等你呀！」四個人一齊回答。

「現在好了。」那位母親道，「家裡所有的人都回來了。」

二　紅梅谷

直到今天我也沒去過紅梅谷。我知道它在香港新界，沙田與大圍之間的某個地方，如我在〈紅梅谷〉那篇小說裡提到的。我曾經乘車經過那個標有紅梅谷路標的路口，還曾從在一篇散文裡看到過有關它的描寫，卻從不曾在那裡下車。

人們總是下意識地要在心中保留一塊想像空間吧，要不，夢從哪裡來呢？

一九九〇年，我在位於九龍灣的出租屋寫下〈紅梅谷〉那篇小說。那間房子一百三十呎。是我移民香港之後租住的第二間屋。房東是一對年輕夫婦。四百多呎的兩房一廳，他們自己住那間大點的，我住那間小點的。房間裡放一張單人床、一個簡易布衣櫥、和一張小方桌，就再沒走路的空間了，床到衣櫥和桌子之間的距離等於零。不過這比先前我在北角租的那間小屋已經大多了。而且它竟有兩面小窗，小方桌放到窗前，翻身起坐就可以直接坐在床邊寫稿。這種「坐息」方式是如此便利，以至於後來我有了大些的房子，臥室還是按這種模式裝修。

我工作的那間報社以五元錢的優惠價給僱員提供中餐和晚餐，這在牛腩河七元一碗的當時，要算相當實惠的福利了。何況每餐都有十來個菜供選擇，每天都有一個令人驚喜的主菜：油燜大蝦、烤乳鴿、咖喱炒蟹……。

我的上班時間是下午一點至晚上九點。我一直懷疑是我那位好心的頂頭上司特意給我排了這個班，以便我兩餐都可在公司解決。那位看上去冷口冷面的老作家，其實非常善解人意，我上班第一天到他面前領取了工作指示正待告退，他從身上摸出張千元大鈔叫住我道：「報館月底才出糧，你先拿這錢去用著。」

我謝絕了他的好意，雖然囊中的確羞澀，不過我算了算，堅持到月底沒問題。因為除了花十多元買一瓶即溶咖啡（一瓶可沖二十五杯），和每天一支香蕉充當早餐外，我再沒其他消費了。從家裡到公司的路上有個區域圖書館，雖然小，裡面的藏書已令剛從內地來的我雀躍。有很多內地看不到的港台出版物，以及在國內聞所未聞的翻譯小說和文史資料。我一到香港就上班，沒時間到處去逛，所以我對香港的了解，很多出自於圖書館裡那些介紹香港的書。葉靈鳳的《香江舊事》、龍飛立（高潔）的《創業奇才：蜚聲國際27人》，盧國沾的《話說填詞》等等，是我印象較深刻的。我幾乎天天去，圍著那幾個文化歷史、社會、文學的書櫃「掃櫃」。每天可借三本書。這樣，我連買書的錢也省下了。

當然，如此得來的香港印象，畢竟流於「書面」。我進報館後大約十多天，有一天主管副刊的副社長周石突然想考一下我的日語，弄來了一篇日語新聞要我當場譯出。那是一篇報導香港越南船民暴亂的長篇特寫，我倒是順當地譯好了交給他，但第二天他把我叫去，拿著那篇譯文對我道：「嗯，還可以。不過你對香港太不了解了。竟把『鴨脷洲』譯成『鴨舌島』，把『難民營』譯成『集中營』。在香港作報社這樣不行的。以後你要每天看一份英文報和一份中文報，這樣才能儘快了解香港。」

周先生是該報的創社功臣，早年寫詩也寫散文，後來輔佐老闆一拳一腳創立這份香港銷量第一的大報，所有的時間都在為報社忙，就再不寫東西了。他這人可算是「食人之祿忠人之事」的典範。他的策劃、組稿、版面編排和題目製作才能，在香港報界有口皆碑，尤善發現與培養作者，香港不少著名專欄作家都從他手下起步。如今活躍於兩岸三地的李碧華便是其中之一，聽說當年李碧華投稿副刊，周先生覺得她有才氣有潛質，便鼓勵她努力寫，她的第一個專欄就是周先生給她開的。

周先生不僅文字功夫好，有才，還特別勤力。他主持報紙，事事親力親為。新開的版面他往往親自編，編得上了軌道才交給下面的編輯。我就是被聘來給他新開的旅遊版當助手的。

有才的人脾氣大概都不好，先前的那個助手被他罵走了。所以介紹我來的朋友古劍先生為我捏一把汗，先打預防針道：「要是老頭子發脾氣，你別跟他計較哦！他人其實蠻好的。」但周先生只是不苟言笑，倒從沒罵過我，儘管不斷有人向他投訴我不懂廣東話、不懂劃版、不懂起題，據說都被他一句話擋了回去：「肯學就好。」

我進報社的的頭一個月只負責翻譯我這一版的稿件，把稿子弄齊了交給周先生劃版起題。有一天我把稿子交給他正要走，他卻叫住我道：「來，我教你劃版。」

說著便拿出張劃版紙，把我剛交給他的稿子翻兩翻，撿定頭條，拿起筆就在劃版紙上劃了起來，口中唸唸有詞：「從上至下劃，先定頭條，再定二條，依其重要性一篇篇劃下去，每篇根據字數定出文字位元，留出插圖和題目位，因為正文一般動不了，題目和插圖較靈活，位置大小可以依文字和調節而調節。所以報紙的題目要最後起啦。」

如此這般，不到十分鐘一個版面就劃好了。他抬起頭來問我：「會了嗎？」「會了。」的確，我後來到大學教傳媒寫作，教到編輯劃版，便是將周先生教我的那套程式如此這般地教給學生的。

可惜我沒機會跟他學更多東西，幾個月之後的某日，他上著上著班突然倒了下來，送到醫院便一去不返。去世時只有五十多歲。

教我起題的是副刊主任梁小中先生，亦即我上文提到的頂頭上司。梁小中筆名石人，如今人們可能已經不熟悉這兩個名字了，可在五〇至八〇年代的香港報界，這兩個名字都如雷貫耳，是一個報人傳奇，也是一個寫作人傳奇。我到報社那年他大約已年過六十了吧？出身內地某大學外文系的他，早年在廣西辦報，四九年來香港。在香港報界摸爬滾打了大半輩子，輔佐過不止一個老闆，救活過不止一張報紙。

可惜他也跟周先生一樣，脾氣不好，尤其不肯受老闆的氣，一言不合，拔腿就走。據說他也曾自己創社辦報，但他的才是沃茲（Stephen Gary Wozniak）[22]之才，不是喬布斯（Steven Jobs）[23]之才，搞不了商業經營，自己主持辦報就不成。某次自己辦報失敗後，他一賭氣索性回家單幹，靠寫專欄養活一家九口，竟將六個孩子都送到美國加拿大培養成了碩士博士。這在稿酬低物價高的香港，簡直是超人行徑。

據說張恨水當年一天寫八個小說專欄。梁先生寫得最多時每天要寫八到十個專欄，而且他不僅中英文底子深厚，三教九流也無所不通。因應不同報紙的不同風格和不同要求，他寫的專欄五花八門，從小說到雜文，從詩詞到食經。總之副刊的版他每版都可以

22 即斯蒂芬・沃茲尼克（Stephen Gary Wozniak，一九五〇—），與史蒂夫・賈伯斯一起創辦蘋果電腦（Apple）。

23 喬布斯（Steven Jobs，一九五五—二〇一一）即蘋果電腦創辦人，台灣譯為史蒂夫・賈伯斯。

寫。此番《東方日報》老闆請他出山，就是讓他來擔綱主筆振興副刊。

他每日上午九時便來上班，坐班十小時主持副刊編務之餘，還每日寫一篇社論，撰寫五六個專欄，分別是：小說、雜文、誌異、歷史傳奇、食經，居然還有個測字專欄，每天讓讀者報一個字來解析其命相運程。這欄目特別受歡迎，每天收到大堆讀者來信。

每日下午三點鐘，我們總會看到周先生走到梁先生的大班桌旁，在他對面坐下商談今日社論題目，兩個脾氣臭的人，卻是惺惺相惜相敬如賓，他們聚談的光景使我想起一句古詩：如切如磋，如琢如磨。輕言細語的十來分鐘之後，周先生靜靜走了，梁先生靜靜拿張紙鋪在面前，奮筆疾書。大約十五到三十分鐘之後，他便招手叫傳稿員珍姐：「把這稿送給周生。」我們便知道，今天的社論出爐了。我們又見證了一次倚馬可待的寫作傳奇。

榜樣的力量是無窮的。我也步梁先生後塵成了爬格子動物。我沒他的才，奮發圖強的決心卻不比他小。梁先生是過來人，最是體恤民心，他知道我們大家都想掙外快，對編輯寫內稿取鼓勵政策。我編的旅遊版在我沒來之前，稿件基本上來自於編譯國外報刊的文章，譯者都是外面約的，水準參差，且時有脫稿現象。我來之後他便要我把這活全包下來，「一版兩三千字而已，稿費照算。」他說，「你有時間還可給其他版補稿。」

那時我們那張報紙號稱每日發行六十萬份，副刊陣容強大，共有十個版面：婦女、雜文、旅遊、世趣、小說、校園、兒童、食經……風水版，還有個美其名曰「開心樂園」的黃段子版。編輯稍稍能動筆者都在這些版面舞文弄墨。稿費自然要打點折扣，不過大家有時上班時也開寫，梁先生對此睜隻眼閉隻眼，只要把自己的版按時交排，他便放任自流。

那些稿子固然份屬通俗，檔次不高，但總歸也是一種寫作，既能練筆又能來錢，對於愛好寫作、多年投稿無門的我，正所謂柳暗花明又一村。第一個月下來，我一看領到手的那張稿費支票，哇，四位數！相當於我月薪的三份之一哦！於是我一不作二不休，把世趣版的稿也攬下一半。其他各版只要需稿救場，我便召之即來。

周先生教我劃版的第二天，我把劃好的版交給他起題。他剛作好頭條題，就有人十萬火急地請他去處理甚麼問題，他便匆匆把版往我手裡一塞道：「你請梁生教你起題吧，他起的題全港第一。我剛起的這個題還有不妥之處，你請他改改。」

我還記得周先生起題的頭條是一篇學童在泰國海灘練游泳的文章，我留了個通欄題位，他起了一主一副兩個題，副題我忘了，主題卻記得是：「今朝水中失黑旋，他年浪裡誇白條。」

我把周先生這話對梁先生說了，梁先生便接過我手裡的版道：「他起的題還用改？全香港他認了第二無人敢認第一啦。」

但他的目光還是聚焦在周先生那條題目上，沉吟著道：「典是用得好的，但上聯的確有點不妥。我們是草根報紙，要讓讀者一眼就看明白，『失黑旋』失之穿鑿。起題還是盡量利用文章中的字句比較好，既省力，又容易切題。你看這篇文中有『只見孩子們一個個都像砰砣，下水就往下沉。』，不如改作『今日水中笑砰砣』，『朝』改作『日』，平仄就對了，但這也還是不太好，最好用個典跟下句的典對上，等下你再去想想。我們先來看看下面幾篇。」

於是，我又有幸親眼見識了一次起題的傳奇。只見梁先生拿起稿紙一張張翻過去，信手拿起旁邊一張紙，就在上面一二三四寫下它們的題目，口中像周先生般唸唸有詞：

「這篇是寫女警的，本港最近流行的一齣電影裡管女警叫警花，『警花出更日』就比『女警出更日』喜聞樂見對不？所以我們作老編的應當甚麼都懂，甚麼都關心；我喜歡對句，但這是作報紙不是作詩，要講究多姿多彩，那下面這一題就大白話一點吧：『我們去看紅嘴鴉』；哦，這一篇是講拉斯維加斯治安特好的，我們可以搞點怪，上面一條眉題：『這裡是拉斯維加斯』。下面主題：『老大在此，老千止步！』要讓人即使不看內文只看題也明白此文講甚麼。香港人管騙子叫老千，老大一般指黑社會頭目，所以大家一看題就知道拉斯維加斯井然的社會秩序是怎麼回事。」

他突然停下來，把手中最後那張稿朝我一遞：「這篇你試試。」

「我？我不行我不行！」

「不行也得行，醜媳婦總要見公婆。」

我只好硬著頭皮拿起稿來看，他則在旁邊看錶：「兩分鐘，報紙是要搶時間的啦。」那是一篇五百來字的短稿，因這天實在找不出甚麼好稿，時間又急，只好拿這篇講九華山一個道觀的來稿濫竽充數。文字和內容都找不出甚麼亮點。版面上留的題位卻有一大塊。我想了想，在紙上寫下一行題：「九華山上一道觀」。

梁先生拿起來湊到他那戴了老花鏡的眼睛底下一看，往桌上一扔，冷笑道：「這題和這文倒是旗鼓相當，廢話！」

但他立即又把那稿撈起來掃了兩眼，拿起筆來嗖嗖幾下，寫了八個字：「松下聽雨，山中聞道」

「如何？」他天真而得意地一笑，「文中不是講他跟老道士聊了幾句嗎？又講是下雨天，所以這樣寫也不算太誇張啦。」

梁先生真是有大才的人，我總覺得他要是生逢其時，不須賣文養家活口，不把才能浪費在應付各種雜務專欄上，會出大作品，會成大氣候。有時我在編稿寫稿之餘，朝他那邊望過去，總能看到那個碩大的身軀傴伏在桌子上，花白的大頭突現於堆積如山的稿件和典藉之中。這時我本來就沉鬱的心，就變得更其沉重。不止是為他，也為自己。我想，他這麼大才尚且如此，以我這般平庸之才弱小之軀，這輩子一定連那張大班桌也走不到，就會倒斃在為稻粱謀的途中。

但梁先生畢竟是智者。周先生去世沒多久，有一天我們上班，看見那張大班桌後面的位置空著。我們被告知，梁先生請假去旅行了。又過了十幾天，我們被告知：他不會回來了。他移民加拿大了。他沒給任何人留下聯絡地址，只給報社留下了一個傳真號，每日傳送他還沒來得及收尾的連載小說，其他專欄都退了。

那個大班位空了好多天，每逢我朝那邊望去，恍惚中便好像看到一個決絕的背影，一種華麗的轉身。

前年某日，從香港某報驚聞梁先生仙逝。電告古劍兄時，他黯然片刻，突問我：「梁先生一本古詩集中有首詩是給你的，你知道嗎？」他跟著就把那首詩找出來傳給了我，是一首七言古詩：「贈阿璞：北地萍飄來異土，花容似見霜雪侵，憐才偶共年餘事，愈感紅顏有赤心。」

我一直竟不知他去了加拿大甚麼地方，冥冥中總覺得那地方叫紅梅谷，而將來某日，我也要去到那麼一個地方，自由地呼吸，自由地寫作，塵歸塵土歸土。

三　九龍灣的星星

二〇〇五年快要離開香港回流內地時，一家香港刊物約我為他們「香江往事」欄目寫一篇稿，我的腦海裡便即時出現這個題目：九龍灣的星星。

是呀，為甚麼我總覺得九龍灣的星星特別亮呢？

初來香港的那年，生活不安定，我只好把兒子寄放在北京父母處，獨自一人在這異鄉「打拼」，想要盡快賺到自己的第一桶金，早日實現不用為稻粱謀全心寫作的理想。我把所有的時間都花在上班和寫稿上，衣食住行的事一概從簡。工作的報社地點在九龍灣，我便在與九龍灣地鐵站隔站相望的牛頭角租了間房子住下。那房子十分迷你，雖然客廳廚房浴室甚麼的肝膽俱全，但全部面積加起來不足三百呎。簽租約時，房東——一對新婚年輕夫婦，強烈要求寫上這一條：免炊。

陪我去簽約的朋友試圖幫我爭取到一點寬鬆空間：「或者她休息日會煮餐把飯……」

我忙打斷他，安撫那已面露防衛之色的新娘：「不，我絕對不會用廚房的。」

事實上，每天忙進忙出，回家就直奔書桌邊，哪有時間作飯呢。即使休息日不好意思去報社蹭優惠工作餐，我往往也就在樓下那間粉麵店吃碗牛腩河了事。那可是牛腩河只要七元一碗的年月呀，無論我如何「孤寒」[24]，在我月入八千元的人工裡，這也只是一筆微不足道的開銷。

只有特別高興或不高興的日子裡，我會犒賞自己一下，到牛頭角天橋下面那條食街逛大牌檔。

至今依然留存、就連地溝油也嚇不走的那份大牌檔情意結，大概就是在那時萌芽的吧？

那段時間，有位朋友三不五時約我去位於尖沙咀的九龍酒店泡酒吧。我當然享受那種在菲律賓歌手夢幻的歌聲裡談天說地的浪漫，可讓我更加放鬆自在的，還是大牌檔無拘無束價廉物美的草根環境。一身T恤牛仔不施脂粉，也沒人會向你投來異樣的目光。身邊來來往往的人流之中，每個人臉上似乎都有一種自得其樂的喜悅，每個人都好像一名巡遊在自己領地上的君王，以君王般的自得在小街兩邊密密麻麻的攤販之間穿行；而那些攤主也個個像佔山為王的寨主，盤據在自己一鍋之大的攤位上，舞勺弄鑊，不亦說乎。與我們這些快樂的食客正是相映成趣。

我巡遊牛頭角大牌檔的時候，往往是在傍晚。華燈初上，混跡於剛下了班放了學的熙攘人流中，心情是輕快的，頭腦是放鬆的，獨在異鄉為異客的惶恐，在這色香味俱全的巡遊中也不知不覺消散了。就連時間也流動得比平時緩慢平坦。不用像上班和寫稿時那樣分秒必爭，不用擔心作錯了甚麼遭到字房工的白眼上司的問責，而日夜纏身的寫稿焦慮，也不再那麼咄咄逼人了。像一個滿懷好奇心的推理小說讀者，眼前的每個攤位都是一個懸念，一個一個地瀏覽下去，分分鐘都可能體驗到秘密揭曉那刻的刺激和快感。

不過更強烈的感覺是彷彿回到了純真童年，可以跟孩子似地肆無忌憚表白對美食的熱烈追求。我會忘我地在油炸黃金圈的鍋前立定，指著一塊剛出鍋還滋滋作響的玩意歡叫：「要這個這個！」我會一臉好奇地在咖喱魚蛋前停住腳步，用生澀廣東話向那個旁若無人般享受一串魚蛋的女孩諮詢：「好吃嗎？」她呢竟也大力點著頭用生澀國語回答：「好吃。」

可我已經顧不上聽取她的意見了，魚蛋再好吃也非我至愛，不能讓它佔據我有限的胃部空間。前方飄來一股似曾相識的異香，誘我大步流星朝那邊奔去。天吶，這不是那曾經讓我夢繫魂牽的香酥雞腿嗎！初次領教這一美味的時光頓時湧上心頭。

24 粵語，意即吝嗇。

是在八〇年代初，身為湖南出版社赴深圳參觀團的一員，我坐在從廣州去深圳的火車上。那時深圳剛剛闢為特區，對於我們這些內地人來說，它就像妖怪之於兒童，既想吃到她手裡的糖又怕被她拐走。還沒進入那片資本主義「應許之地」，才只坐上這輛朝它開去的火車，我們就被雷倒了：跟我們之前坐過的綠皮車相比，這車簡直像從舊社會到了新社會一樣！車廂多麼亮堂！座位多麼寬敞！售賣美食的小車又多麼琳瑯滿目！

但是一問價錢，我們便倒抽一口冷氣了。甚麼？一個杯面八毛錢？一隻雞腿一塊錢！一塊錢在長沙都能買整隻雞了喂！

「不要不要。」同伴們都氣憤地搖手，還互相鼓勵：「絕不能讓資本主義賺到我們社會主義的錢。」

「你們這就搞錯了，」陪同我們前往的那位廣州出版社女編輯笑道，「這是社會主義的國營火車哦。香酥雞腿特好吃。我每次坐這車都要吃一個。阿嬸來兩個！」她對售貨員豪氣地道。

她遞了一個給我：「試試！真的很好吃。保證你吃了還想吃。」

相伴這幾天，我倆已經成了朋友，就不客氣地接了過來。是真的哦！外酥內嫩，香氣直入脾腸。一隻大雞腿不知不覺就下了肚，令我慚愧：「唉，一下子就被資本主義糖衣炮彈打中了。」

現在，我站在這香酥雞腿攤位邊還是直嘀口水，舉步維艱，必須以堅強意志抵制住它的誘惑，當然不是怕資本主義糖衣炮彈了，而是怕吃下它就沒法吃後面的美食了。

舉目前瞻，攤位無邊無際，美食沒有盡頭。當此東南西北美食鋪天蓋地而來之際，我目不斜視直奔到那個捲毛仔的燒烤攤。這名靚仔身手最是矯健，只見他手之舞之足之蹈之，在他那長不過一米的炭火爐邊左奔右突，以不無誇張的快進動作將金黃流油的各種肉串從火上撈起，遞給圍在他攤前的食客：

「阿伯你的牛肉，五串。」

「大佬你的羊肉，八串，加辣。」

「阿姐你的咖喱雞肉三串。」

「細佬你的魷魚仔兩串。」

這麼多的人，他從不會把哪個人要哪種串要幾串搞錯。讓我一直搞不懂的是：整個過程中他的目光一直盯在那些肉串上，怎麼會準確分辨出誰是誰、要甚麼肉串呢？這是一個謎。我第一次光顧他的攤位，腳還沒站穩口還沒開，他就在招呼我了：「兩串牛肉？要不要辣？」操的竟然是普通話！

一手拿著一支牛肉串，我朝發出陣陣油條香的地方踱去。那是我此行的一大目標。香港油條是香港美食中的敗筆，它們份量倒是很足，但又粗又硬，完全沒有內地油條的香脆。九龍灣這條食街上卻有家油條攤，炸出的油條跟長沙的油條好有一比。掌鍋的阿伯顯然有大陸背景，他不僅聽得懂國語，還能說幾句。人雖生得五大三粗，服務卻很細心。我只買一根油條他也會拿個紙袋套上，還貼心地建議：「到街尾那間茶餐廳要碗白粥，坐著慢慢吃。」

我卻站在街邊猶豫著。因為我知道只要一走近那間茶餐廳，我這一路頑抗著的保健意識定必崩潰，他家的牛腩河太厲害了！

唉，不管了不管了！不計後果了，我以一種立即犯腸胃炎也不怕的大無畏精神，直奔到茶餐廳的露天座，將那吃了一半的油條放在桌上，對迎過來的老闆娘道：「牛腩河。」

這是我說得最正的一句廣東話．以至於老闆娘也用廣東話回應我了：「生菜定菜心？」

食街到這裡便是盡頭，前方是牛頭角大街。天邊最後一抹殘陽也褪盡了，只見那萬千盞街燈和霓虹燈波翻浪滾地都亮了起來。燈光聲影之中，車水馬龍，人頭湧湧。我坐在一張矮腳板凳上，仰面望向天空。頓時，喧囂的食攤、流動的盛宴、石屎森林、燈光球場、食客、人流、街、屋、車、一切的一切，都奇異地消失不見。世界豁然開朗，卻又幽遠得像沉埋心底的秘密，永無揭曉之望。

可是你看，這裡那裡，那一顆顆、一簇簇、一片片，高低冥滅地閃灼著的是甚麼呢？

是星星，是九龍灣的星星。

我盯著那些星星看著看著，這顆不亮了看那顆，這邊消隱了看那邊，我從此知道：沒有一顆星星一直都是最大最亮的，也沒有一片天空永遠都是黑暗的。只要你耐心地坐在這裡看下去，就會看到，在那你以為是天盡頭的地方，一顆大星星會倏地亮了起來，溫暖了那片天空、也溫暖了我們傷痕累累的心。

四　琉璃街故事

把兒子接到香港之後，為了他上學方便，我從九龍牛頭角搬到天后琉璃街。那是一條特別短的街，從頭到尾不過三百米。街上的樓房大都是唐樓，沒有電梯，顏色曖昧、形容殘舊。看去像一群七老八十的遺民，立在那條老街上少說也有上百年了。在維多利亞公園旁邊那些光芒四射的美麗新大廈裡，它們卑微地緊挨在一起苟延殘喘，讓人感覺：這些唐樓這條老街很快就會消失，連同這一名不符實的華麗街名。

如今，每逢我乘在一輛搖晃的電車上經過那一帶時，總還是會情不自禁地往那個熟悉的地方看過去，每次都不無驚異地看到：那個老也記不住的街牌在路邊一閃而過：琉璃街，它還在這裡呀！就像一個早已油乾燈盡的老人，許多年過去了，你以為他早已是亡靈，他卻依然坐在老地方，沉著，堅忍。

我們租住的那座小樓，大約是那些殘舊樓房中最殘舊的一座了，早已看不出顏色和質地的街門後面，是那個日夜陰黑的門洞。一條窄狹的樓道通往二、三、四樓，一梯一伙，我們住的是四樓。再往上就是天台了。

屋子裡的牆壁也都失去了原先的顏色，灰不灰黃不黃的。門啦窗啦亦都不堪其任，一拉動就吱吱呀呀地呻吟不已。不過主要問題還是屋內所有的電器都不靈光了。空調都成了擺設，不開則已，一開就轟響得像要馬上發生地震，卻沒有冷氣冒出來。熱水器只有三房東楊太一個人打得著，住客們都得等她在家才能沖涼。就連燈泡也是這裡好了那裡壞，似乎在提醒我們：這是一個故障不斷的世界。

小樓的業主移民去了加拿大，包租婆住在二樓，是個體形跟肥肥差不多的老太，我只見過她一面。那天，我破例下班後跟朋友宵夜，午夜才到家。行經二樓，看見那張平日總是緊閉的厚重木門打開，從仍然關著的鐵閘內，一個胖大老太正站在門口直直地望著門外，剎那間我們四目相對。我不由得打了個寒顫，好像與往日夢中的一個幽靈相遇，那麼大那麼圓的臉盤，卻全無血色，眼睛裡發出的兩道寒光，直射我心。

我三步並作兩步奔上四樓。開了門進去心還在跳，住在主臥室的楊太正從洗手間出來，見我驚慌的神色，忙問：

「怎麼了？」

聽我如此這般地一說，她笑了：

「哦，那就是我們的伊利莎白包租婆呀！」

「伊利莎白？」

「對，她名叫伊利莎白，玉婆伊利莎白的那個伊利莎白，女王伊利莎白的那個伊利莎白。你不要笑，她年輕時的相片靚過玉婆，而且跟女王伊利莎白一樣也是包租婆哦，只不過沒女王那麼犀利，女王包租了全香港，她只包租了我們這幢樓。哈哈哈！哈哈哈！」

她說著先自笑個不了，引得洗手間對面那間廂房的劉先生也打開門伸出頭來：「甚麼事笑得這麼開心啦？」

「王小姐被伊利莎白包租婆嚇壞了呀！」楊太抹著笑出來的眼淚說。

她大概是聯想到她自己的身份了，她也是包租婆。不過比二樓伊利莎白老太還低一檔。她向伊利莎白老太轉包了我們這層樓。這層樓共四間房。她自己跟兒子住最大和第三大的兩間，第二大的一間租給了我；最小的那間原是個儲藏室，只有六、七十呎，沒有窗戶，租給了劉先生。

「劉先生跟你一樣家在深圳，只不過他每週末一早就回去。」我來商租時她向我如此這般地介紹，「他不用廚房。他作地盤的，回來得晚。都在外面吃飯。洗手間也用得少。」

我猜她跟劉先生也如此這般把我介紹了一番，有關家庭的詞語改作「時不時回深圳」，有關職業的詞語改為「報館」而已。所以劉先生第一次在我房門口碰見我，就友好地點頭：

「羅湖過關的人越來越多了，」他道，「你夜晚過去，是不是比早晨人少點？」

看來他是個觀察細緻的人，與我為鄰只有兩星期，且沒打過照面，就已經摸到了我的生活規律。而且，大概他也猜到了楊太對他的介紹內容，有意無意似地道：

「我在大陸時也是作文化工作的。教師編輯之類的都作過。到了這裡沒有辦法，教書要有本地學歷；編輯呢，人工又太低，作地盤雖說辛苦一點，只要勤力，收入比較高。」

「那是的那是的，」我道，「我要是像您一樣是男人，身強力壯，也去作地盤了。」

累是累一點，圖得一個心淨。」

對我的回應，他顯然感到合他心意，頗為自得地微笑了。他瘦瘦小小的身量，面目卻有「天庭飽滿地角方圓」之相。舉止言談也溫文有禮，我相信他從前是個文化人。

然而楊太似乎並不認同我們這種謀生理念。她對我顯然比對劉先生客氣多了。我想這不一定是因為我出的租金比劉先生多一千元的關係，大概還因為我們的職業和穿著。我下班回來，總是從手袋裡拿出份報紙送給她，是從報館免費拿的。這場合若是有她那正上中學的兒子在場，她就要有一番現場訓導：

「你看看，要好好讀書呀！人家王小姐剛從大陸來，因為書讀得多，肚子裡有料，馬上就找到這樣一份好工作。每天穿得清清爽爽漂漂亮亮返工。整出來的報紙，全香港都要看的哦！你要向人家學，不要一天到晚顧著打機，考不到大學將來就只有像劉生那樣作地盤，深更半夜才汗巴水淋地回來……」

劉先生變成反面教材了，他自己卻渾然不覺。他一副樂天知命的神色，回家來雖然灰頭土臉，但精神頗佳。手裡總是拎著個膠袋，裡面裝著剛買回的盒飯和啤酒。從他那張半開的房門裡，可以看見沖過涼[25]一身清爽的他，舒舒服服坐在他房中唯一的椅子

25 粵語，意即洗澡。

上，翻看著報紙，邊看邊吃喝。

「這椅子是我從隔鄰街上撿來的。」有一天我經過他門口向他打招呼、並誇讚他這張椅子式樣別致時，他介紹道，「那地方有個垃圾站，可以撿到很多好東西。你要甚麼我可以幫你去找。」

我其實正缺一個書架，心想以後多半還會搬家的，買新的不必要，到街上去撿又有點不好意思，聽他這一說，便道：

「不知有沒有書架撿？」

「有的呀！前兩天我就看到了一個。這些天我可以幫你注意一下。咱們這種人就應該這樣節儉過日子。」他眼睛裡露出幾絲得意，壓低了聲音，「不瞞你說，來香港不到十年，我在大陸已經買好了一層樓，兒子也上了大學，再辛苦幾年，就可以告老還鄉了。」

「劉先生你真厲害。」我羨慕地道，「我不知道還要作多少年才可以像你這樣回大陸買樓。我兒子才上小學。報館人工又這麼低。」

「所以我說光開源不行，還需要節流。省省儉儉，就可以早日達到奮鬥目標，你說是不是？」

「是呀是呀！」

楊太對我和劉生如此投契，與其說不以為然，不如說心存疑惑。有一天傍晚她閃到我房裡，說是要檢查冷氣機是否可以修好，眼睛卻瞄著那個劉先生昨天為我撿回來的書架，話裡有話地道：

「你先生也快辦過來了吧？到時候我們這小樓只怕就留不住你了。唉，再找到你這樣的好租客真難。你想想，我孤兒寡母的，又想圖清靜又怕惹是非。劉先生這個租客是我先生在世時就招進來的，後來我先生過世了，我總不能跟他住在一層樓裡面吧？他人倒是好，但不管怎麼說，又是新移民，又是地盤佬……所以，所以要是你搬走的話，我一定要再找個租客，又要省事又要可靠……」

我心中好笑，打斷她道：「咱們都是單身女子，當然心貼心啦。不過劉先生這租客你倒真的沒找錯，你說巧不巧，我一打聽，他跟我先生還是校友呢，上的是同一間大學。」

楊太面露驚異之色：「那麼他真還是上過大學的！」但她馬上發現了疑點，「那為甚麼他比你來得早，卻找不到你這樣的工作？他房裡怎麼不像你有這麼多書？」

我只好繼續信口開河：「他反正個個星期都回深圳，書大概都放在深圳吧！總之我聽他說起歷史、經濟甚麼的頭頭是道，他學的是考古學，這樣的人才不適合香港報館，不如作地盤，人工高嘛。」

楊太半信半疑地點頭：「這倒也說的是。」

可是沒過幾天，晚上十點鐘，我正從洗手間沖好涼出來，聽見心浮氣躁的聲音從她房間裡傳出來：

「我怎麼拿……我沒有你的房門鑰匙……不行的呀！我仔仔明天考試，我正在給他煲湯……好，我幫你問一問？」

突見她像個皮球衝出了房門，眼睛裡嘴巴裡都是火，對我道：

「你看你看，劉生出了事，給差佬扣在警署了。跟你說了這種人靠不住吧！你還說……現在要我去作保人。我怎麼能去？我對他一點也不了解，萬一……呐，他要我問問你可不可以……」

我心下也是大大一驚，天呐！難道我們真的碰上了個暗藏的劫匪？不過我還沒忘了問一問詳情：「他說沒說他犯的是甚麼事？」

「喏，電話在這裡，你自己同他講。」

劉先生在電話裡的聲音跟平日全不一樣了，即使隔著幾十里的空間，也能聽出那聲音裡的焦急和沮喪：

「你相信我，絕對沒事的。我只是忘記帶身份證而已，你來就知道了。我們是老鄰居了，你還不知道我。」

他沒有騙我。原來也真是他合該倒霉，恰巧他這天換衣忘了帶身份證，就碰上差佬來地盤突擊搜查黑市勞工。他心急氣躁，跟差佬頂了幾句嘴，就跟那些黑市勞工一起被帶到了警署。所以我一出示我和楊太破門從他房裡拿出的他的身份證，以及我自己的身份證，證明我們是鄰居，他就立刻獲得了自由。

然而，一走出警署，他就一屁股坐倒在街邊石楷上，一雙髒兮兮的手蒙住了臉，好像有種嗚咽似的聲音從他嘴裡發出來。

我慌了：「劉生你沒事吧？不要坐在這裡呀！差佬看見了又要來查問，我們快回去吧！回去沖個涼吃點東西就好了。」

突然他抬起頭來，把一雙紅紅的眼睛對住我：「吃點東西，對，吃，吃，我們去吃龍蝦！我們去吃鮑魚！」

「劉生你……」

「我們去吃！今晚我不大吃大喝一頓肯定會被氣死的，只有去大吃大喝，只有去吃龍蝦。哈哈哈，我早就想去吃了。我們去！」

我們在淩晨兩點才回到家，吃了龍蝦吃了螃蟹，還各自喝了一罐啤酒。不過沒吃鮑魚，我看了價目表，倒吸一口涼氣，堅決制止他點下去，我說：「你要吃鮑魚我就走。你這氣受得又不是太大，一隻龍蝦和一隻螃蟹足夠把它消掉了。」

龍蝦真的不錯，劉先生走進我們小樓時，已然恢復了平日昂揚的精神，大步流星地領先走上樓梯，還紳士風度地關照走在後面的我：「小心腳下呀！」

二樓的門洞裡黑黝黝的，一絲燈光也沒有。伊利莎白包租婆都已經睡了吧？

五　香港仔阿潘

我們搬到土瓜灣時，那位經手我們租房事務的地產代理林小姐隨意似地問了我一句：「要不要找鐘點工？」聽到我肯定的回答，她馬上道：「我這裡有個很好的鐘點工。又老實又勤力。」

我們搬家的當日林小姐就領著她來了，是一位年紀四十至五十之間的鄉下女子。對她的形象，我至今留下的印象只有一點：黑瘦，南方農村人的那種黑瘦。這黑瘦農婦沉默地跟在林小姐後面、問一句答一句的怯懦神情，令我奇異地想起跟在衛老婆子後面的祥林嫂。不過林小姐卻一點不像衛老婆子，她年輕靚麗，神情中也沒有衛老婆子的狡點，還親暱地摟著她的肩膀把她推到我面前道：「她也是國語人哦，剛從我們福建老家出來，聽說你也是國語人她很開心。」

祥林嫂就配合地在黝黑的臉上拉扯出一種笑容，囁嚅地說了句甚麼，我沒聽懂。她說的其實是福建話，只是盡力往國語上靠而已。

「我該怎麼稱呼你呢？」我問。

「就叫我……阿蘭吧。」她說。那種連對自己的名字都沒有自信的神氣，跟阿潘竟是不謀而合。

阿潘是我們在北角的鐘點工。朋友阿朱介紹他來的，她說他是她女兒的教友，來自柬埔寨，身世悲慘。

「聽說他全家人都死在赤柬時期的金邊了。」阿朱告訴我，「你看過電影《戰火屠城》吧，他就像裡面那個阿潘，從死人堆裡爬出來的。不過他沒有阿潘那麼好彩逃去了美國。他這人有點傻傻的，不知怎麼跟越南船民搞在一起偷渡到了香港。在鴨脷洲關了好幾年，才終於拿到香港臨時身份證，現在正等著被第三國接收。」

阿潘四十歲上下的年紀，身強力壯，濃眉大眼，假如臉上沒有那副呆若木雞神情的話，甚至可以算得上英俊。他廣東話程度比我好多了，不僅聽力沒有問題，還能說一點。可他基本上不說話，說起話來也總是磕磕碰碰的，無論你問他甚麼，他都要囁嚅一會兒才能回答，有時候還答非所問。大概這就是阿朱說他「傻傻的」之原因吧？尤其談到他個人情況時，更好像得了失憶症似的，連名字都要想一想才給出一個含糊不清的回答，我就信口道：

「我叫你阿潘好不好？」

誰知他竟點頭，並不問我為何要用這名字稱呼他，似乎只要我不再問三問四，叫他甚麼都無所謂。

好在他作事並不傻，雖是個男人，家務事卻樣樣拿得起放得下，力氣又大，還能搞點小修理。有一次他來時，我正對著壞了的抽水馬桶發愁，他二話不說，走過來幾撥幾弄，立時修好了。當時香港鐘點工的時價是每小時四十元，阿潘第一次來作了四小時多一點，我給了他兩百元。他忙在口袋裡摸索著，顯然是要拿錢找我。

「不用找了，」我說，「今天我家比較髒，超了時。」

「唔該！」他說，嘴角往上幾牽幾扯了一下，在臉上扭曲成一副怪相。後來我知道，這就是他在努力表示笑意了。其實我寧願看他呆若木雞的樣子，跟他眼睛裡那種空洞恍惚的神情倒比較相襯。

這樣，我們很少交談，當然更不提起他的悲慘往事。雖然我已經去看了阿朱提到的《戰火屠城》，對那個政權和那段歷史充滿了驚懼和好奇。那慘絕人寰的大屠殺，將我心中往日從宣傳中得來的柬埔寨印象徹底顛覆。雖說自己也親歷過文革，見識過無產階級專政的種種邪惡，但像那樣滅絕性的紅色恐怖倒還沒有親身領教。文革期間，電影院放映正片之前總要加映一段新聞紀錄片，內容千篇一律，無非是偉大領袖接見了誰誰誰。儒雅的西哈努克親王（Norodom Sihanouk）和美麗的莫尼克公主（Queen Monique）是那些片子常見的配角。紅色高棉的波爾布特（Pŏl Pôt）也出現過幾次。看去很敦厚的一個人，我實在很難將那個滿臉笑容的革命領袖與一個打造了人間地獄的惡魔聯繫在一起。

有一天，天氣很好，空氣清新，所有的窗戶都打開了，涼涼的風吹著，我在房間裡寫稿，從打開的房門裡，可以看見廳裡阿潘緩緩移動的身影。他在拖地板。陽光照在他的身上，給他的身影包上一層金色的光環。我心裡突然有種感覺：這一切很不真實。眼前真是一個親歷了電影裡那恐怖一幕的人嗎？整個城市真的一夜之間掃蕩一空嗎？他的家人是怎麼死的？他是怎麼逃出來的？

阿潘提著水桶和拖把走進來了，大概發現我正在看他，他搭訕著說了一句：「天氣很好。」

「是的。金邊有這樣的好天氣嗎？」

沒有聽見回答。我以為他沒有聽見，又問了一句：「阿潘你是金邊人吧？」

還是沒有回答。但這次我知道他聽見了，因為他正直直看著我，目光奇異。我心裡驀地掠過一連串詞語：悲哀、驚悚、疑惑、慌亂、呆愣、苦惱、憤恨、憂傷……可這一堆形容詞都形容不了阿潘此時的目光。我心裡一陣顫栗又一陣驚懼。來香港以後，當人們探問我的前塵往事時，大概我也是阿潘這麼一副神情吧？要不，怎麼不止一次有人對我道：怎麼你不太會笑？我第一次意識到，我和阿潘其實有著某種共同之處。

我沒再追問阿潘，胡亂說了句別的話岔開了。

得知我們要搬去土瓜灣，阿潘臉上仍是沒有甚麼表情，半晌，才說了一句：「那以後我幫不到你了。」我依稀知道，他住在香港仔。在那邊有一份固定工作。白天要上班，所以都是周日或下班以後來我家，從七點作到十點。一星期兩次。可從香港仔到土瓜灣就太遠了，要轉車或者轉渡輪，來回怎麼著也得三小時。

「那你休息日來幫我一天好不好？」這句話到了我喉嚨口，卻沒有吐出來，兩個不會笑的人共處一室，空氣實在有點過於沉重了。所以地產小姐介紹阿蘭時，我沒有拒絕。

搬家時阿潘也來了，在搬家公司那些搬運工中間，他表現出了從來沒有的活躍與機靈，言語也俐落得多了：「先搬這一件。」「輕點輕點，這件要輕點。」他家人般跑前跑後地指揮著他們。

他看見了阿蘭，當時阿蘭正在整理窗簾。我見她神情怯怯的，又那麼瘦弱，就安排她給窗簾穿吊鈎。我對阿潘含糊其辭地介紹阿蘭道：「這是阿蘭。」他點點頭，是一種甚麼都明白的神情。某次我搬東西入房時，看見他站在阿蘭旁邊，正在對她說著甚麼。而阿蘭則面露笑容，頻頻點頭。

「你們認識嗎？」我問。

兩個人一齊搖頭。

「她把鈎子穿反了。」阿潘道，「我教她一下。」

就匆匆出去了。

一直忙到傍晚，才好歹把東西歸置得七七八八，大家可以坐下來稍稍喘息，我才又想起了阿潘，驚問：「阿潘呢？」

「走了。」我先生答。

「走啦？我還沒給他工錢呢！」我驚叫，「你給他了嗎？」

「我以為你給他了。那你趕緊給他打個電話。」

這時才我發現，阿潘從來沒給我留下電話。問阿朱，也說不知道，只知道他住在香港仔，可香港仔那麼大，去哪裡找他呢？

我再也沒見到過阿潘。直到現在，每逢我到香港仔，都會下意識地巡視四下的人流，裡面會不會有阿潘呢？

六　土瓜灣街市

想起土瓜灣，我腦海中首先出現的不是我住過的那大廈，而是它無所不在的街市。先前我住過的九龍灣、牛頭角和北角也都有街市，它們一般都在市政局大廈，佔據著一二樓的位置，第一層是菜市場，第二層是吃飯的大牌檔。我住在土瓜灣時，常去的那個街市叫馬頭圍街市，卻足足有三層。第一層是生鮮菜蔬、肉食家禽、海鮮，第二層有一半是菜蔬，另一半是豆製品、乾貨和日雜用品，第三層才是大牌檔。

不過在我的印象中，馬頭圍街市只是整個土瓜灣街市的心臟部分，由此向四面八方延伸出去的街頭巷尾，血管一般，根根脈脈都是由一間間店鋪攤位組成的大小街市，日夜流動著，奔湧著，給這一塊土地輸送著營養和呼吸。

搬到土瓜灣那年，是我移居香港的第五年。我們租住在碼頭旁邊的一個大型屋村。當時在窮街舊樓遍佈的土瓜灣，它要算最新最時尚的高級住宅區了。可是即便在這裡也彌漫著街市的氣息。一樓大抵都是商鋪，大大小小，從百佳、惠康這樣的大型超市到安不下一張桌位的迷你甜品檔，星羅棋佈，在這群住宅大廈中形成好些條短小精悍的商業街。

從我家門口那條商業街直走下去，不過十來米，就是一條老街，兩邊也都是商鋪，有藥店、日雜品店、相片沖印店和一家粥麵店，也有兩三個小菜檔，還有一個肉食檔和一個魚檔。

拐過這條街又是一條小街，街上除了各類小店之外，還有一家中等規模的酒樓，從清晨到夜半都燈火熣燦，他家的早茶和夜宵據說平通港九，所以生意超好。

然後，橫過馬頭圍大街，就是一條直指馬頭圍街市的短街了。彷彿是預演，彷彿是操練，街道兩邊全是懸掛著紅色燈罩的菜檔、肉檔、海鮮檔，身繫黑色橡皮圍裙、腳踏膠靴的老闆們在各自的攤位邊忙碌著，吆喝著。我感到五官都被聲音、色彩和氣味充溢得滿滿的，被洗腦的感覺就是這樣的嗎？東張西望五迷三道的我，往往還沒有抵達主戰場——馬頭圍街市大廈，兩手和肩臂上就都是裝滿菜餚的布袋膠袋了。

回想起來，好像住在土瓜灣的日子裡我總是在街市裡漫步著，逡巡著、遐想著，以至於回看那時期寫的文章，從小說到散文，甚至論文，字裡行間竟都是街市的氣息。

那時我剛進入學界不久，因文學作品不能拿去填充年度個人報表上的學術成果欄目，只得努力操練論文寫作。在那些作古正經枯燥乏味的文字中掙扎著左突右撞，生平第一次，我發現自己厭惡寫作。常常，穿行在土瓜灣五光十色喧囂熱鬧的街市，我若有所悟：假如我人生中不曾有過那麼些坎坷，不曾立下寫作的志向，也許我更適合作個家庭主婦，那就不必被那些廢話連篇的大小研討會折磨，更不必為自己要在那些會上發表的所謂學術論文煩惱，擺脫掉那些浪費生命的應酬飯局，我將自由地飄浮在這為生菜、莧菜、玉米、甘藍、土豆、番茄、大白菜、小白菜、紅蘿蔔、白蘿蔔、魚肉禽蛋蚌蠔蝦蟹充斥的世界，只須思考家中飯桌上的菜譜。像果戈理筆下的那對鄉紳夫婦，早上想著中午吃甚麼，中午想著晚上吃甚麼，而夜裡躺在床上，夢見的也是明天飯桌上的盤盤碗碗，俗則俗矣，但也許，那是更適宜我這樣一個女子的生活。

八歲那年在大興安嶺，有一天我跟母親排在購買過年物質的隊伍裡，零下四十度的嚴寒，連眼睫毛都結了冰。從隊伍前方卻傳來了壞消息：豬肉沒有了，只有馬肉；粉條沒有了，只有豆餅。母親連忙跑去龍頭打探商情：明天會不會有豬肉和粉條、或是比馬肉和豆餅稍稍高級點的食物供應呢？我在隊列裡一邊拼命跺腳一邊氣惱地想：為了那豬飼料一般難吃的豆餅在這裡凍了一上午，太不值了！

十二歲那年在長沙，有一天我跟姐姐在糧店排隊買紅薯。因頭一天傳來內部消息，說是糧本上配給的紅薯將要改為紅薯絲。那種東西哪能吃呀！把它在水裡泡一整天還消除不掉霉味。大家就都蜂擁到糧店。隊伍排了整整一條街，又拐到另一條街上。紅薯很快就賣光了。但大家都堅守在那裡等待下一車紅薯運到。我嚷著腿疼，姐姐說：「怕苦怕累的是你，一吃紅薯絲就拉肚子的也是你。」

三十歲那年，終於盼來了可以用糧票換雞蛋的好光景。我去北京探親，第一次看到了超市這種新生事物。我和父親便有事沒事跑去東大街的那間超市轉悠。說是超級市場，其實只一間不到一米的小小店堂，裡面的貨架屈指可數，上面稀稀拉拉放著些雜貨食品。沒有生鮮食物，但有一個冰櫃，裡面胡亂放著些色彩黯淡形狀可疑的東西。父親從裡面驚喜地撿出一包蝦仁，歡喜道：「晚上我們可以吃青豆蝦仁啦！」可我們把店認真仔細地又逛了個遍，都沒找到青豆，無論新鮮的還是冰凍的。

然而在香港，在土瓜灣，一眼望不到頭的馬頭圍街市裡，甚麼東西找不到呀！有日家裡來了位上海客人，我突發奇想，要給他炒一盤塔咕菜，竟然也在二樓那個菜檔找到了。那是個上海人開的菜檔，我同時還在他那裡買到了薺菜和馬蘭頭。上海客人看著我把一盤青中泛白的馬蘭頭拌豆腐乾端上桌來，眼睛都瞪大了：「真的是馬蘭頭呀！這麼綠這麼香！」

就是從土瓜灣開始，我們開始在家中設宴招待客人。租住的房子比在北角大多了，七百來呎，兩房兩廳，客廳裡可放下一張長方形餐桌，最多可容八人。在那張餐桌旁試過我們廚藝的朋友都表示，東西比街上食肆酒樓好吃多了。我知道這話的可信度是要打折的，但仍然很受鼓舞。比起研討會上那些對我論文不知所云的講評來，中聽得多，也重要得多。學者教授只是我臨時客串一下的角色，可我會把家庭主婦的角色扮演一生。

大概因為本來就是當家庭主婦的料子吧，我準備宴席的認真態度，決不亞於寫作論文。事先，我會把來客的有關資訊了解清楚：人數、年齡、何方人士？口味？有何偏愛？有何忌口？吃不吃辣？這樣才能保證我家宴席的質量和口碑。有一次，說好了是要宴請三位分別來自於四川、安徽和湖南的客人，臨到開飯時門鈴響起，開門一看，魚貫走進門來的竟然有七位，而且另外那四位是陌生人。我不禁衝口而出：「糟糕！我的菜不夠吃呀！而且都放了辣椒。」就此得罪了其中一位尊貴的客人。

我先生工作的那家報社就在對面那條街，他作新聞編輯，總是午夜下班。一班同事便常相邀去吃宵夜。吃遍了附近乃至港九的馳名酒家。大概在臧否各家食肆的烹調水準之餘，他拿自家的廚藝吹了牛吧，有一天他向我宣告：請了六位同事來家裡吃飯。其中至少有三位是美食家，有一位還在港台報刊上開有美食專欄，「是美食界無人不知無人不曉的食神呢。」先生不無炫耀地這麼告訴我，言下之意，請到他是我們的光榮。

我們立即開列出菜單，當然要跟正式宴席一樣，要有四涼菜八熱菜，一湯一甜品。計有：

四涼菜：芫荽拌牛肉、鹵水拼盤、紅白蘿蔔絲、黑白木耳。

八熱菜：大閘蟹、油爆蝦、清蒸魚、紅燒肘子、辣炒子雞、黃燜鴨、番茄炒蛋、清炒絲瓜。

一湯：蘿蔔豬骨湯

甜品：桂花酒釀丸子

這份菜單後來就成了我家宴客的基本模式，一直沿用到今天，所以才會記得這麼清楚。其內容只是根據來客人數、口味以及時令適當地增減調整，比如沒有大閘蟹的季節就換上蔥薑炒蟹；買到大扇貝的時候就把蝦換上清蒸扇貝粉絲。

其中有三道菜令我們展開激烈爭論，那就是紅燒肘子、番茄炒蛋和清炒絲瓜。我說，賓客們都是台灣、新加坡和香港本地人士，甚麼中外美食沒有吃過呀，哪裡像我們這些從小虧傷了的人，他們受得了紅燒肘子的大肥大膩嗎？番茄炒蛋和清炒絲瓜對他們來說，也太家常了吧？可是先生自信滿滿地堅持：「紅燒肘子不是大肥大膩的同義詞，要看是甚麼人作的，怎麼作的；番茄炒蛋和清炒絲瓜是很家常，可是唯其家常，才見本大廚的真功夫。」

頭天傍晚，下了班我就直奔街市，要把除海鮮之外的食材配料全部備齊。這一回我目不斜視，不理一路上商販的各種圍追堵截，一頭衝入馬頭圍街市。別的食材我都有胸有成竹，肯定可以買到最好的。畢竟在這地方出沒好幾個月了，哪個攤檔的肉新鮮秤又好，哪個攤檔的青菜又平又靚，哪個攤檔的豬肚清洗得最乾淨，豬肝最新鮮，我都心中有數。難點在於作酒釀丸子的糖桂花，地域色彩太濃了，別說我在香港從來沒見過這玩意，便是在內地時我也聞所未聞。

果不其然，跑到那個上海攤檔一問，正忙得團團轉的老闆頭也不回地道：「沒有。」

我失望地還在那裡徘徊，察看著裡裡外外成排成堆的瓶瓶罐罐，指望有奇跡出現。果然，就有個操著上海口音國語的師奶過來問我了：「想找甚麼呢？」

「糖桂花。作酒釀丸子的。」

一語未了，她早已點著頭道：「看到過的。好像是在……馬頭圍夜市邊那條街上一個店子裡。瓶裝的。」

那天晚上，我果然照她的指點找到了那小店，找到了糖桂花。還意外地發現，原來土瓜灣還有個夜市，堪稱地攤式女人街，販賣著從服裝到炸魚皮的食品百貨，將土瓜灣街市快樂的熱鬧一直延續到午夜。不過這是題外話了。

且說這日，我的采購還有個小小意外：因時值傍晚，五斤以下的活殺鴨都賣完了。我只好到旁邊街上的冰鮮小超市買了隻速凍鴨。因是貨尾了，大減價，才十元一隻。我對負責這道菜的先生道：「那就別作黃燜鴨了，改作醬鴨吧。」

他卻檢視著那隻鴨搖頭道：「這鴨子是速凍的，還是比較新鮮的，可以作香酥鴨。」

那天晚上，光是那隻鴨就花了他三四小時時間。先是用料酒和各種香料將之醃浸一小時，然後用小火把它炸透，直到裡裡外外都金黃酥脆了，才把它放到陶缽裡，加老抽、生抽、生薑、黃酒和水，用文火慢慢燉。第二天，它成了飯桌上最受歡迎的一道菜。四斤重的一隻鴨，吃了個缽底朝天。

還要特別說一說紅燒肘子。在那位被我喚作魯智深二世的胖老闆大力慫恿下，我買回來的不是一隻肘子，而是一對。本來打算當日作一隻，把另一隻冰凍起來，可先生說：「一起作了吧。只要好吃，能吃掉的。」結果肘子端上桌沒十分鐘便被搶光光，就連從不吃肥肉的一位女士也吃了一大塊。「根本吃不出肥肉和瘦肉了，」她嘆道，「這是我吃過的最好吃的肘子。」

可憐那本來作主打菜的大閘蟹反而遭到了冷落，就連清炒絲瓜得到的讚美也多過它。過了幾天，先生拿回家來一張報紙，上面載有那位美食作家的專欄文章，盛讚我們的那桌菜。在讚過了紅燒肘子和香酥鴨之餘，還特別提到涼拌紅白蘿蔔絲。說它「色香味俱全，乃是濃烈之中一道沁入脾腸的小清新」。

真是一位善解人意的紳士，他知道那道菜出自我手，是我的驕傲。

七　美孚新村買樓記

決定要在美孚新村買樓，主要原因是香港的房子大都沒有陽台，而美孚新村的房子大都有陽台。

之前我住過的房子之中，唯有童年時北京遂安伯胡同那間樓房帶有一條走廊，面朝小院，勉強能算是陽台。那房子雖只一間，有了那條走廊，二十來平米的房子就顯得寬敞開闊得多了。而且這走廊說是兩家公用，因共用的那位鄰居住了兩間房，住客卻長年只有一位善解人意的老太太，她先生在外地工作，一個月難得回來住幾天。走廊就基本被人滿之患的我家獨佔了。天冷時我們把它當作瞭望台、儲物室，春暖花開時就在這裡擺一張方桌幾張板凳，變成我們的遊樂場。我們在這裡玩砸子、下跳棋、畫畫、剪紙、看天看地、看院子裡的風吹草動。到了夏天，陽台更變成我家飯廳，讓我們得享貴如油的絲絲涼風。

之後我住的房子便跟陽台絕緣。兒時在內蒙古西尼氣小鎮，整個鎮沒有一座樓房，所有的房子都是原木加泥巴搭建成的小平房。那些房子抱團取暖似的密密麻麻擠成一團，用柴火柈子碼成的院牆，東倒西歪搖搖欲墜。七〇年代看電影《智取威虎山》，我懷疑裡面的那個夾皮溝是在西尼氣取的景，那林海雪原，那從泥木小屋裡掙扎而出的斷續炊煙，讓我想起西尼氣我家。

六、七〇年代在長沙，我們住的是一座兩層小樓，可是哪有陽台呀。四家人共住的二樓上，只有一條兩個人迎面碰上都必須側身相讓的公用走廊。年久失修的樓板，再小再輕的人走在上面都一顫一顫地咿呀作響。大人們總是提醒我們「輕點輕點」，令本來就提心吊膽的我們更加提心吊膽，生怕這危乎其危的走廊就在自己腳下分崩離析。

不過那條走廊真正讓我們害怕的還不是這個，而是它的起點就在我家窗下，是樓上居民和訪客們的必由之路。在那個人人都可能是「朝陽群眾」[26]的年代，那面窗戶不僅失去了採光通風透氣功能，反而變成我們整天提心吊膽的根源。我媽把那面窗戶用紙糊得嚴嚴實實，還掛上一條深色窗簾。只要我們一開始說話，我媽第一個動作就是看看窗外有沒有人影，窗簾拉沒拉上。就算是拉上了，我們說話時還是面對窗戶，以便看到人影就趕緊閉嘴。

當然我家還有另外一面窗戶。不過那窗子對著的是一間飲食店的廚房，冬天還好，到了夏天，就算把窗戶關得緊緊的，仍然感覺我家變成了那廚房超級大蒸籠的一部分，

26 「朝陽群眾」是中國北京市朝陽區線人的代稱，因多次成功舉報名人吸毒和嫖娼行為而聞名。

而我們被困籠中，正在窒息中慢慢死去。

八〇年代初我在湖南出版社工作時，社裡倒是給我分了一套宿舍房子，位於那棟樓房的最高層，兩室一廳，帶陽台。然而我幾乎沒有到那陽台上觀賞風景的記憶，就連到上面曬衣服甚麼的也是匆匆忙忙目不斜視。初為人母，忙得要命自然是一個原因，但更重要的原因是心理上的。

只有初中學歷的我，到出版社是作為「自學成才好青年」被破格錄用。據說佔用了社裡家屬招工名額，引起了相關人士不滿。現在竟然還分到了房，更引起群眾議論紛紛。我們編輯部一位同事直接就對我說：她工齡比我長資歷也比我深，我分到房她沒有分到只是因為某某領導喜歡我。二十多年後、才有另一位同事點破這話惡毒的弦外之音。當時我心裡只是感覺自己佔了便宜。所以明明是站在自家陽台上，也心中惶恐：不要被鄰居同事看到了以為我得意忘形呀！

移居香港以後，一開始租房住時我便想，一定要租一間帶陽台的房子，可以無憂無慮心安理得地坐在上面看風景。但我很快就發現了一個奇怪現象：香港的房子大都不帶陽台。我拜訪過的家庭，只有父親的老友宋伯伯家的房子有陽台。那房子位於太子道高尚住宅區，四房兩廳，一千八百多呎。然而陽台小得可憐，嚴格地說都不能算陽台。因它四面都被玻璃封住，裡面擺滿了大大小小的盆栽，從那些盆栽的縫隙裡望出去，連天空都被隔鄰大廈切割得支離破碎。

建造於七〇年代末八〇年代初的美孚新村卻是一個例外。那時候香港經濟剛開始起飛，設計者們大概有心將它建造為崛起的中產階級聚集區，屋村各方面都迎合中產階級心理。住宅單元的面積最小也有七百多呎，大多帶陽台。整個屋村更被四通八達的空中平台連為一體，上面還有個空中花園，小橋、流水、樓台、亭閣一樣不缺。

我第一次來美孚新村是九〇年代初，那時十歲的兒子剛到香港。一天，剛結交的文友羅絲打電話來，我跟她談起香港的公園太少，周末只好帶兒子老往維多利亞公園跑，她便道：「那這個週末到我家來玩吧！我女兒跟你兒子差不多大，我們屋村有兩個公園呢！雖然小，但都有兒童遊樂場。」

羅絲家就在美孚新村。

她當時買下的那層樓在美孚新村裡只算中型，八百多呎，三房兩廳，不過，卻帶有一個陽台，雖然只是個不到兩平米的內陽台，但總歸是陽台。羅絲在上面放了洗衣機，陽台內外都佈有曬衣架。「這是我們的洗衣房兼曬衣台。」羅絲不無自豪地介紹，「你看，曬衣多麼方便，所以我們不管天晴下雨都可以洗衣。」

看到我對那陽台的驚艷表情，羅絲道：「其實這是美孚新村最小的陽台，千呎大單位裡除了內陽台之外還有外陽台，那才是真正的陽台呢。」

那天羅絲領我們作了一次美孚新村半日遊，逛了永安百貨、兩大購物商場、吉利徑步行街、巴士總站、圖書館、紅橋花園，以及有好幾個海鮮檔的街市，都令我不時發出羨嘆之聲。不過，最打動我的、最令我心馳神嚮的，還是那些陽台。

果如羅絲所言，美孚新村的大單元大都有陽台。而且一般都對著花園或開闊地。尤其是最南面、朝向嶺南之風公園的那一溜房子，是美孚新村的豪宅區，每個單元的面積都有一千八百呎左右，都帶有至少兩個陽台，其中一個是超大陽台。

我跟著羅絲在那溜房子下面幽靜的步行徑上漫步著，目光一直盯牢那些美麗大陽台。一眼望過去，每個陽台都像剛被雨水衝刷過似地乾淨明麗，很多陽台還歐陸風地裝飾著園藝盆栽，把那條小徑打扮得花團錦簇，綠意盎然。正當午後，大多陽台上渺無人影。只有一個擺放了一張長條餐桌的陽台上，有幾名菲傭正忙忙碌碌地收拾著燒烤爐遮陽傘甚麼的。顯然，那裡剛剛舉行過一場露天燒烤會。

所以我後來決定買樓，美孚新村成了我的不二選擇。

那是上個世紀最末一年，香港遭到金融風暴襲擊，樓價被腰斬。美孚新村原本六百多萬的千呎大屋，跌到只有三百多萬。三年前我剛拿到房屋津貼時，已經租住到美孚的一套千呎大屋裡。起先住的那套房子是帶陽台的，可惜只住了一年房東就要收樓自住。後來租的那套房子也有一千多呎，卻只帶一個內陽台。因為已經住過了那套帶大陽台的房子，住在這套只有內陽台的房子裡就有點走下坡路的感覺。

金融風暴中，政府為了支撐樓市，鼓勵買樓，出台了種種新政策。體現在我們大學，就是將原先無限年期的房屋津貼限制為十年。這樣，租樓人士十年後便會發現要從自己口袋裡掏錢付租金了。大家便紛紛買樓作業主。

即算樓價跌了一半，以我當時的財力計算，最多也只能買一千呎上下的房子。可是看了許多間都沒有合意的。不是陽台偏小就是只有內陽台。地產小姐就跟我說：「不如去看看一千八百呎的大屋吧。我手裡正好有個急售樓，各方面都符合你的條件，價錢嘛，當然比你心目中的價位貴少少。但是，價錢總是可以商量的，先去看看再說嘛。」

她姓陳，年紀四十上下，我在接觸的好幾位地產經紀中挑中了她，是因為她穩重沉著不卑不亢的態度。不像其他地產經紀似地急功近利，上來就舞動如簧之舌，必欲讓你趕緊下定而後快；陳小姐則比較淡定，只在我們對所看房子有了比較明確的態度時，才適時地表示她的意見，也只是三言兩語，言簡意賅。

我一下子就看中了她領我看的那套大屋，一千八百呎，四房兩廳，三個洗手間，廚房大得可以放下一張可兼作餐檯的操作島，剩下的空間還可容二三人在其間從容走動。主人房帶有一個行入式衣帽間，衣帽間的門是一面穿衣鏡，視覺上將這間本來就超大的主人房又擴張了許多。客廳裡甚至有個歐式壁爐，讓我聯想到小說和電影中看到的歐陸古老莊園。

不過最令我流連忘返的還是那個大陽台。陽台面積足有二十平米。比我當時住的那套房的書房還大。上面擺了一張籐休閒桌，旁邊是兩張與之配套的籐躺椅，靠背的角度是可調的。兩邊角落裡各放著個巨型瓷花盆，一個是棕櫚樹，一個是美人蕉，綠意盎然的枝葉散發出來的氣味，使人想到椰林和大海。

我來看這間屋時，是下定了「不管這房子怎麼好也不會買」的決心的，但把房子參觀過一遍之後，卻忍不住問陳小姐了：「業主開價多少？」

「六百一十萬。」她說。

當時我正坐在陽台上的一張躺椅上。天吶，這種弧度，簡直就像是為我私人定製的，把我整個身軀完美地包裹在那柔軟的軟皮椅墊上。眼前則是一片天空和草地，藍的天，綠的地，幾朵淡淡的雲彩也像其同謀似地緩緩從遠方的山影後飄了過來。我開始在心中飛速計算自己的支付能力。

將支出計算到最小：去街市只撲特價菜，除非有人請客決不在外面吃飯。

將收入計算到最大：每年加一次工資和房貼，每天多寫兩千字，加寫兩個專欄，連那個神怪連載小說專欄也拿下來；另外，積極改善與上司及同事的關係，熱心參加各種飯局，多寫論文，多參加研討會，奮力公關，推銷自己……那樣的話，也許、應當、大概，是可以應付這套房子的按揭吧？

如此這般地思慮著，我將身體更其深重地埋到椅子裡，向陳小姐發出進一步的詢問了：

「有沒有議價空間呢？」

「議價空間？只怕不是很大哦。」陳小姐慢悠悠道，「你知不知道這層樓九七年最高位時市值多少？一千兩百多將近一千三百萬哦！就算是現在這種低迷市道，業主先前的開價也是六百五十萬。前天他跑來說急著要移民，才降到了現在這個價位。房子你現在也看到了，佈局多麼合理，裝修多麼高貴，比這小一百呎沒有裝修的房子都六百三十萬啦。」

「那你幫我算算，」我對陳小姐道，「首付三成作十年按揭的話，每個月我要供多少錢？」

她拿出計算機飛快地三按兩按，便以一種驚喜的聲音向我報告了：「五萬六千塊錢有得找——只要五萬五千……」

大概見我的臉色並沒有歡天喜地跡象，又道：「這是照十年按揭計算的。其實你完全可以作十五年按揭的啦！你這麼年輕，只有四十歲是吧？又在大學教書，六十五歲才退休是吧？作二十年按揭都可以的啦。那樣的話，月供三萬多四萬差不多了，要不要我給你再算算？」

「也好，」我裝作完全沒被她的恭維所動，淡然道，「你就幫我再算一算。」

「十五年按揭還是二十年按揭？」

「十五年。」

又是一陣計算器的吧吧嗒嗒，數字很快報出來了。我不記得確切數字了，四萬元左右吧？不過我清楚地記得她隨後說的那句話：

「趁年輕你再辛苦十五年，之後就可以在這麼一座靚樓裡安度晚年啦。」

我愣怔著緩緩從躺椅上站起身來，走到欄杆旁。我兩手撐著欄杆望向前方。前方是一片藍天、草地和遠山，正是地產廣告上所謂的「無敵靚景」。一陣冷風吹來，我感覺出了幾分涼意，發燒的頭腦也冷靜下來。

再辛苦十五年？！十五年之後我多少歲了？日薄西山奄奄一息矣！而且整整十五年都要像現在這樣，作著自己不喜歡作的工作，寫著自己不想寫的文章，應酬著自己不喜歡甚至厭惡的人事嗎？如此這般勞力勞心地過著日子，我能堅持到住靚樓「安度晚年」的那天嗎？就算我堅持到了那一天，我的生命也只剩下殘骸餘燼，怕是再沒腦力和體力寫自己想寫的東西作自己想作的事，只能苟延殘喘度餘生了。那樣的話，就算住在這麼一座帶陽台的美麗大屋，又有甚麼意思呢？

畢竟，對我來說，生命中有比帶陽台的美麗大屋更重要的東西。

我最終買到的是一套只帶一個內陽台的房子，雖然裝修也不錯，但畢竟看不到「無敵美景」，也沒有超級大廚房入室衣櫥。五年之後我辭職回內地讀書寫作時，把它也賣掉了。賣掉的價位跟當初的買價差不多。

不久前，我去過一次美孚新村。在一間地產店，我不由得佇足看看門店上那一片地產廣告，嘩，真如朋友們告訴我的：一千八百呎大屋已經是兩千萬左右的價位了，而與我賣掉的那層樓相若的房子，價位也過了千萬。

一位地產小姐走出來招呼我：「有甚麼可以幫到你的嗎？」

抬頭一看，心下不由得一驚：這不是陳小姐嗎？定神細看才安下心來，只是個身形與陳小姐相近的女子而已，臉形比陳小姐要尖瘦一點，眼睛也小一點。再說，陳小姐要是真的出現在我眼前，肯定不會這麼年輕的啦。畢竟，十多年的歲月過去了。

我逃也似地趕緊走了。若真的碰到陳小姐，該怎麼跟她對話呢？

「當初你要是聽我的勸就好了。」「當初我都說了豪宅一定升值得快。」她一定會是這樣的一些話。她當然絕對不會想到，正是她那句勸導之詞讓我下定打退堂鼓的決心。我究竟應當感謝她還是怪罪她呢？一念之差，我與那套大房子或是發財的大好機會擦身而過。可現在，我雖只能鄉居野蔬省儉度日，總算得以遠離塵囂讀書寫作，過上了自己想過的生活。兩相權衡，孰得孰失？

八　天水圍的月亮

搬到天水圍的第二天，我就寫了那篇文章：〈天水圍的月亮〉。

時間是二〇〇三年。那時我辭職回內地寫作的種種理由日益迫切。算一算這些年自己存下的錢，雖然不能華屋豪車，但衣食無憂是可以作到的了。兒子也已拿到碩士學位留校任教，經濟上可以獨立。另一方面，年過八十的老母得了癡呆症需要照料，而最重要的是，我有一種預感：假如再不留些時間給自己，寫下那些從八歲時就一直想寫的東西，就來不及了。

可是總有些難以割捨的東西。

房子啦，朋友啦，熟地難離的感覺啦。工作上呢雖然有種種煩惱，但比起三十年來作過的所有工作，這是一份最好的優差。別的不說，單是看在高薪酬高房津的份上，種種伴之而來的煩惱就都可以等閒視之。更不必說比起從前所遭受過的種種，如今這些煩惱都要算是小兒科、富貴病，用一位內地老友的話說：「要是這都算煩惱，你就只能搬到火星上去住了。」

搬到天水圍的第一天夜裡，將疲乏的身子放倒在床上，一眼望見懸在窗口的那個大大的、彎彎的、自由自在飄浮著的月亮，便油然想起了朋友的那句話。想起那句話，心中感到的是一陣驚喜。天空一望無際，除了稀朗的星星，就只有這個白白的月芽兒掛著，有如那支好多年沒有唱過的兒歌：

「彎彎的月亮小小的船，／小小的船兒兩頭尖，／我在小小的船裡坐，／只看見閃閃的星星藍藍的天。」

定居香港十三年，這是我第一次如此接近如此清晰地看到這個兒歌中的月亮呀。少年時代，許多個夏天的夜晚，跟小夥伴一起在巷子裡乘涼，也曾仰望頭上的皓月星空。我當然不會有那種「抬頭望見北斗星心中想念毛澤東」的革命感情，但也完全沒有了唱兒歌的浪漫情懷。遠處是高音喇叭的宣傳歌聲和口號，近處是革命群眾的雪亮目光和閒言雜語，身為介於革命和被革命之間的「可教育好的反革命子女」，忐忑、愁苦、驚懼、就連月亮看在眼裡也只覺炫目而恐怖。

八〇年代蘇童有一篇小說名叫〈白洋淀紅月亮〉，有位同學跟我這樣評說它：

「那篇小說的題目真怪，」她說，「月亮怎麼會是紅色的呢？」

我沒看過那篇小說，蘇童這名字當時也是第一次聽說，但馬上就覺得那一定是一篇好小說，要去找來看看。「至少那位作者也發現了，月亮的顏色並不都是潔白的呀。」我心想。

來到香港以後，雖有了看月亮的心情，卻沒了看月亮的地方。搬過十多次家，從五十呎的「棺材房」一直搬到上千呎的「豪宅」，竟然都沒有一面窗戶可以了無遮擋地看到一整片天空。在這擁擠的城市裡，天空總是被其他的樓宇切割得支離破碎；月亮呢也總是在萬家燈火和別人的窗口之間若隱若現，往往這半邊還沒看清楚，那半邊已經遊走到了別的樓宇後邊。

有一年中秋節，我們住在維多利亞公園旁邊，我帶兒子去公園看月亮，那裡有個比足球場還大的大草坪，我想一定可以看到一個完整的圓月亮。結果我們連公園的門都沒進得去。人實在太多，整個草坪都是一片燭光以及密密麻麻的人影。一眼看不到邊際的人海，一個身影緊挨著另一個身影，一張面孔緊連著另外一張面孔，所有的面孔都在仰望天空，可是那天空上看不到月亮。大概連月亮也給這片人海嚇跑了吧？

在天水圍，在這新搬的小屋子裡，空間雖然比剛搬出來的美孚新村大屋小多了，但是躺在這小小的房間裡，竟然可以看到這無遮無擋的一整個月亮！

驚喜與欣喜之餘，是迷惘。

沒搬到天水圍之前，看到過好幾篇有關天水圍的悲慘新聞。號稱香港最大的新市鎮，天水圍集中了全港最多的新移民，除了我所住的嘉湖山莊，其他屋村都是公屋。其住戶都是新移民中的新移民——近十年裡移居香港的內地人士。新聞中那些家庭倫常慘劇的主角都是這群人：殺了妻兒然後自殺的暴戾丈夫啦、帶著兒女跳樓的絕望妻子啦。雖然把這些慘案的死者人數都加起來也沒達到兩位數，可是看在少見多怪的香港人眼裡，卻都是駭人聽聞的「大件事」，尤其是它們集中發生在同一個地區的時候。

九歲來港、已基本香港化了的兒子，聽說我在天水圍買了樓，即時驚呼：「怎麼去了那個罪惡淵藪呀！」

當我們坐著搬家車進入天水圍市區，為了扭轉兒子對天水圍的成見，我一路上向他指點沿途各種美麗新事物：

「看，那是輕鐵，多光鮮！多漂亮！」

「看，天水圍中心街市，比美孚街市大多了！」

「看，銀座廣場！旁邊那座大廈是嘉湖海逸酒店，五星級的大酒店哦！」

口氣中透著誇張和炫耀，儼若領客人去看樓的地產經紀。兒子則像是三心二意的看樓客，對我的每一項好介紹都予以無情批判：

「漂亮有甚麼用？中看不中吃。」

「離家這麼遠，你會天天跑到這裡來買菜嗎？」

至於五星級大酒店，那更是跟我們八桿子打不著：「你會去裡面住嗎？」他頗具務實精神地發出問題，「來了朋友你會讓他們住在那裡嗎？標間都要上千啦。」

經過那座富麗堂皇的嘉湖山莊會所時，我精神為之一振，連忙推一下他的肩膀，興奮道：「看！多壯觀！那年我們在裡面玩過的呀！還記得吧？你跟琳達在兒童遊樂場玩得多開心！洗手間超超高級，我還在裡面迷了路。」

那是上個世紀九〇年代中期的事，嘉湖山莊第一期才剛入夥，朋友買了一套作別墅，請我們一起去度周末。

且不說她那套裝修得像酒店似的大屋了，單是那座金碧輝煌的會所就把我鎮住了。超五星的大堂和餐廳、露天泳池、室內恆溫泳池、桑拿房、桌球室、棋牌室、網球場，兒童遊樂場樣樣皆有，不過最令我驚艷的還是洗手間。我站在那銀光閃閃的門口，簡直難以置信：這是洗手間嗎？明明是座宮殿！

我在裡面兜兜轉轉，好似進入了一座迷宮，到處是鏡子和門，你以為是出口的地方，卻別有洞天，是沖涼室，是化妝間，裡面有大理石梳妝枱和紫紅色絲絨面子的梳妝凳，站在鏡子前往裡面望去，照花前後鏡花面交相映，天吶，難道那個立在一樹紅海棠旁邊的光彩照人女子，竟然是我？頓時，我對「蓬蓽生輝」這個成語有了新的體認。

兒子顯然沒有我這一種懷舊情懷，又或許他長大了，比多年來過著上班族兩點一線生活的我見多識廣。他只是朝那座亮麗建築淡淡掃了一眼，沒精打采道：「哦，現在新屋村的會所都是這樣的啦。」

在嘉湖山莊新居窗口看到月亮的那一刻，我便想到：要不要去把關了門正在讀書的兒子叫來一起看月亮呢？

再一想，還是算了。

有時候還是無言獨上西樓的好，即使最親的親人，心靈也往往不能相通。

兒子不會想到，此時此地，我在望著那個從窗框的這一邊緩緩滑向另一邊的月亮時，心中何所思何所想吧？

來港十三年，我才終於在天水圍這個「罪惡的淵藪」找到了看月亮的地方。可是，卻沒有了看月亮的心境。

陷身職場，每日在各種俗務和人事之間奔波煩惱，即便是在獨自對著一彎明月的此時此刻，心中也不寧靜。別說沒有那種「冷得像冰一樣」的創作心態了，便是望著月亮從一片雲移向另一片雲的定力也缺缺。焦慮的一顆心，總是忽下忽下地在明天的課後天的飯局大後天的甚麼會之間翻滾跳躍。

大約就是在那天夜裡，我終於下定決心，要把生命中所剩無幾的最後時光留給自己，去到一個天天可以獨對滿目星空和皎潔明月的地方，將那一直堆積心中的往事塵埃一一卸下。

二〇一八年九月二十七日三稿

附：南湖渠·父親的日記

附：南湖渠・父親的日記

——一九七九年紀事

如今北京還有南湖渠這地方嗎？如果有的話也是在城區了，至少是在四環以內。但在一九七九年，它肯定屬於郊區，而且是遠郊，這從它的名稱就可以看出來了：南湖渠公社。

一九八四年人民公社廢除之前，「公社」是中國農村的符號之一。父親租住的那間農民屋，地處南湖渠公社南湖大隊第一生產隊。從位於金台西路的新聞研究所去那裡有兩條路線：一是搭公交車到東直門外長途汽車站，乘坐開往後沙峪的長途班車，下車後步行一里多路即到。但這車只有早五時和晚五時各一班。其餘時間便只能乘公交車到西八間房，在那裡轉乘四〇一或四〇二路公交車到南湖渠站下車。下車後還要步行差不多十里路。無論走哪條路，單程都至少耗時兩小時。

讓我想想，那一年母親是多大年紀？父親又是多大年紀？一九七九年，當他們住在南湖渠時。

我是在父親的一九七九年日記上看到這個地名的。日記寫在一個十六開牛皮紙封面的本子上。封面上方印有兩個大大的黑體字：教案。下方的那排字，字號小得多：黑龍江省圖里河林業局第一中學。這兩行印刷字中間有一行原珠筆字：「1979」，是我的筆跡。

生於一九一七年十月的母親，那年是六十二歲，而生於一九一九年七月的父親，那年整六十。

其實我已經看過一次這本日記了，那是一九九六年父親去世之後，我從他的遺物裡看到這堆本子和一些零散紙張，便把它們都瀏覽了一遍，知道了那些紙張是他的遺稿，而那堆本子是他的日記。日記一共七本。除兩本失去了封面，其他五本封面都是褐色牛皮紙的劣質本子。開本大小不一。年期分別是：

一九七三至一九七四、一九七八、一九七九，一九八〇、一九八一、一九八七、一九九二。

每本的日期都不是從元旦開始。除了一九七九年那一本，記錄的日期斷斷續續，有時一斷就是好幾個月，而最後的一天也不是年終。

不過，直到今天我認真重讀這些日記，才發現了，每本日記開始記的日子往往是那天他生活中發生了比較好的事。比如一九七三至一九七四的那本，始記於六月十八日，那天他從開地處大興安嶺山林深處的開拉氣林場伐木隊調至農業隊，從檢尺員變成總務員，處境得到了改善。因為總務員雖然也得山上山下地顛來跑去，負責全隊幾十號人的吃喝拉撒，但不用在原始森林零下三四十度的嚴寒中幹體力活了。一九七八年的那本從六月二十六日開始記，這天他從開拉氣林場調到圖里河林業局中學教英文，終於出了山溝，還當上了老師，這標誌著他從此結束勞改生涯，得以享受人的待遇。

一九七九年的這本，也是如此，開篇的日期是三月十七，這天，他從北京上訪回到圖里河。懷揣一紙「右派改正」證明和一紙由中國社科院新聞研究所發出的調令，回來辦理調動手續。從一九五七年十二月被「下放」到大興安嶺，二十二年過去了，他終於得以回北京。

在那之前，由於他始終沒被「摘帽」，又身處邊陲，被「落實政策」所遺忘。幸好林業局一位名叫徐連富的領導同情他遭遇，見北京他那原機關遲遲沒有「改正」他的信函來，就讓他自己去北京「活動活動」。

那機關原名叫中國人民保衛世界和平大會，簡稱和大，六〇年代改名為：中國人民對外友好協會。簡稱友協。和大也好，友協也好，其實是個打著民間組織旗號的外事機構，網羅了一批外語人才，五〇年代初大都是歸國華僑。所以，五七年被和大「下放」（用我奶奶的話是「充軍」）到大興安嶺的那一車廂右派，全部是華僑，其中有人的父母還是東南亞僑領，大約考慮到國際影響，和大竟包了一節國際列車把他們送至哈爾濱。然後再從那兒分發到牙克石地區各個林業局。

人事科長洪道源負責這事。此人貌似忠良，其實一肚子壞水，大概想超額完成任務討領導歡心，竟把我們全家都騙去跟父親一道「充軍」。零下四十度的嚴寒中，七十六歲的奶奶第二年就凍死了。母親也肺結核發作大吐血，我也重病住院。要不是母親拼死帶著我們三個孩子逃去了老家長沙，也許我們也都追隨奶奶成了林海雪原之鬼。

獨陷原始森林的父親，生存能力超人，得以成為那一車廂四十餘名和大右派中唯一的倖存者。對外友協接待他的幹部還算有點惻隱之心。雖說表示友協安排不了他的工作，但給他在機關招待所安排了一個床位，讓他自己去找接收單位。他於是聯繫到了新聞研究所。這一年，是一九七九年。

一九七九年，這是父親一生中最富戲劇性的一年，大難不死，噩夢醒來是清晨，他發現自己竟然身處京城，從香港回來二十九年之後，終於幹回他的老本行——新聞，真是「漫捲詩書喜欲狂」。所以這本日記是七本日記中最厚重詳盡的一本。幾乎每天都有事要記。而且盡是一些今天看到了誰誰誰、碰見了誰誰誰、和誰誰誰見了面、找到了誰誰誰之類的喜事。老友們劫後重逢，握握手，笑嘻嘻：「你還活著!?」「活著活著。」

我第一次讀它時，感覺彷佛置身於一艘救生船，船上人人都是一場海難的獲救者，大家大難不死，互相打量，都為自己的九死一生而驚奇，慶幸。

當然，不算海外歸來的人，他們在這艘肇事船開動之前便及時逃離。現在變成幸運的旁觀者，頂著「愛國華僑」、「著名學者」、「國際友人」等光環回國觀光或者講學。我第一次翻閱這本日記，最感興趣的便是父親重逢海外歸人趙浩生的情節。

三十二年前，當他們一起在南京採訪國共和談時，父親親左，趙浩生親右。多年來，父親一直為他當時冒著生命危險幫了中共代表團的忙而驕傲，為那些流亡海外的右傾朋友嘆息。可三十二年後他和那些老友之一趙浩生在新聞研究所相遇，一個在台下，一個在台上，一個是死裡逃生的「改正右派」，一個是被邀請回國講學的知名學者。一個瘦骨伶仃垂頭喪氣，一個紅光滿面意氣揚揚。

相見的場面甚具戲劇性，講者趙浩生從台上依稀發現故人，便下台跑到最後一排那名破帽遮顏者面前驚問：「王孚慶是你嗎！？」而那名剛爬上岸的落魄之人則尷尬地囁嚅：「是我。老趙——浩生。」

這一場景是父親在南湖渠當面講給我們聽的，日記上關於這一相遇只有無色無味的一句記載：「在演講會休息間，與浩生會晤。」

父親當面講給我們聽的情節卻有細節和色彩。趙浩生那時雖已是中共座上客、海外華人中著名的親共份子，對共產黨整人之手段還是有所風聞的，所以一見老友這般情狀，也就沒有多話。回到下榻的北京飯店才打電話約他見面。

趙浩生告訴父親，海外朋友都以為他早不在人世了。只是摸不準他罹難的時間和地點。香港的朋友中有一位宋凱莎，也是當年跟他們一起採訪國共和談的，乃中立派《新民報》記者。他請趙回去打聽一下我們家還有沒有人存活。因為宋家有個女兒跟我同年同月同日生在香港的同一間醫院，我母親沒來得及拿到我的出生紙就回國了。宋太太便幫我們拿了，且一直保留著。

「沒想到凱莎這麼關心我，」父親對我們感慨，「也沒想到浩生這麼念舊。三十二年不見，大家還是一見如故。當晚他請我在北京飯店吃飯，旁邊那一桌是美國哥倫比亞大學學者代表團，再旁邊是李政道一家。真是恍如隔世。浩生說小璞拿到那張香港出生紙就可以出去。平平（我姐姐）的出生紙也可以補辦，辦了也可以出去。他還說可以幫我先弄一個孩子去美國。」

那是我們送母親來南湖渠跟父親團聚的當晚，我們坐在那兩間農舍中較大的那間。初秋的風從關合不嚴的窗縫裡鑽進來。母親說：

「北京到底比長沙涼快也多了——你怎麼回答他？」

「我當然說不能麻煩他。畢竟……」

他欲說還休，我連忙接過他話頭道：「不去。不去。」

我們先前的回信中對此事不約而同也都是這麼回應的。父親信中提到，趙家和宋家的孩子個個學業有成，都拿到了外國名校博士或碩士學位。而我們三姐妹學歷最高的一個也只是中四。至今還看不到能夠提昇一步的跡象。就算去了海外也只能到餐館洗碗吧。

記憶中，我看見我沉著臉，一言不發地站起來出了門。唉，現在，我已經清晰地看見了那個地處京郊的小院。九月的涼風刮過院子裡的樹，片片黃葉掉落下來，在灰撲撲的土地上打出嗖嗖的聲響。興沖沖的燈光從沒掩緊的門裡洩漏出來，伴著依稀可辨的話語：

「她心情不好……」

「她怎麼還是這樣愁眉苦臉的……」

於是，我抬起頭來望向天空。從這個四方小院往上洞開的天空，清冷而高遠的北京的夜空，跟焦灼而灰黯的長沙的夜空不一樣，寧靜，疏離。悉悉悉，瑟瑟瑟，那是冷雨在告別的聲音嗎？那是野草在蔓延的聲音嗎？「南湖渠」這個地名，便在這記憶的天空中浮現出來，像星辰浮現在雲端，溫情浮現在垂垂老矣的胸口。

父親的一九七九年日記裡記載，他四月十一日離開圖里河——這個度過二十一年流放生涯的林區小鎮，四月十八日到達北京。但日記中第一次出現「南湖渠」這地名，卻是八月一日，離他回到北京已經三個多月了。這期間他一直流浪北京。

新聞研究所雖然接收他了，但它是個剛成立的單位，連單身宿舍也沒有。他只好繼續棲身於友協招待所。後來，連招待所的床位也岌岌可危。他們已經三番五次催他搬走。

有一天還三更半夜派了兩人來敲他房門。

「說是派出所有查戶口的要來。」六月二十六日的日記中，父親這樣記述，「但並未見人來查。這二人態度很不好。有些像探子。使我難以相信是友協政治處的幹部。但我仍然保持克制，把他們敷衍走了。」

這讓他急於找到一個棲身之處。正好這時他圖里河的忘年交劉濱江來看他，見這情況就給他出主意道：不如先到郊區找間農民房先住下，還可以把家屬接來。於是便有了八月一日下面這段記述：

「晨六時，隨濱江乘一〇六車到東直門外，轉乘至後沙峪的長途汽車，只過三大站便到南湖渠大隊。居民約八十戶，加上社屬製磚廠工人住宅，人數亦不下五千。街道是小馬路，道旁村舍各有小院。一律磚瓦平房，綠樹成蔭，有鄉村風趣。

我們到李寶林、林禹夫婦家。他們原是圖里河人民銀行工作人員，因在內人黨事件中誤傷，在此養病已達十年。他們打算把自住的兩間約三十平米房子讓給我住，自己搬往隔院一池姓烈屬新砌的房子去住。」

濱江就是劉濱江。我叫他劉哥。一九七二年我到圖里河探望父親時，就住在他家。他父親劉大爺跟我父親曾經同在一個伐木隊，他父親是老工人，隊裡的炊事員。文革初林業局造反派上山來揪鬥父親時，劉大爺和隊長合力把他藏到深山。那次批鬥會當場打死了好幾個人，包括林業局局長。所以劉大爺可說救了他一命。

劉哥家庭出身好，本人又精明強幹，年紀輕輕就當上了圖里河鎮團委書記。不料「內人黨」事件中他也被「揪出來了」，少不了被關押批鬥了一番。但他可不是等閒之輩，竟然逃出牛棚扒火車去北京告狀，前後七次，六次都在半路上被抓回去了。第七次才終於成功到達國務院信訪辦。

「到了信訪辦人家跟我說，」劉哥這麼對我講述，「你回去吧！內人黨的事我們已經知道了，會處理的。你猜怎麼著？原來就在我第六次被他們整回去時，陳（巴爾虎）旗一蒙古老太揹著她兒子血淋淋的頭，愣是爬山涉水走到北京，把狀給告上了。」

劉哥英俊勇武，能寫會算，又特吃苦耐勞，在圖里河是個數一數二的大能人。鐵哥們多多，李寶林便是其中之一。李寶林自己也算圖里河一大能人。「內人黨」事件平反後，別人都自認倒霉算了，他卻不肯算。「讓咱遭了那麼大的罪，說聲搞錯了就又叫咱乖乖回來上班？沒門。」他說。

他是北京人，就跑回北京，在南湖渠一親戚家旁邊租了間房子住下來「泡病號」。這地方就此變成圖里河人駐京聯絡站了。到北京來辦事的圖里河人都到這兒落腳。劉哥想進京作生意，自然也先住這。

李寶林那年才四十來歲吧，又黑又瘦，像個小老頭，一說話先咳咳咳。不過他瘦雖瘦，總是挺胸直背，直得都讓人擔心那細長的身子隨時會折斷。「怕啥呀？不怕。」他總是挺直著身子這麼說。

也曾蹲過「內人黨」牛棚的父親，跟李叔算是難友，自然一見如故。李叔熱烈歡迎父親作他的鄰居。還自告奮勇，幫他請木匠打傢俱，幫他義務監工。

事情就這樣敲定了，早已給友協招待所騷擾得日夜不安的父親，從南湖渠回來喜不自勝，以他那被我媽斥之為「報喜狂」的性格，馬上就把這事宣講得盡人皆知。而第一直接影響就是友協通知他立即搬出去。

於是便有了以下的記載：

「八月十二日 星期日 全日大雨。從上午八點鐘開始，謝怡領一部一三〇車來，並請了他同事幫忙，先搬運友協防空洞內所存放的木箱三隻，辦公桌一張，椅子四把、飯桌一張以及零星木料。加上我的書箱和衣箱，裝滿一車，直運南湖渠。到了目的地，不幸車陷泥溝。費了一小時功夫才出來。大家都成了泥人。」

「八月二十四日 星期五 大雨中秉澤約了他的同事兩人（包括司機）在上午十一時來到友協，冒雨大刀闊斧搬運東西。然後又到張鈺家取木板和纖維板一塊，又到謝怡的機電公司取了存放的四塊纖維板。直奔南湖渠。忙到晚上。在秉澤家休息到十點回新聞所辦公室睡覺。」

「八月二十五至三十一日 友協招待所已取消，我在南湖渠和新聞所來回跑，居無定所。無法寫日記了。」

「九月十一日 星期二 微雨 到北大邀共生來幫忙整理房間，把太慶也一併找來，帶回油紙，買了爐子等物。由於搭車太費時間，這一天我們都在東跑西走，沒完成大事。」

即是說，從八月十二日租下南湖渠那兩間空蕩蕩農民房，到九月十一日房子裝修好可住人，他在京的所有親戚總動員，姪女、姪女婿、姪外孫、姪姪外孫，甚至年近六十、他那遠在西郊北大的堂弟王太慶，都成了他的勞動力，給動員來裝修、搬家、買家居用品。

當然，最累最忙最急的還是他自己。因為在這一個月的時間裡，招待所床位沒了，南湖渠不能入住，他就住在新聞研究所的辦公室桌上，每天在南湖渠和新聞研究所之間為裝修的事奔走。

「九月五日 星期三 微雨 七點四十進城後，到和平里車站打聽零租貨運，準備長沙運來的東西能就近取貨。到東四想購買乳膠，但跑了幾家化工油漆店無貨。又轉到崇外大街。出乎意料之外，碰上那裡的油漆店正賣清漆，喜出望外，趕忙買了六斤。我運氣真好，這種東西太缺了。正在我的新傢俱今天要開始油漆的關節眼兒，一次買齊了清漆，豈不天助我也！」

「九月七日 星期五。還差幾件事未完成，主要是玻璃缺九塊未找到。涼棚未搭好，室內木料尚待處理。如按她們本周日來京日期，必須抓緊進行。」

「九月十四日 星期五 把木料都搬到寶林兄院內，把三張床都搭起來，兩間房面目一新。好像新結婚的人家。」

終於，他在返京五個月之後，完成了將分居二十年的老伴重聚的豐功偉績。

「九月十七日 星期一 晴 午後四點三十五分第二次特快準時到北京站。智琳偕璞辛欣然下車。大小行李十多件，特別是一口樟木箱子。可把我們累苦了。好在新聞所派來小麵包車準時來接。到南湖渠後。我們還吃了李家為我們準備的豐盛晚飯，有酒有菜，頗為圓滿。比起二十九年前我們第一次來北京建家時還順利得多。劫後餘生，感慨不已。」

沒錯，我們抵達北京的那天是個秋高氣爽的大晴天。即使在那亂哄哄髒兮兮的站前廣場上，陽光也是喜滋滋地照在我們身上。母親那張永遠憂心忡忡的臉上，泛開了笑容。

這是真的嗎？二十二年過去了，她才又回到了這個當初將我們驅趕出去的城市。她頭髮白了，背也駝了，站在那個頭髮也白了、但依然挺胸直背的丈夫旁邊，她顯得特別瘦小，她不時抬頭望望他，彷彿不能置信這一幕是現實，「孚慶吶……」她喚道。

省略號。欲說還休。三十七年前，當他們是重慶復旦大學的一對情侶，她也是這麼呼喚著他奔上那跑去防空洞的鄉間小路嗎？她也是這麼充滿期待和疑惑地看著他嗎？「北碚」、「夏壩」、「黃桷樹」，這些她青春回憶的關鍵詞，即使她得了老年痴呆症也常提起。那時我以為這些都是重慶的地名，二〇〇八年我終於去了北碚復旦大學舊址探訪，才知道黃桷樹只是重慶最常見的一種樹，根深葉茂，生命力特別頑強，想必當年曾經蔭庇過他們的愛情吧？

不過，一九七九年，當我挽著母親的手站在北京站，可沒有閒心想到這些。事實上，直到他們兩人都離開這一世界，我從未關心過他們的前塵往事，每逢母親開始說：「那年在北碚……」我便打斷她道：「我知道，你在北碚時幾多開心。」

「唉，那是我一輩子最開心的時候，只有四年。」

「人人的學生時代都最開心。」

「人人！」母親激烈反駁，「怎麼可以這樣說！我們那時候不同的，我們那時候多麼……我那時候……」

我知道她下面要說甚麼，那是她百談不厭的話題：年輕時代的奮鬥與光榮。她是如何在抗戰中，不顧家人的阻撓，從戰火紛飛的桂林獨自跑到重慶去上大學。又是如何天天跑防空洞，在防空洞裡和同學圍著一盞油燈讀書，聽課，求學，大年三十也是一碗糙米飯幾片鹹蘿蔔……從前那也曾是我愛聽的話題。可現在我正在自己的困境中掙扎，便總以為自己才是最最苦大仇深之人，便不耐煩打斷她：「你們那時候好歹還有得書讀，政府還發貸金，比我們好得多！」

母親不是一個善於表達的人，面對著的又是我這麼個不善於傾聽的人，便只好收住自己的話頭，憐惜地看著我，發出同情的喟歎：「唉——那倒也是的。」

如今，重讀著父親這本日記，我是多麼後悔！我想仔仔細細地聽母親敍說，不管她多麼囉嗦，不管時序多麼混亂跳躍，時而重慶時而昆明，時而一九四一時而一九四八，我都會耐心傾聽，一遍又一遍，只因為主角是她和他，我最親的人。但是，再也沒有機會了。

那時候見到我和母親的人，都說我和她真是一個模子翻出來的，太像了。其實從五官長相來看，我更像我爸，我酷似我媽的是她的神情，就緊張兮兮憂心忡忡而言，青出於藍而勝於藍。

自打八歲那年，得知我家之所以從北京流落到大興安嶺的真相，我就沒了笑臉。改變自己命運的強烈願望使我睡不安寢食不甘味，明白只有靠自己努力才能抬頭作人。我每天早起晚睡，爭分搶秒地讀書學習，學這學那，無論在哪裡工作，我都是最勤奮最努力的一個。就算三天三夜加班，我也會徹夜不睡完成當日學習計劃。煉成一副枯乾焦瘦的形貌，初見者無不驚倒：「天吶，你怎麼這樣瘦！」

一九七九年那個陽光燦爛的下午。我看見自己站在北京站前，也是這麼一副形象。就連陽光也沒把喜感從我身上逼出來。我愁眉苦臉地悵望面前車水車龍的大街。一頭枯亂短髮，身上是一件深藍色卡其布及膝大褂，腳上是一雙黑色塑料底統帥鞋。這件大褂是我們廠新發的工作服，我認為是我所有的衣服中最配得上京城光輝的一件。但父親顯然不這麼認為，他那朝我瞟來的目光不無批判神氣。

「你臉色不大好。」他說，

「好得了嗎？火車擠得要命。足足坐了二十三個鐘頭。走道上都站滿了人。有個男的非要擠到我們椅子上坐，怎麼能讓他坐？別說他一身痞氣了，就算是個正經男的也不行。他就罵娘，他旁邊那女的就充和事佬，說好了好了那不如讓我坐吧——後來才發現他們是一伙的。三個人的座位擠坐了四個人，從鄭州一直擠到北京……」

這些話我傾訴出來了沒有？當然沒有。我跟父親真的不熟。再說我就算再不懂事，也不想掃他的興，所以就只是淡淡地回應一句：「哦，也許因為一夜沒睡吧。」

「那快回南湖渠睡一覺。」他忙道，「家裡甚麼都弄好了，床都鋪上了。快上車快上車！對，我們所裡還派了車來接你們呢。領導和同志們都很關心你媽來的事。」

「唉孚慶，」母親嗔怪地道，「我講了要你莫去驚動別人的，不要搞得喜事一樣。」她一臉別夢依稀的神情，一隻手提著個裝了雜物的網袋，一隻手緊緊抓住父親的手臂。他們已經五六年沒見了。

「是喜事！」父親道，「當然是喜事。老李還非要給我們接風呢，他們作好了一桌菜在南湖渠等著。」

南湖渠！南湖渠！

陽光喜滋滋地照在南湖渠那間小院的每一寸空間。就連散亂一地的碎木頭刨木屑也金燦燦亮閃閃的。房東迎在門口，她是個表情缺缺的小老太太，不過從她那副眨巴著眼睛咧著嘴的神情看，與其說她是在迎接，不如說是在圍觀。倒是她腳下的那群大雞小雞情緒比較熱烈，一見院門大開，都爭先恐後奔出來，朝我們嘰嘰喳喳地歡叫。後來我們才得知，原來在這以前老太太已經跟李叔翻了臉，因為他太敬業了，發現她拿我家的木料打了幾張櫈子，就跟她理論起來。

不過父親顯然是想與之保持友好關係的。車一到院門口，他趕緊頭一個下車，熱情洋溢地跟老太太打招呼，那勁頭活像見到了解放區老房東的老八路。跟著他就熟門熟路地直撲右手邊那間房，只見他急衝衝地將房門大力一推，回過身像展示出一項奇蹟般地，對我們展示出現在面前的這間房：

「怎麼樣！跟新房一樣吧！簡直！」「簡直」在他的詞語庫中代表最高級感嘆。

一片油亮的金黃色撲面而來。床、大櫃、五斗櫃、桌子、椅子、全部都是金黃色。我心裡第一感覺是：老土！色調怎麼會這麼黃？油漆怎麼會這麼亮？

可父親已經滿屋轉開了，歡喜的聲音裡裡外外地一徑響著，向我們熱心介紹著每件傢俱：

「看，大立櫃！雙門的！」

「看，大餐桌！正方的！」

「三張床吶！兩單一雙！」

他尤其喜悅地拍打著五斗櫃的檯面，對母親得意洋洋地道：

「五斗櫃！你不是一直說想要個五斗櫃嗎？瞧這櫃子多漂亮，多紮實。簡直！」

「紮實，紮——實——」母親說，拖長著聲調。

從我記事起，每逢她抱怨自己到處漂泊，就會說：「唉，這輩子我連個五斗櫃也沒有用過，老是拖著幾口破箱子到處跑。」

可不，我們家別說五斗櫃了，連張靠背椅也沒有，四個人只有三張板凳，吃飯時有一人得坐到箱子上，來了客就把簡易飯桌拖到床邊。

現在不僅有滿屋子的傢俱了，還有這張金黃油漆的五斗櫃閃亮登場，母親卻沒有表現出歡天喜地神色。這當然跟她比較內向有關，但也透露出她跟我一樣，對櫃子的顏色不太滿意。她也討厭金黃色。

父親顯然感覺到了她聲音中的猶疑，像一名以為會得到老師大力表揚卻被敷衍地點下頭的學生，情緒為之一抑，他不甘心地又拍拍五斗櫃，強調道：

「是樟子松，最好的樟子松呀！」

「啊！是樟木的！」這下母親湊近到五斗櫃跟前，也一臉驚喜地撫摸它了。

我們家身兼多職的那口箱子就是樟木的，是他們最好的朋友送給他們的結婚禮物，跟著他們走南闖北。當然，我們奔長沙時它也是托運的一大件。領件時我們卻發現：這箱子被劈開了一條大縫。顯然有賊人想打它的主意，但樟木箱堅不可摧，他們的賊心沒有得逞。我們失竊的是另外一口箱子。

「樟木的！」母親輕撫著五斗櫃，好像它是她失散多年的寶貝，點著頭，「那好，那好。」

這時，我聽見了我自己的聲音：「樟子松和樟木不是一回事。樟子松比樟木差遠了。」

穿過這麼久遠的歲月，我的聲音聽上去怎麼還是這般尖刻刺耳？唉，老是那個煞風景的人。老是那個不合時宜的傢伙。難怪到哪裡都不被人待見了。難怪八歲時就被老師懷恨了。當全班同學都被女教師誇耀自己家鄉的言談驚倒，我卻舉手要求發言：

「老師，松花江不是中國最長的河，長江才是。」

「就你能！」我從女教師拉長的臉上看到了這句話。

我從對面父親那張寫滿滄桑的臉上，也看到了這句話。然而，父親畢竟不是心胸狹猛的女教師，他性情溫和，與人為善。不過他不再理會我了，只對其他聽眾宣講他的打造傢俱成果。

唉，只好沉默是金。在李叔家為我們接風的晚飯桌上。大家都熱烈地傾談，只有我保持沉默。後來，李叔似有所覺，試圖把我也拉進談話：

「你爸說你可愛學習了，學習好著呢。還考那啥研究生。是不？」

我的臉一下子紅了，父親怎麼會跟人家說這個呀！

上個月我剛收到北大的末予錄取通知書，除了外語八十分，其他門門不及格，政治更只有二十六分。我報的專業是古音韻學，導師羅常培。其實我報這科只因當年從造紙廠的廢紙堆裡撿了一本王力的《漢語音韻學》，把那甚麼廣韻二百〇六韻胡亂背了一氣而已。根本不知羅常培是音韻學領軍人物。事實上，我連中文系的全名是中國語言文學系也不知道，還是在第二次考研進入考場前，從一位同場考生處得知的。

那是個美麗爽朗的女孩，跟我站在同一個教室門口等待進場，向我友好地點頭，問我報考的是哪個大學哪個系。

「北大中文系。」我說。

「啊，跟我一樣。我考的是現代漢語。你呢？」

「音韻學。」

「啊！咱們還是同一專業呢。」她說。

「中文系不都是同一專業嗎？」我道。

她驚異地看著我，然後便說出了中文系的全稱。

「中文系分文學和語言這兩大專業，這兩個專業區別很大呀，」她說，「咦，你怎麼會對音韻學有興趣的？你認識羅先生？」

還好這時考試鈴響起了，我不用回答她的話。

不過，還沒開考，我心理上已經崩潰了。我知道自己犯下了可怕的錯誤：想學文學卻學了語言。可想而知，這場考試會有甚麼結果。

第一個開腔解救我的是母親：「是的呀，小璞從小就喜歡讀書，一天到晚看書，可惜沒得書讀……」

母親或許是知道我最多傷痛的一個人。我人生的幾次重大挫折，她都是其慘痛後果的目擊者，雖然她也不是太清楚事情的始末。有一次，我被一輛警車從醫院送回家，母親衝出房門接著我，那張本來就蒼白的面孔面無人色了。當時正有一位親戚在我家，那人平時也算是喜愛我的，一見這場合起身就走，還衝母親道：「看你把孩子慣成了甚麼樣！」但母親二話不說便接過我，扶上床拉被子蓋上，並堅決地打斷來人的講述：「甚麼都不用講了。我知道我的孩子。她絕對是好孩子。」

她甚麼也不問。甚至當天夜裡我跟她躺在一張床上，她也只是在我偶爾悸動一下時，幫我輕輕把身上的被子拉拉平。以後也從沒問過我到底發生了甚麼事。那些對我來說難以言說的慘痛，對她也同樣慘痛，她不要知道，她只要看見我還活著就好。

我收到考研失敗通知書的那天夜裡，也跟她躺在同一張床上。晚上我下班回來，只把有北大字樣的信封拿出來朝她晃了晃，倒頭就睡。

徹夜，我睜大兩眼望著那個裝滿黑夜的長條窗口。我知道了，夜雲不僅是有顏色的，還是有表情的，它們痛楚地從窗口流過，連綿不斷，撕拉著我的心。

突然，黑暗中響起了母親的聲音，原來她也一直沒有睡著：「小璞，明天我們作韮菜盒子吃吧，」她靜靜地道，「你不是最愛吃韮菜盒子嗎？再去打半斤葡萄酒，我也陪你喝一點……」

在南湖渠李叔家的接風宴上，也有酒，二鍋頭，李叔給我倒了滿滿一杯，笑眯眯道：「你爸說你特能喝——那啥研究生是不是比大學生更高級更難考？」

「嗯，那個，我不是……」我道，惶然，黯然。

這時，我聽見了父親的聲音：「那當然了，」他道，「研究生比大學難考多了。特別是她學歷這麼低，考的又是社科院新聞研究所。」

我一抬頭，就看見了斜對面父親那張似笑非笑的面孔，他朝我把頭微微一點：「新聞研究所明年要招研究生，我今天去打聽過了。」

我有點驚奇地看著這支不期而至的援軍。他已不計前嫌？而且，我並沒告訴他我明年還要考，更沒說過要報考新聞研究所。

眼鏡後面的目光依然是朦朧的，閃爍不定的。永遠都是這樣的。一直到他去世，我也沒有看清楚過那目光，總是有東西阻隔在那目光的前面，眼鏡片、菜湯的水蒸氣、火車窗玻璃、汽車窗玻璃、夜晚的幽昧，以及，時間……

我們三姐妹中，父親跟我是最疏遠的。我總覺得是因為我出生不久他就被抓捕，迷信的奶奶怪我生辰八字不好。「屬虎也就罷了，還是子時，夜老虎，剋父。」她說。

但我這輩子怯懦內向，也可以說肇端於父親。母親說，那日公安部來人深更半夜到我家捶門打壁抄家時，我才只有一歲零三個月，給那幫兇神惡煞的傢伙驚醒，嚇呆了，一頭栽到她的懷裡再也不敢抬頭，連哭都不會哭了。從此一見家裡出現陌生面孔就低頭啜泣，一直要哭到客人出門。家裡來客，家人只好把我寄放到鄰居家。等客人走了才接回來。

三年後父親被放回來，我雖然知道這不是客人，是自己的爸爸，沒有哭，但「爸爸」這兩個字總是不能暢順地叫出口。一輩子都這樣，能不叫就不叫，要叫也是簡化到一個字「爸」，戛然而止。

如今，當我重讀父親的這本日記，父親已經去世二十多年了，而我也活過了他在南湖渠重建家園時的年紀，正向著他去世時的年紀一天一天地接近。夜裡，我會被心臟的一陣悸動驚醒，感覺死亡正在從黑暗中朝我漸漸靠攏。再也睡不著了，一些傷痛往事湧上心頭。不過，畢竟跟年輕時不同了，那時夜半輾轉難眠，竟會焦躁得驟然起坐，自言自語：「我怎麼會這麼傻？我怎麼會這麼倒霉！我真太傻太倒霉了！」

現在我的動作遲鈍得多了，對世事的反應也遲鈍得多了。再怎麼難過也是靜靜地躺著，沉思。然後，努力去想比較柔軟的事、比較溫和的事：明天晚餐的菜式、活著的和死去的親友、沒來得及對他們表達的謝意和愛意，等等。

回想白天看過的父親日記，驟然浮上心頭的這句話：「小璞總是這麼心不在焉匆匆忙忙的。」在那本一九七九年日記裡。

他是在埋怨我哪件事情沒有幫他辦好呢？唉，不管甚麼事，我不是故意辦壞的，我是一心想把他交代的每件事情辦好的。可他跟我真的不熟。我不了解他，正如他之不了解我。身為女兒，我當然很想得到父親好感，可是如果大家互不了解，努力的結果往往適得其反。

哦，我想起來了，父親抱怨的不是我沒辦好他的事，是說他收到家信，母親和另外兩個女兒都祝他生日快樂，只有我提都不提這回事。跟平時一樣三言兩語報個平安了事。「字寫得像鬼畫符，連日期都忘了寫。」父親經常這樣抱怨。

其實，最應該記得父親生日的是我，因為我的生日跟他只差兩天。母親一向把我倆的生日並在一起過。即算是他和我們分居大興安嶺和長沙兩地的二十多年中，也這樣。

母親會在他和我的生日之間的那天給我下碗麵，一邊坐在邊上看著我吃，一邊嘆息：「唉，你爸一個人待在那麼個鬼地方，一定吃不到麵。你就當幫他一起吃了。一起快快樂樂長長命命。」

十八歲之後，我就不讓母親給我下麵了。我宣稱從此不再過生日。十八歲已經夠老，之後的每一天都是在老去，有甚麼好慶祝的呢？自然，我也不會去記別人的生日，包括父親的生日。哪會想到他卻把自己的生日看得那麼重。更不會想到一九七九年的生日對他來說，意義特別重大，這一年，他終於從二十二年的冰封中重生，六十大壽。

「九月四日 星期二 晴（舊曆七月十三日）

六點自紅廟搭一〇一直赴動物園，轉三三二路，一大早便擁擠不堪，站在車上一小時又四十分鐘到太慶家，見到共生。大家歡聚竟日。到下午三點半才離開北大，趕上五點開南湖渠的班車。

今天是我六十歲生日。心裡從來沒這樣高興。到太慶家過這個生日，我雖未宣佈，但吃了他做的韮菜炒雞蛋，感到好像回到老家銅陵縣，見到家裡的親人了。下午匆匆趕回南湖渠，想要回家睡一夜。」

太慶是他的堂弟王太慶，共生是他們親戚。父親是獨生子，前面本有五名兄姐，都夭折了。叔叔也只有兩兄弟，他們三人少時一起從銅陵到安慶讀書，之後又一起去南京，後來父親跟他表姐夫張友鸞一家逃難到重慶，叔叔去了昆明上大學，這才分開。五二年肅反運動中父親被失蹤，母親第一時間就給叔叔打電話，他在位於沙灘的北大教書。一接到電話立時就跑了過來，還帶來五十元錢，那是他剛收到的第一本譯著稿費的一半。後來還多幾次陪母親去清河探監。

五七年叔叔也給打成右派了，下放到青海。也是不久前才「改正」回北大。這二十多年來，大家為了避免互相連累，失去了聯絡，哪裡還會記得對方的生日呢？再說叔叔現在也是獨居老人，他妻子已葬身青海，獨生女兒去年考上了北師大住校。平時叔叔都在食堂打飯吃，這日兄弟團聚，才炒一盤韮菜雞蛋招待。這大概是他唯一會炒的一個菜了。

那天的南湖渠還不能算個家吧？傢俱還未完工，屋裡空空如也，連張床也沒有。院子裡滿是碎木頭和木屑，直到半個月後我們到達時還是那個樣子。那麼，六十歲生日的父親，享用了叔叔那盤炒雞蛋後趕回南湖渠的「家」，顯然便是那間空空小屋了。不過比之於新聞研究所的辦公桌，小屋裡的地鋪也更接近家的感覺，更不用說跟大興安嶺伐木隊監房般的工棚相比了。

父親在南湖渠打地鋪過六十歲生日的那年，我二十九歲，已經不能算青年了。四年前進鐘錶廠那年，過「五四」青年節，廠裡組織青工去郊游，我也去參加，領隊卻對我道：「沒有你的名字哦。你二十五歲了，不算青年。」

二十九歲已是安身立命的年紀。傑克．倫敦二十九歲已經出版了他最偉大的小說《荒野的呼喚》。契訶夫二十八歲已寫出了不朽的《草原》。就算是大器晚成的井上靖，二十九歲也已拿到他第一個文學獎。至於那位六十歲才以《修道院紀事》成名的葡萄牙作家若澤．薩拉馬戈，其實早在二十五歲已經出版了一本小說《罪惡的大地》，之後一直在文化機構工作，只是六十歲才一舉成名。

可二十九歲的我，一事無成，別說連一篇報屁股文章也沒發表過，好不容易才在一間民辦工廠找到份工作，領導派我看守倉庫。拼搏了十年才爬到在那間老鼠橫行的破閣樓看倉庫的位置，還要拼搏多少年才能從那地方掙扎出來呢？十五年？二十年？

可是七七年恢復高考時，我二十六歲半了，剛好超過報考年齡線，要單位開具特許證明才能報名。那位平時其實很照顧我的工廠書記對我說：「你出身這麼差，人家不會收的。再說我們好不容易才把你招來，又這麼重用你。不行。」

父親的北京來信盡是報告這樣的消息：誰誰誰考上了北大，誰誰誰考上了清華，誰誰考上了北師大……聽上去就好像他所有親朋戚友的孩子都考上了大學。都是爭氣的好孩子。只有我被時代的列車狠狠拋下。父親對我一定很失望。瞧你老是匆匆忙忙學這學那的，一天到晚捧著本書在看，結果卻連個最蹩腳的大專也沒考上。他也許不會想到，他這樣的信對於一個十五年如一日地拼盡全力改變命運、卻一次次地遭到命運迎頭痛擊的女兒，是多麼傷人。

有一次，收到這樣的一封信後，我給他寫了封回信，反唇相譏：是呀，我是沒出息。但誰讓你們把我生在這個時代的？誰讓你當初一定要從香港回來、後來又被人打成右派的？你知道從小就明白自己低人一等的感覺有多糟糕嗎？你知道我為了揚眉吐氣付出了多大的代價嗎？

當然，這封信沒有寄出，畢竟，這不符合我跟父親之間一向的溝通風格。自從我們離開大興安嶺，二十一年來我們一共才見過四五次面，陌如路人，相敬如賓。雖說一直保持著通信關係，但因為眾所周知的原因，寫信從來都是格式化的那一套：先談一通國家的大好形勢，然後「你好嗎我很好」地寒暄幾句，然後就到了「此致敬禮」的程式了。習慣成自然，見了面也還是這一套。當然大好形勢就免談了，但也還是客客氣氣的，此致那個敬禮，此致那個敬禮。不談自己，更不談自己的傷心之事。

一九七二年我去圖里河看他的那次，他頭一年粉碎性骨折的手臂還伸不直，我也剛從一場大難裡死過翻生。但他見了我，也只淡淡問了句：「怎麼回事？」聽我回答「沒怎麼回事。」便也不再追問。這一來，我便也默然接受他關於那條傷殘手臂含糊其詞的解說。

避免談起慘痛經歷，這是我們的共同之處。不過，我總覺得他的不聞不問跟母親那種不聞不問，是不同的。母親是不管三七二十一地接受我的一切；而他是因為對我失望透頂，因而不聞不問。

我從來沒有對他提過第一次考研，那不是一件光彩的事，跟親友們也是能不提就不提，事實上，沒人知道我到底考過多少次研究生。就連母親也不知道，沒有一個人知道，更不要說父親了。我相信他直到去世也不知道我七八年考社科院語言研究所研究生的事，北大那次只是重蹈覆轍。若他知道的話，也許就不會寫出那些刺痛我的信了。肯定也不會贊同我再考，而且還考他們新聞研究所，把臉丟到他跟前去了，正如——正如我若是早就知道他為了打造南湖渠的家付出了那麼大的辛勞，就不會煞風景地對那些傢俱挑剔苛責，挖苦它們的顏色和作工了。

上一次看日記我怎麼會漏看了這些有關南湖渠的片段？父親說得對，「匆匆忙忙，心不在焉」是我的老毛病。唉，總是有那麼多要操心的事？備課、上課、寫論文、開研討會、每一項都十萬火急，刻不容緩，都關係著生計、前途和命運。然後，終於辭職回家專事寫作了。可是奔波並沒有因此而消停，從某種程度上來說，反而更忙碌了。永遠有一篇小說待完成，永遠有下一個目標要奔赴。還有年邁的母親要照料。等到我終於注意到這些記錄，連「南湖渠」這個地名都被掩埋在歲月的塵埃之下了。四十一年過去了，人已到了心如止水、從心所欲的年紀，這才能夠靜下心來，一頁一頁地細看。

我想起來了，現在我完全想起來了。那個地處北京遠郊的村落，南湖渠。我想起了那個下過一場小雨的夜晚，那條穿越一片麥地的林蔭道。林蔭道上只有兩條人影，我和父親。那天晚上，我去西城一間電子鐘錶廠學習修理電子錶，這是我頗費了一番心機向廠裡爭取得來的一項出差任務，為了報銷掉一半的來京路費。

下班都五點了，趕不上班車了，只好到西八間房搭四〇一。到了南湖渠站，下車的只有我一個人，正在東張西望地打量該往哪邊走，突然看見有個人走過來，朝我使勁招手，啊，是父親！他從夜的幽昧中現身，滿臉歡喜：

「我在這裡等你半天了。」他道。

「唉呀！說了叫你別等我嘛！」

「我是從家裡來的，我搭到了五點的班車到了家。你媽媽一定要我出來接你。唉，這條路有點荒涼，你又是第一次走。」

「比這荒涼十倍的路我都不怕。你又不是不知道。我膽子特大。在西尼氣，在圖里河，對了，那次去海拉爾幫你上訪，冰天雪地黑燈瞎火的，半夜三點鐘到站，車站離城裡有十多里地，我一個人下火車，也沒有怕過……」

我戛然而止，因為發現父親大步流星地往頭裡走了。我只好連忙趕過去，一邊偷偷往他臉上看。他是不是生氣了呢？唉，大老遠地好心來接我，我卻不領情，還嘀嘀咕咕地說著這些他不愛聽的事。可是我看不見他的臉。他個子比我高半個頭，又這麼誇張地高高昂起頭直往前走。

林蔭路憂愁地向黑暗中伸去，一時間，冷風嗖嗖的曠野裡只有我倆響徹天地的足音。父親沉默著，我也沉默著。

突然，他停了腳步，指點左前方的一個地方給我看：

「看那裡！」

「哪裡？」

「有燈光的那裡。」

「那是我們家嗎？」

「不是不是，我們家哪有這麼快就到。」

「那你讓我看甚麼？」

「看風景呀！白天看起來特別漂亮，像吳冠中的江南油畫。簡直！」

「可現在看起來只是黑乎乎的一片嘛。唉呀快走吧，媽在家裡一定等急了。」

話一出口我就後悔了，唉，我怎麼又這樣煞風景。

「爸，」我說，「我……」

我不記得後來我說了些甚麼話了。後來，後來好像我們已經顧不上說話了。林蔭路已經走到了盡頭，我們走進了那個社辦機械廠。路況變得髒亂差，那條路還處於半成品狀態，還沒有鋪上瀝青，路邊堆放著磚石、建材、和垃圾甚麼的，腳底下坑坑窪窪。我們得小心翼翼撿路走，一不留神就踩進個坑，濺起一身泥水。不過路上開始出現人影了。不遠處就是工廠宿舍區，聽得見廣播喇叭的聲音、孩子的哭吵聲、斷斷續續咿咿哦哦的人語……

「爸，」我想對他說，「我不是故意要掃你的興，我知道我應該說點讓你開心的事。比如那年在齊齊哈爾火車站被你的朋友陳叔叔接站的事。他一定要把我接到他家住一天，說你是他的救命恩人。那年他也被打成內人黨跟你關在一間牢房。受不了嚴刑，半夜裡想上吊一死了之。被你發現勸住，說是：你死了當然一了百了，可你老婆孩子怎麼辦？你就學我，大帽子下面開小差。你看我這麼多問題都這樣過來了，你一個工人肯定能挺過去。『閨女呀，』那位高大豪爽的東北漢子對我說，『我就照你爸說的真的挺過來了。你爸真了不起，真是大好人。我們全家都感謝他，這不，你嬸聽說你打齊齊哈爾轉車去溝裡瞧你爸，一定要我把你接家去吃頓餃子。』」

可我沉默著，沒有把這些話說出來。人對面的人影漸漸清晰，是個一身工裝的中年男人，大概去上夜班吧？腳步跨得很重，直衝著我們走過來。我連忙往旁邊閃開一步，以防被他濺起一身泥。

遠處，隱約出現一道大鐵門。「啊，快到了。」父親說，聲音興奮，「那是這家工廠的西門。出了那道門就快到了。」

「還有多久？」

「最多十分鐘。」

「還要十分鐘？」

我的聲音裡透出明顯的失望，甚至責難：怎麼還有這麼遠？父親是怎麼回答的？我想不起來了。或許他根本就沒有回答，就像我們之間總是不了了之的對話。

一陣冷風吹來，把樹上的枯葉吹得沙沙作響，好像為這兩個拙於表達的人嘆息。

「唉，爸，」我在心裡說著說著，「我知道我讓你失望了。當叔叔把我的考試成績告訴你：『她政治只有二十六分，其他科不及格還可以平衡一下，政治不及格一點辦法也沒有。』我知道你後悔不該讓他去打聽我的成績，你為我感到羞恥，所以在把這消息告知我的信裡，一句評論也沒有。對我的低能無語。對我的毛躁無語。竟然連政治考些甚麼都不知道就跑去報考。可你怎麼知道，這是因為我想把考研的事最大程度地保密，好把失敗的恥辱控制在最小範圍。再說，我也無人可問吶。我的朋友都是跟我一樣的倒霉鬼，真的，我甚至連一個在學大學生也不認識，哪裡會知道現在的大學政治課有些甚麼內容呢？」

是呀，誰會相信，我是在第四次考研時才在我妹妹一位電大同學的幫助下，弄到了一份考研政治複習資料。她丈夫是大學本科畢業生，接著又考上了研究生。那是一九八五年。我三十五歲，兒子都三歲了。我最後一次向大學之門衝刺，終於成功。

我想對這個走在我身邊的人——我的父親說出這些話，但我當然沒有對他說出這些話，這些對母親、對最親近的朋友也不會說出來的話，更不要說對從來都不親近的父親了。

我沉默著，他也沉默著。

我站起身來，拍打著老病的腰腿，走到窗口。窗外是黑呼呼的夜海，遠處的山腳下，閃灼著一線燈火。我知道那是大埔墟的工廠大廈。不過呈現在我眼中的卻是南湖渠那片工廠區，我看見我和父親走出了那間工廠的大門，走上了一條曲曲彎彎的田中小徑。

現在，兩旁都是一些泛出黯黃燈光的農舍了。我跟父親一前一後地走在小徑上。他在前面，我在後面。他的背影在我前面晃動。大概是太累了吧？他看上去沒有剛才那麼昂首闊步了，我第一次發現他微微有點佝僂，畢竟六十歲的人了，這麼一整天地跋涉，奔走，然後，還要走出那間爐火溫暖的小屋，再走十里路，去等待那個永遠愁眉苦臉的女兒。

在那個疲憊不堪的南湖渠之夜，我們沉默著，終於抵達那間透露出幽昧燈光的小屋。母親欣喜地在那片油亮的金黃色中迎著我們。

「接到了！」她說，聽上去就好像我們不是下班回家，而是從一場艱難的探險中歸來，歷盡艱辛，終於抵達。

金黃色的燈光下，三個人圍坐在也是金黃色的飯桌旁吃飯。母親念叨著：「南湖渠好是好，就是交通太不方便了。快八點鐘了，菜都熱過兩次了。吶，湯還坐在爐子上，黃芽白肉丸湯……」

父親沉默著，我也沉默著。

要是那時我就讀過了父親這本日記，知道他那些天的操勞，也許我就不會那麼沉默了。我不知道他心裡也有那麼多的煩惱。居無定所，調整工資沒有他的份，人家可不管他打成右派時工資連降三級，改正時卻沒有恢復。領導找他談話，說是他的革命幹勁沒有別的同志大，有人反映他熱衷於寫外稿，另外家庭觀念也太重，一下班就急著去東直門趕車回家……可笑的是，他直到領導跟他談話的那天都還沒有家。兩個多月來都睡在辦公桌上。白天擠公交車東顛西跑找資料，找碩果僅存的老報人們採訪，編寫《華僑報業史》。可是編著編著領導的意圖變了，那麼約來的稿怎麼辦？怎麼對作者交代？南湖渠那邊也時時告急，要零配件，要油漆，要裝玻璃，可到哪裡去買玻璃呢？李寶林緊急來電：打傢俱處於窩工狀態，卻發現房東家有了新板凳和新茶几，她跟木匠之間似乎達成了某種互惠關係，是不是趕緊改租另外一間房子……

這些我都一無所知，當然更不知道後來又怎樣幾經周折，終於避免了還沒入住就搬家的麻煩。那時我甚麼都不知道，那時，我是一個滿心塞滿了自己愁苦的自私鬼，所以才會對南湖渠小屋裡的溫暖爐火熟視無睹，不會想到父親從大興安嶺零下四十度的雪山掙扎到那間小屋的艱難。

我看見，在那盞心滿意足的白熾燈光下，父親大口大口地咬著一個肉丸，狀甚享受。我聽見他對母親點著頭道：「好！好！多年沒吃過這麼美味的肉丸了，簡直！」

「我加了荸薺和薑蔥，攪拌了一個多小時呢。」母親說，「小璞說你在圖里河還跟劉濱江他們吹噓過我作的肉丸，小璞是吧？」

母親期待地望著我，我知道她希望我怎麼回應。她不止一次跟我說過：「你要跟你爸親一點。他是為了你們才一個人在那個鬼地方堅持下來的。多不容易呀！那麼寒天凍地的，你不記得了嗎，你們放學回來像冰球一樣滾進家門，眼淚都凍在臉上了。你爸爸卻硬是在那裡堅持了二十二年。整整一車廂的人只剩下了他一個，他真的是責任心特別強……」

父親也望著我，不過湯的熱氣模糊了他眼鏡的鏡片，鏡片後面的那雙眼睛比平時更朦朧而遙遠了，他是不是還在生我的氣呢？他是不是覺得我是個不自量力的傢伙？大學不去考，研究生又考不上，還要去考第二次，也許這第二次也會失敗（真的失敗了），還一開口就說些討人嫌的話。

我避開他們的目光，含糊其辭地道：「嗯，好像是吧。」

穿過這麼久遠的歲月，煙霧迷濛，我卻歷歷在目地看到了那兩雙眼睛裡的失落，我最親的親人的眼睛，世界上最愛我的人的眼睛：「這麼不懂事的女兒，這麼擰巴巴的女兒。」我看見了他們那在空中交換的目光，我聽見了那目光裡這樣的嘆息。

可我現在知道應該怎麼回答了。現在，我要說出一直埋在我心底裡的話：「好吃！太好吃了！媽，你廚藝一流！爸，謝謝你來接我！謝謝你為我們打造這個家。我愛你們。」

我想告訴你們，我現在知道我為甚麼不肯放棄了，因為我想證明自己並非低人一等，即使被他們壓低到塵埃裡，我也要爬起來，抬起頭，活下去，作自己一直想作的事。

我聽見我自己的聲音在這間海濱公寓裡迴蕩，清冷的星光照著書桌上這本紙張業已枯黃的日記，旁邊立著二老的遺像，父親開朗的笑臉，母親含蓄的笑臉，都在另一個世界了。爸爸，媽媽，你們聽見了我的話嗎？你們聽見了吧？我希望。

二〇二〇年十一月十六日二稿

後記：我的故城

故城，是故鄉的城，是故往的城，也有在回憶中不堪回首的況味，對於我來說，長沙、上海、香港、乃至於北京都是這樣的城。

我在這些城市出生、生活，成長，老去，那裡有我無數故人故事，心心念念，揮之不去。許多年來，身為一個以寫作為生的人，他們是我的負擔也是我的財富，我以文字為工具，不斷地卸下這些負擔也消耗掉這些財富。所以恕我直言，我寫下這些文字之際，並未想到讀者，只是出自卸負的本能和訴說的熱望。

不過聽到二〇四六出版社願意出版這本書的消息我還是非常高興，無論如何，現在至少有編輯們讀過這本書了。這就讓我產生奢望：要是有更多的人讀這本書多好！作為一個活著就是為了述說的人，當然希望聽眾多多益善。

那我預先在這裡感謝你們，親愛的讀者！謝謝你們願意花時間來聽我述說。當然更感謝幫助這本書面世的人：蜜蜜、小樺、淑婉，和為這本書的面世付出辛勞的人。深深地感謝百忙之中撥冗幫我友情作序的鍾玲老師！還有我兒曉宇，你是我最好的作品。衷心地感謝你們大家！

國家圖書館出版品預行編目 (CIP) 資料

故城故事 / 王璞作 . -- 初版 . -- 臺北市 : 二０四六出版 , 一八四一出版有限公司出版 ; [新北市] : 遠足文化事業股份有限公司發行 , 2023.09　336 面 ;　14.8×21 公分
ISBN 978-626-97023-6-7(平裝)
1.CST: 王璞 2.CST: 回憶錄
782.887　112014640

故城故事

作者｜王璞
責任編輯｜鄧小樺
執行編輯｜莊淑婉
文字校對｜林韋慈、周靜怡
封面設計及內文排版｜朱疋

出版｜二〇四六出版 / 一八四一出版有限公司
發行｜遠足文化事業股份有限公司 （讀書共和國出版集團）
社長｜沈旭暉
總編輯｜鄧小樺
地址｜ 103 臺北市大同區民生西路 404 號 3 樓
郵撥帳號｜ 19504465 遠足文化事業股份有限公司
電子信箱｜ enquiry@the2046.com
Facebook ｜ 2046.press
Instagram ｜ @2046.press
信箱｜ enquiry@the2046.com

法律顧問｜華洋法律事務所 蘇文生律師
印製 ｜博客斯彩藝有限公司
出版日期 ｜ 2023 年 9 月初版一刷
定價｜ 380 元
ISBN ｜ 978-626-97023-6-7